心理发展与教育

（第2版）

杨淑鸿 付 强 于 茵／主 编

清华大学出版社
北 京

内 容 简 介

本书主要包括绪论、青少年的生理发展与教育、青少年的认知发展与教学、青少年的自我发展、青少年的情感发展与情感培养、青少年的品德发展与培养、青少年的同伴关系发展与教育、家庭与青少年心理发展、学校与青少年心理发展、互联网与青少年发展、青少年心理社会问题与教育等内容。

本书内容多样化，增强了可读性、可教性和可学性。除适用于相关学校作为教材以外，还适合青少年人群及非专业人员学习。

图书在版编目（CIP）数据

青少年心理发展与教育/杨淑鸿，付强，于茵主编.—2 版.—北京：清华大学出版社，2023.5（2025.5重印）
ISBN 978-7-302-63483-6

Ⅰ.①青… Ⅱ.①杨… ②付… ③于… Ⅲ.①青少年心理学 ②青少年－心理健康－健康教育
Ⅳ.①B844.2 ②G479

中国国家版本馆 CIP 数据核字（2023）第 083207 号

责任编辑：张龙卿
封面设计：曾雅菲　徐巧英
责任校对：刘　静
责任印制：宋　林

出版发行：清华大学出版社
网　　址：https://www.tup.com.cn, https://www.wqxuetang.com
地　　址：北京清华大学学研大厦 A 座　　**邮　　编**：100084
社 总 机：010-83470000　　**邮　　购**：010-62786544
投稿与读者服务：010-62776969，c-service@tup.tsinghua.edu.cn
质量反馈：010-62772015，zhiliang@tup.tsinghua.edu.cn
课件下载：https://www.tup.com.cn，010-83470410
印 装 者：三河市君旺印务有限公司
经　　销：全国新华书店
开　　本：185mm×260mm　　**印　　张**：12　　**字　　数**：275 千字
版　　次：2017 年 7 月第 1 版　2023 年 5 月第 2 版　　**印　　次**：2025 年 5 月第2 次印刷
定　　价：45.00 元

产品编号：099767-01

第2版前言

党的二十大报告指引了高等教育的发展方向。为深入贯彻二十大精神，积极响应经济发展、技术进步的要求，本书对心理健康中常见的理论进行汇编，并对内容加以创新，从而为培养身心健康、积极向上的青少年一代贡献力量。

青少年时期在人生发展中极为关键，是个体从幼稚走向成熟、从儿童走向成人的一个过渡阶段，是在身心各方面都发生了明显变化的阶段，也是具有巨大可塑性的阶段。我国青少年群体数量庞大，是未来构建和谐社会的主要力量，他们的心理发展与健康对于整个社会的和谐发展有着特殊而重要的意义，因而需要社会各方面的关注和支持。

有专家曾把心理活动喻为“地球上最美丽的花朵”。这一美丽的花朵具有巨大的魅力，吸引着越来越多的学子孜孜以求。近年来，心理学已经成为我国蓬勃发展的学科之一，在社会生活中发挥着越来越重要的作用，被越来越多的人关注和接受。

本书内容涉及青少年心理发展的多个方面，包括生理基础、认知发展、情绪情感发展、自我发展等，对青少年发展与家庭、同伴关系、学校适应、互联网等因素之间的关系也做了比较充分的分析，还对青少年健康发展提出了一些指导建议，本书的编写体现了以下特点。

(1) 科学性。青少年心理发展教育知识的普及，科学性是其最基本的要求。我们力求系统地阐述青少年发展与教育心理学的基本概念、基本原理和基本理论，做到概念准确，原理清晰，以帮助学生掌握科学的心理学知识，形成正确的心理学观念。

(2) 应用性。任何一门学科只有满足实践的需要，才会有持久的生命力。在本书内容的选择上，我们在保证让学生掌握基本知识和基本原理的前提下，突出应用性强的内容，关注青少年教育过程中的一些热点问题和难点问题，如青少年的学习策略、学习动机、智力与创造力培养、性教育、品德不良与问题行为等。在原理的阐释上，我们密切联系学生的生活和学习实际，并特别注重联系教育领域的实际。

(3) 可读性。教材是为教师教学和学生学习而用，要唤起学生阅读的欲望和学习的兴趣，因此，可读性非常重要。本书在语言叙述上力求通俗易懂、活泼生动，避免单纯地讲述术语和概念。

本书由杨淑鸿、付强、于茵主编，另外，陈文峰、纪焱也参编了部分内容。

尽管我们认真仔细地编写本书，但由于水平所限，书中仍有不足之处，恳请广大读者批评、指正。

编　者

2023 年 1 月

目录

第一章　绪　　论

本章要点

- 青少年期与青春期的区别
- 青少年期的年龄界定与不同阶段
- 青少年心理发展的一般特点与矛盾性特点
- 新时代青少年社会认知特点与问题
- 影响青少年心理健康的因素
- 青少年心理健康的意义

青少年期是人生发展的过渡期，是一个既充满生机、活力，又充满矛盾、困惑的时期。在这一时期，青少年心理的健康发展为未来的人生提供了重要保证。同时，这也是一个青少年心理发展面临许多挑战和挫折的时期。如何克服成长中的困惑、烦恼，促进青少年心理健康发展，是学校教师以及家长都十分关心的问题。本章首先介绍青少年期的基本概况、青少年心理发展的一般特点及矛盾性特点和时代特点，以及影响青少年心理健康的因素。

第一节　青少年期的界定

一、青少年期与青春期

"青少年期"(adolescence)一词源于拉丁文 adolescenre，意思是"成熟"或"趋于成熟"，是介于童年期与成年期之间的成长阶段，它是少年期和狭义的青年期的总称。在此期间，个体生理上逐渐发展成熟，并要完成一系列比较健全的社会化发展课题，在此基础上，个体的心理和社会性也逐渐成熟，因此青少年期是一个变化巨大的时期。

青春期(puberty)是一个生物学术语，反映的是个体在青少年期生理的变化，主要是指从个体第二性征出现到生育功能发育成熟的这一阶段。青春期发育存在性别差异，女生的青春期是 11～14 岁，男生的青春期是 12～15 岁。青春期发生在青少年期，因此，人们往往会把青春期和青少年期混淆。

二、青少年期的年龄界定

对青少年期年龄，学术界尚未有统一的界定。我国学者一般把青少年期界定为 11～

22岁。西方学者从性别上对青少年期进行了区分，认为男生青少年期为12～21岁，女生青少年期为10～21岁，女生比男生青少年期略长。有人则认为青少年期年龄阶段的界定应该综合考虑个体的生理成熟、心理成熟和社会成熟三个方面。一般认为从11岁开始，个体的生理各方面开始加速发展，至十八九岁达到发展的高峰，标志着个体生理上的成熟；个体心理成熟略滞后于生理成熟，其年龄上限要延长至25岁左右；个体的社会发展更是一个复杂的过程，一直要到二十八九岁才臻于成熟，这是个体社会成熟的年龄上限。从这种观点出发，可以依据生理学理论将青少年的年龄下限定为11岁，而依据社会学理论将青年的年龄上限定为30岁(30岁为青年和中年的临界点，30岁以前还是青年，到达30岁即进入中年)。

由于青少年期是一个兼有生物学且更具社会学含义的复杂概念，因此它的界定就不像青春期那样简单了。一般来说，它是用两种尺度来确定其起止时间的。起始时间主要由生物性指标确定，以男女第二性征出现为标志，与青春期一致，比较明确、清晰；终止时间则主要由社会指标确定，以男女社会性成熟为标志，相对比较模糊，难以把握。为此，学术界把注意力集中于寻求比较合理、客观的社会性成熟的外部标志，并有不同的观点。其中，法国心理学家扎佐认为，社会成熟的内心体验是“成人感”，而“成人感”产生的主要外部事件是就业、生活独立、结婚和生孩子。这与《联合国教科文组织23届大会关于1984—1989年中期规划的青年工作的说明》文件中指出的以“经济独立、有单独的住所、建立小家”这三个标准来确定青少年期结束期限的精神是相符的。而在这几项事件中，我们认为尤以结婚最富有代表性(卢家楣，1989年)，因为当代国内外青年大多是先立业后成家，一旦结婚也就同时意味着参加工作、经济独立、组织小家庭、有单独住所等；在我国的传统观念上也都把结婚成家作为社会成熟的第一标志。因此，青少年期是指从第二性征的出现到结婚为止的那一段人生发展的过渡时期。

当然，这一过渡时期并非静态概念，而是随着人类社会文明的发展而呈现不断延长的趋势。这是因为，一方面人类生物性成熟在世界范围内有提前倾向，例如，近100多年来，女子月经初潮年龄平均每十年提前3～4个月，1610年奥地利农家女子初潮年龄为18～20岁，而现今我国女子初潮年龄已提前至11～12岁。另一方面，人类社会成熟在世界范围内有延晚倾向。由于学习过程延长，导致经济自立、结婚成家年龄普遍推迟。例如，在工业革命初期，接受初小教育已能满足社会要求，而现在，接受中、高等教育已成为工业发达国家广大青年必要的职前训练。因此，就我国现阶段而言，青少年期始于11岁左右，止于26岁左右。

三、青少年期的阶段划分

现代社会的整个青少年期的跨度达十多年，其间个体在生理、心理和社会各方面的发展也是不匀速、不同质的，而且表现出一定的阶段特征。为了便于研究，也为了更好地针对处于不同发展阶段中的青少年特点实施教育，有必要对青少年期做进一步划分。与青少年期的终结时限的确定一样，青少年期的内部划分也存在着因不同的社会文化背景和学术派别而导致的不同观点。事实上，划分阶段的关键不仅在于具体时间的确定性，更主要的是在于划分依据的合理性。我国著名发展心理学家朱智贤(1979年)把儿童心理年龄阶段划分标准规定为："在一定的社会和教育条件下，儿童心理发展的各个不同时期内的特殊矛盾或质的特点。这些特殊矛盾或质的特点主要表现在儿童的主导活动上(儿童在社会生活中所处的地位、他们的活动形式)，表现在智力(或思维)水平和个性特征上，同时也表现在他们的生理发展(特别是高级神经活动发展)和言语发展水平等上面。"这一颇具我国特色的年龄阶段划分标准，对青少年期内部的阶段划分也有重要的参考价值。为此，我们综合生理发展、思维水平和主导活动三个方面，将青少年期划分为四个阶段，如表 1-1 所示(卢家楣，1989 年)。本书所涉及的青少年主要是初、高中阶段 11～19 岁的青少年学生，相当于表 1-1 中的青年前期和青年早期的个体。

表 1-1　青少年期的阶段划分

阶　段	青年前期(少年期) (11～15 岁)	青年早期 (16～18 岁)	青年中期 (19～22 岁)	青年晚期(延长期) (23～26 岁)
生理发展	身体加速发育	身体减速发育	身体缓慢发育	身体基本停止发育
思维水平	初步掌握抽象逻辑思维	抽象逻辑思维基本成熟，初步掌握辩证逻辑思维	进一步发展辩证逻辑思维	在社会实践中提高了解决各种实际问题的思维能力
主导活动	学习基本科学文化知识	学习中等科学文化知识，接受中等职业训练	参加社会工作，接受高等职业训练	以一定的专业知识从事社会工作，获得初步适应、胜任能力

第二节　青少年心理发展的一般特点及矛盾性特点

青少年处于儿童向成人过渡的阶段，是从一种质向另一种质的转变过程。在很多人眼中，青少年期的孩子是"不好相处"的，他们的内心让人难以琢磨，他们的行为难以改变。在教育类的书籍或者其他资料中经常可以看到，如果在童年时没有管教好孩子，当孩子步入青春期之后，父母将遇到更大的麻烦。在这个时期，青少年生物性、认知和社会性的发展受到很大的关注，这些方面的发展会导致青少年的一些心理、行为的改变并以种种矛盾的心理现象表现出来。

一、青少年心理发展的一般特点

过渡性是青少年心理发展的最根本特点，与其他阶段相比，青少年期的发展具有三大特点：从青春期开始，一是各项生理机能逐渐成熟，二是思维能力迅速发展，三是向新的社会角色转变。

(一) 生物性过渡

个体一生会经历两个生长发育的高峰期：一是从受精卵开始到 1 岁左右，二是在 10～15 岁的青少年期。青少年期要经历一系列的生理变化，包括身高和体重的迅速增加，体形与面部特征成人化，第二性征的出现，循环系统和呼吸系统的发育成熟等。经过这一系列的生理变化，青少年在生理上基本完成了从儿童向成人的过渡。生理上的成熟导致青少年成人感的产生。但是，青少年生理发展水平与其心理成熟水平会形成很大的落差，往往会造成其心理上的成人感和幼稚性并存的矛盾，从而使青少年期特别是青少年早期的个体的心理具有明显的不平衡性和矛盾性。

青少年的生理变化会直接和间接地影响其心理发展与社会关系的发展。一般来说，青少年的心理变化通常不是由生理变化单独引发的，而是生理变化与社会文化环境相互作用影响的结果。

首先，生理变化直接导致了青少年的心理变化，如体内激素变化对青少年心理与行为的影响。对男生来说，青春期睾丸激素的增加直接导致了男青少年性驱力和性活动的增强。对女生的研究也发现，月经周期的第22天，随着雌性激素和黄体酮的含量大大增加，大约有40%的女生体验到更为强烈的抑郁、焦虑、烦躁、自尊心下降、疲倦和头痛等。还有研究者发现，那些与同龄人相比体内激素水平较高的青少年报告了较多的消极情感和过剩的精力。激素具有激活效应，对青少年更具唤起和兴奋作用，从而影响青少年的情绪与行为。

其次，青春期的生理变化会间接地影响青少年的心理发展。换言之，青春期身体变化对青少年的影响并不在于变化本身，而在于青少年对这些变化的意义和重要性的理解，在于青少年对他人反应的理解，以及对这些变化是否符合社会文化模式的认知，而这些都依赖于个体对自身变化快慢的认知、他人对此所持的态度以及社会对进入青春发育期时间的看法。例如，青少年关于身体外表的自我期望及他人的期望会影响到他们的自我形象等，青春期的到来会给青少年及其周围相关的人带来新的适应问题。青少年身体的快速生长发育和体形的变化会破坏儿童原有的自我形象，建立并适应全新的自我形象是青少年面临的一个挑战。在社会关系方面，随着成人感的产生，青少年强烈地要求周围人把自己当作大人来看待，他们开始要求拥有自己的隐私权，希望在发型选择、服饰与着装、交友以及娱乐等方面拥有更大的自主权，而不再像孩提时期完全接受父母的权威。在情感联系上，青少年开始逐渐疏远父母而与同伴建立起亲密感。与此同时，社会也开始把青少年当一个成人来对待，从而对他们提出了不同于儿童期的要求和期望。这样，伴随着青春期的到来，青少年与父母之间原有的交往模式被打破，如何建立新的亲子互动模式，不仅对青少年自身，同时对父母、教师等与之互动的人，都是一个新的任务与挑战。

（二）认知过渡

认知发展是心理发展的一个极其重要的方面，同时它还是个体情感、道德、人际交往、社会行为等其他领域发展的基础和前提。青少年期是个体认知发展的一个重要转折时期，这一时期个体的认知不论在内容方面还是形式方面都发生了质的变化。

皮亚杰根据认知结构的不同，把幼儿至少年的认知发展划分为感知运动阶段（0～2岁）、前运算阶段（3～6岁）、具体运算阶段（7～11岁）和形式运算阶段（12～16岁）四个阶段。皮亚杰认为，形式运算阶段（formal operational stage）是具体运算阶段之后认知发展的更高水平。个体的思维从具体运算阶段过渡到形式运算阶段，标志着智慧发展到了一个较为成熟的阶段，在此之后的发展仅是经验和知识的增加，思维方式不再有质的变化。青少年正处于形式运算阶段，他们对自然世界、自我、人际关系和社会本质的思维方式的变化源于形式运算阶段认知结构的建立。与具体运算阶段的儿童相比，青少年的思维具有明显不同的特点。

首先，青少年开始能够运用科学的假设检验来解决问题。儿童的思维多局限于具体的认知客体和情景，局限于具体的时间和地点，不能脱离问题发生的时空进行思维，是一种具体的形象思维。而青少年期个体的思维则不仅仅局限于具体的认知客体和情景，他们能够脱离问题的具体内容或特定情节来解决问题，进入了形式运算阶段。在寻找问题解决方法和途径时，儿童倾向于思考解决问题的方法"到底是什么"，而青少年可能会考虑解决问题的方法"可能是什么"。和儿童相比，青少年能够对假设情景和问题在心理上进行建构重组，认识到从逻辑上合理地解决问题的可能方法和途径。

青少年的可能性思维使他们能运用假设检验去解决问题，这很像科学家在进行研究时的假设检验。而儿童的思维往往受制于情景中的具体细节，因而不能进行假设检验，不能明确解决问题的策略。相对学龄儿童而言，青少年具有了思考可能性与不可能性的能力，能检验一定数量的假设，提高了解决问题的速度和效率。

其次，青少年能够有计划和预见性地解决问题。与儿童相比，青少年的思维和推理更具抽象性、预测性和灵活性。青少年开始认识到事物的多样性和事物存在的多种可能性，不再受限于其所见所闻的感性认识和直接经验。

再次，青少年除了把具体情景和环境作为思维对象以外，还开始实际思考自己和他人的思维，把抽象的思想意识作为思维对象，也就是思维的思维即元思维。与儿童相比，青少年更可能理解自己认识事物的方式和解决问题的要求。即使儿童和青少年都有能力解决同样的问题，但儿童很少能说出他们是怎样解决的或者其他人解决同一问题时需要什么。青少年具有了元思维的能力，他们运用更多的时间反思自己将要解决问题的思想观念和表象，即青少年具有了自我反省的能力。元思维能力的产生和发展提高了个体思维的监控技能，保证了个体解决问题的计划性和预见性。

最后，青少年认知发展的过渡性不仅表现在思维方面，同时还体现在社会认知方面。在人际理解中，青少年达到了相互的观点采择水平，这意味着他们在人际互动中，不仅能够从对方的角度看问题，理解对方的观点和对问题的看法，而且能够站在第三方的角度看问题。处于青少年中晚期的个体能够达到社会和习俗系统的观点采择水平，到这一时期青少年能够认识到个体对于某一问题的看法或观点要受其所处的群体或社会系统的影响，他们能够跨越互动情景的限制，透过人们生活于其中的社会文化环境来认识和理解他人观点和行为方式，这标志着他们的社会认知能力已接近或达到成年人的水平。另外，青少年在自我与他人关系上也存在着新形式的自我中心的局限，常常认为别人也像他们自己一样关注自己，过分强调个人的独特性。

（三）社会性过渡

随着青少年的生理成熟和思维能力的变化，他们的社会角色和社会地位也随之发生变化。青少年阶段也是个体社会角色和社会地位的转折期，从这一时期开始，社会不再把他们看作儿童，而开始把他们当作成人来看待。换言之，这一时期个体的社会定义发生了变化。从儿童期直到成年期，影响个体社会过渡的具体因素在不同社会之间可能会存在一定的差异，但是所有社会都承认青少年阶段个体社会地位的变化。因此，许多理论家指出：

与其说青少年期的生理或认知变化决定着青少年的本质特征，不如说社会对他们的定义产生了更大的影响。

一般来说，青少年阶段个体社会地位的变化主要表现在以下几个方面：人际地位的变化、政治地位的变化、经济地位的变化、法律地位的变化。在青少年期，日益增强的成人感导致青少年与父母及其他成人关系的变化，同时，青少年的同伴关系在此时期也发生了一定的变化。这些人际关系的变化提高了青少年在家庭中的地位，同时也使他们产生了新的人际责任。随着成人地位的获得，青少年往往被允许较为广泛地参加一些集体性决策。例如，在我国，18 岁的青少年就具有选举权和被选举权。成人地位的获得通常也伴随着一些经济责任和利益的出现。在许多社会中，只有成人才能够拥有自己的财产，并保持对自己收入的控制权。在大多数社会中，只有获得成人地位以后，个体才能被允许参加多种多样的成人活动。同时，一旦被赋予成年人的角色，个体就要遵守一系列新的法律，因为社会的法律机构对成年人和未成年人是区分对待的。

正如个体的生理成熟和认知的变化一样，社会角色和社会地位的过渡对于青少年的心理发展具有重要意义，各种承担社会角色的机会都能够促使青少年自我评价发生改变。向成人角色的过渡也导致了个体责任心的增强，出现了独立性，并开始追求自由。青少年期社会定义的变化随之影响到了个体的人际关系和人际行为，并且进入成人期后，它对于个体的成就领域也具有重要的隐含意义。

二、青少年心理发展的矛盾性特点

人的行为与心理发展是密不可分的，而人的心理发展与生理发展又有密切联系，青少年的生理和心理都处于剧烈的变化时期，但是这种变化却并不同步，认知、社会性等心理方面的发展较之生理发展的速度来说相对缓慢，他们的身心处于一种非平衡的状态之中，这种发展的不平衡性导致了青少年种种矛盾心理的产生。

（一）青春期性的萌动与道德规范的矛盾

按照弗洛伊德的理论，青少年容易产生性的冲动，性的需要促使他们向往异性，希望恋爱、结婚以满足性的要求。但是，社会规范却不允许他们这么做，这一时期的恋爱被称作“早恋”，意即还不到恋爱的年龄，此时他们正处于学习的阶段，经济上不独立，还不能结婚，而婚前性行为又不符合道德规范，这样便形成了青春期的性萌动和道德规范之间的矛盾。

（二）独立性与依赖性的矛盾

青少年期产生的强烈的成人感使他们有了强烈的独立意识，对一切都不顺从，不愿意听从父母、教师或其他成人的意见或建议，生活中的穿戴、对人对事的看法常处于一种与成人相抵触的情绪状态中。但是，由于青少年内心并没有完全摆脱对成人的依赖，只是依赖的方式有所改变，从童年时情感和生活物质上的依赖，到更加注重得到父母精神上的理解、支持和保护。青少年期所存在的独立性和依赖性带有较复杂的性质，有时是想通过这个途径向外人表明自己已具有独立的人格，有时又是做给自己看的，以此来掩饰自己的软弱。美国心理学家霍林渥斯把这种企图在心理上与父母的依赖决裂、与自己儿童时代决裂的现象叫作“心理上的断乳”(psychological weaning),但实际上,青少年在生活中还是需要成年人的指导和帮助的,尤其是遭受挫折的时候。

（三）闭锁性与要求交往的矛盾

所谓闭锁性,是指人的心理活动具有某种含蓄、内隐的特点,它是相对于人的外部行为表现与内部心理活动之间的一致性而言的。青少年步入青春期,随着独立性与自尊心的发展,他们逐渐失去了儿童时期的外露、直率、单纯和天真,开始有了自己的“秘密”,渐渐地将自己的内心封闭起来,不再轻易地表露自己的内心世界,于是心理活动出现了闭锁性,再加之青少年期对外界的不信任和不满意,又增加了这种闭锁性的程度。尽管他们向外人表露的信息少了,但是其内心活动却丰富起来,而这种内心体验的积累又会使他们感到非常的孤独寂寞,希望有人来关心和理解他们,渴望与人交往,在这种心理的驱使下,他们不断地寻找朋友,一旦找到,就会推心置腹,毫无保留,而对于他们不认为是朋友的人却很少提及内心的想法。

（四）否定童年又眷恋童年的矛盾

随着身体的发育成熟,青少年的成人意识越来越强,认为自己应该与那些比自己小的孩子区分开,尽自己所能与童年的幼稚行为告别,对童年加以否定,从兴趣爱好到人际交往的方式,再到对问题的看法,他们都想抹去童年时的痕迹,期望自己以一个全新的姿态应对生活,看待生活。但是,在否定自己童年的时候,他们心里又会有“做一个小孩多好”想法,表现出对童年的眷恋。毕竟,逐渐长大的他们心事越来越多,负担也越来越重,对童年时的无忧无虑的留恋心态尤其会出现在他们在新的环境或者在学习压力下感到无所适从时,这时的他们特别渴望“童言无忌”时父母的关心和包容。

（五）自负与自卑的矛盾

由于青少年还不能确切地评价和认识自己的智力潜能与性格特征,很难对自己做出一个全面而恰当的估计,经常凭借一时的感觉对自己轻下结论。一次甚至几次偶然的成功,就可以使他们认为自己是一个非常优秀的人而感到沾沾自喜,几次偶然的失败又有可能使他们认为自己无能而极度自卑,两种情绪的交替出现是青少年期的特征之一。

三、理解青少年的心理发展对教育教学的意义

理解青少年的心理发展对教师重要吗？教学需要理解青少年的心理发展特点吗？如果教师仅仅是自然科学、数学、语言、艺术、社会研究或某一领域的知识专家,对于青少年心理发展知识的欠缺,对于教育教学来说无疑是非常不利的。因为有效教育教学的一个重要方面是如何将知识传授给学生,如何促进学生的成长与发展。不了解青少年心理发展的基本规律,教育教学活动就非常被动。教师应该既是专门领域的专家,又是能够有效帮助学生学习与成长的专家。

教育教学要依据青少年身心发展的顺序性,遵循由浅入深、由易到难、由低级到高级的顺序进行,要“循序渐进”不要“拔苗助长”。首先,要依据青少年身心发展的阶段性要求,教育教学要根据不同年龄阶段学生的特点,提出不同要求,采用不同的内容和方法,也要做好

各个阶段教育教学工作的衔接。其次，要依据青少年身心发展具有的不平衡性，即青少年身心发展的速度和成熟水平是不同的，具有不平衡性，不同方面发展的不平衡性，有的方面在较早阶段就能达到较高水平，有些方面则要成熟得晚些等。教育教学要适应青少年学生身心发展各个方面的成熟期和敏感期，不失时机地进行教育教学，取得最佳效果。再次，要依据青少年身心发展的稳定性和可变性，教育教学既要看到青少年身心发展的稳定性，把它作为施教的出发点和依据，又要看到可变性，尽量创造良好的社会条件和教育条件，充分挖掘潜力，使之更快、更好地发展。最后，还要依据身心发展的个别差异性，在教育教学中贯彻因材施教的原则。

作为教师要认真思考以下问题：发展是连续的，但又有不同的速度，表现出一定的阶段性；发展是有序的，具有方向性；个体的发展是不平衡的，具有个体差异性。发展受成熟的影响和制约，遗传素质和生理成熟是发展的重要前提，尤其是大脑的发育成熟是认知与言语发展的基础。学习、经验决定青少年心理发展的内容和水平，环境与教育的适当性能够为青少年的最佳发展创造条件。

第三节　青少年心理发展的时代特点

作为新时代的青少年，其生活的外在社会环境与以往有所不同，这无疑会影响青少年个人的发展。与以往的情况相比，当代的生活水平提高，父母观念更加开放，独生子女增多，对教育的重视程度增加，尤其是网络时代的到来，日益改变着青少年心理发展的步伐甚至是发展的程度和方向，在当代青少年的心理行为上打上了时代的烙印，使他们呈现出一些新的特点。

一、新时代青少年的认知特点

知识面广，思维活跃，动手能力强是当代青少年认知发展的新特点。随着经济的发展，每个家庭的生活条件都有了很大的改善，父母也开始重视对孩子的教育，胎教、幼教等已经成为当今人们耳熟能详的名词。在家长为孩子购买智力开发类、科普知识类等书籍的同时，电视、广播等媒体也不遗余力地为开发幼儿智力及培养儿童创造力等做着不懈的努力，父母和媒体的努力使得当代很多青少年积累了丰富的知识，极大地拓宽了其知识面。而知识面的拓宽又促使他们产生了自己的想法，对很多事物都有着浓厚的兴趣，对各种社会现象充满热情，希望通过各种媒介了解世界各地发生的新闻，并试图分析一些自己感兴趣的话题。许多中小学教师反映，虽然自己花了很多时间备课，但上课时课堂气氛依然低沉，原因是学生对自己讲的东西都已经通过很多渠道知道了。显然，教师的这种烦恼和压力感是由当代学生的新特点引发的。

如今的青少年富于想象，喜欢标新立异，能够对一个问题给出许多种不同的解答方法。而且他们常常不迷信也不满足于教师所提供的现成答案，喜欢提出新的解决问题的方法。随着学校、社会对儿童青少年动手能力的重视，这一类活动也随之增多，极大地激发了青少年的发明创造热情，他们会主动根据自己所掌握的科学知识，将之付诸实践，展示才能，在一些创造发明活动中，有许多小学生和初中生脱颖而出。

二、新时代青少年的社会认知特点

（一）价值观呈现多元化

当代青少年的价值观呈现多元化的趋势，对价值观的影响主要来自大众媒体，特别是网络的普及，这些媒体促进了青少年生活方式的改变、价值观念的更新。青少年时期是“自我同一性”的探索时期，他们开始从与别人对比的意义上理解自我，并开始树立人生观和价值观。在价值观形成的过程中，有意义的正面信息会产生积极的效果，而一些负面的、与学校教育相冲突的信息会误导青少年的价值观，弱化其道德意识。大众传媒是一个无形的指导教师，通过某个或某类媒介人物的行为后果来指导青少年的社会学习，为青少年提供自由选择、模仿和比较的机会，所传递的全方位信息使得青少年自主进行价值选择的需求增强。不仅如此，如今信息载体的多样化，同时对所承载的信息内容也呈现多样化，在这些信息和知识传递的过程中，又发展和促进了青少年多种复杂的社会行为。而这些行为和知识对传统价值观念具有重新选择和认可的作用，对于正处于接受新知识最活跃的青少年来讲，新知识和新行为的出现将促使他们对自身的传统价值观做出新的认识和选择。作为在大众传媒的极度影响下成长的青少年，他们在包罗万象的信息（如网络暴力、商业广告、传媒舆论等）的传递中表现出更大的自由和开放，传统价值规范的固定性已不复存在，价值多元随着信息和知识多元越来越成为现实。大众传媒使青少年能够更有效地了解社会、分享社会经验，从而影响他们对世界的理解和思考，促使他们接触到社会的各种价值观和行为方式，进而形成自己独特的人生观、价值观。一项调查结果表明，在回答“你认为人最重要的品质是什么”这一问题时，在青少年群体中，“孝敬父母”“为社会做贡献”都很受推崇，但是，也有部分学生把“高收入”“有地位”“有权力”作为成功的首选标志，追求个人价值成为部分中学生努力的目标。由传统道德所主导的价值观已经为多元化的道德价值观所取代。

（二）偶像崇拜

偶像崇拜是青少年期的过渡性需求，美国心理学家埃里克森将偶像崇拜理解为个体将儿童期对父母的养育方式依恋转移到青少年期对异性的浪漫式依恋的一种表现。这种现象是青少年在认知、情感和个性发展过程中欣赏、接受另一个人的价值观、行为模式及外表形象等，反映了这个时期心理认同和情感依附的特点。偶像崇拜可以是青少年自我确认的重要手段。霍妮认为追寻偶像是追寻“理想自我”的表现，是青少年在探寻自我的时期追求自我肯定和理想自我的一种特殊形式，有助于青少年投射自我以及重新构建自我。

中国青少年研究中心 2006 年的调查表明，电视对中小学生的偶像崇拜影响最大，由于电视的影响，影星、歌星、球星等曾一度成为一些中小学生心目中的偶像，几乎每个中学生的房间里都贴有某个明星的海报，抽屉里都珍藏着某个歌星的光盘，青少年用很多时间来关注自己所喜欢的明星的动态。自 21 世纪以来，随着经济全球化、市场化、信息化程度的日益提升，青少年的偶像崇拜更加多元化。近年来，随着日韩新兴文化迅速传入中国，又兴起了许多“哈日族”“哈韩族”，而这些“族”的成员大多是处于迷茫期的青少年。他们的家中珍藏的也不仅仅是国内明星的海报，对日本、韩国的电影、电视剧、组合和明星的探求也成了他们生活中的一部分。"哈日""哈韩"盛行的同时也有一部分青少年反"日韩流"，在偶像的选择战中，当今的青少年更有包容性，更具理性精神。"日韩流"的流行在给青少年带来消极影响的同时，也为青少年拓宽了视野，他们对外来文化的接纳性更高。虽然"偶像潮流"横行，但大多数中学生不会盲目模仿自己的偶像，许多学生会认为"学生还是要有学生样"，他们尊重他人选择的同时，也有自己的时尚和娱乐，以及自己的表达方式，并不是一味地崇拜权威及顺从别人。目前，青少年的偶像有从"娱乐型"向"实用型"转化的倾向，一大批成功的知识精英、企业家成为青少年的偶像。

（三）性别角色取向偏移

性别角色是性别认同的公开表现，指向其他人表明个人属于男性或女性的程度的一种外显行为和态度。在社会转型时期的青少年正经受着多元文化和不同思想观念的巨大冲击，性别角色也发生了巨大的变化，有研究表明，近十年来我国青少年性别角色发生了严重偏移，与性别一致的传统类型男性化和女性化大量减少，而男性特质和女性特质都弱的未分化的类型则急剧增加。如今，我国的青少年很大一部分是独生子女，父母溺爱的成分增加，对男性特质的培养很不利，再加上受到当今多变的文化和多种多样的观念的影响，一部分"中性"女性偶像和"阴柔"男性偶像的出现，与青少年求新、求异，创造独特自我的心理需求相互融合，很容易使青少年放弃追求传统的性别角色。另外，家长的观念也在不断改变，对不同文化的包容性更强，也使得青少年在追求"中性""阴柔"的过程中较少受到父母的反对。与以往相比，当今青少年更加突出自己的个性，但由于他们的思维、认知发展还不完全成熟，故大部分青少年还是参考自己心目中偶像的形象来改变自己的穿着、打扮以及个性。但是，"中性"是未分化的类型，未分化是男性特质和女性特质都弱，而在中国，最理想和最受欢迎的是男性特质和女性特质都高的双性化类型，在双性化类型中男性特质又起主导作用，未分化的类型无论在友谊和爱情上都不受欢迎。

（四）表现欲强，但生活满意度不高

"低调"一词经常在青少年的口中出现，但是当今的他们却希望高调地表现自己，如在课堂和讨论会上，他们积极举手发言，争先恐后地发表意见；在演出或比赛时，他们积极参与竞争，不甘落后；在各种科技和社会实践活动中，他们也能够标新立异，提出让人耳目一新的主意和想法，做出令人惊讶的发明创造。青少年期经常出现的"假想观众"和"个人神话"现象增强了他们这种自我表现的欲望，希望通过这种自我表现塑造一个为社会和同伴所认可的自我形象。在塑造自我形象的方式上也更加开放、大胆，他们通过参加一些公开性的比赛，如选秀节目来彰显自己的个性，展示自己的才华。

当代青少年的另一个特点是对生活的满意度下降，这种不满意主要源自对目前生活状态的不满足，而不是对目前生活状态的不满意，虽然青少年的表现欲很强，但是从自己的表现中获取的成就感并不能抹掉他们心里对未来的迷茫，以及对"自我"的困惑，尤其是现在的选择越来越多，这种迷茫和困惑使得青少年对自己当前状况不满足，但这种不满足是一种可以转化为积极生活动力的因素，促使青少年更好地探索自我、实现自我。

（五）消费观念成人化，消费方式多样化

青少年特别是城市青少年的消费观念也出现了一些新的变化。中学生零花钱的用途呈现出多元化倾向，主要花费在书籍、文体用品、零食、服装以及送同学礼物、上网、娱乐等方面。对一所中学的调查发现，学生在消费时最注重的是品牌和款式。许多家长怕自己的孩子在消费上比别人差，怕孩子自卑，于是追求名牌，使孩子过于在意别人对自己的看法，以穿、用讲究名牌赢得同伴尊重，相互攀比。同学来往也请客送礼，日常用品追求名牌或者另类，消费观念呈现出成人化倾向。这提示学校教育要注意学生的消费行为，家长和教师要引导孩子形成正确的消费观念。

此外，消费的方式也不只是逛街购物一种，网络的普及改变了青少年的消费方式，网络购物的便捷性和实惠性吸引了大批青少年，成了一种消费潮流，他们浏览网上的虚拟商店并进行比较，自主选择自己喜欢的品牌。网上商品琳琅满目，一些在本地买不到的商品，在网上也能够买到。当代青少年对品牌、时尚的追求，往往容易使他们过度消费并可能沉溺于网络购物。

三、新时代青少年的心理行为问题

（一）渴望关爱，叛逆欲强

近年来，“留守儿童”“留守中小学生”等词汇出现的频率极高，而且随着人们对婚姻看法的改变，离异家庭也越来越多，这些都导致了家庭功能缺失儿童和青少年的出现。家庭成员的缺失使得亲子关系中出现父母榜样作用缺失，对于家庭完整的孩子来说，到了青少年期，父母的作用在他们心中的地位逐渐开始“动摇”。但是，这个时期家庭不完整的孩子却依然渴望父母的关爱，一方面，父母的关系、父母对他们的态度几乎能够决定他们的行为方式，他们对一切都很敏感，有自己的洞察力，一旦父母的爱让他们迷茫或绝望，可能会给他们带来毁灭性的打击，在现实生活中，家庭原因导致青少年自杀、犯罪的事件很多，家庭功能的缺失让他们对“爱”有着更多的渴求；另一方面，家庭不完整的孩子往往容易产生自卑、自责、自闭等心理，认为自己不如周围的同伴，在同伴中的地位不高，容易成为欺负的对象，但对关爱和友爱的渴望又会使他们在言行上刻意地表现出与众不同，甚至喜欢“对着干”，目的是引起别人的注意以显示自身的存在价值。

家庭健全的儿童踏入青春期后，自我意识高涨，思维的独立性和批判性获得了进一步发展。他们一方面继续从父母那里获得安慰、支持和建议，另一方面要争取自主。在亲子关系中，他们的情感、观点、行为日益独立，希望“摆脱”对父母的依赖，能够自主地做出判断和决策。在师生交往中，他们也变得独立而客观，对许多问题的看法不再轻信和盲从教师。另外，他们对家长和教师能进行客观的评价。社会进步的表现之一是人们思想观念的更新，在父母和教师眼中，他们与孩子更多的是平等关系，在这个关系的基础上进行教育和指导的效果最好。如果在处理亲子关系、师生关系的过程中，成人利用自己的优势对其进行压制式的教育，则会导致孩子极端的叛逆行为，如自杀、抑郁等。

（二）焦虑、抑郁、反社会行为问题激增

近年来，人们对心理学的重视程度越来越高，这种现象恰恰反映出心理问题增多。心理专家认为，焦虑、抑郁、反社会行为等是青少年常见的心理行为问题。青少年期是人成长中的一个脆弱时期，个体对自己的体态、生理和心理等方面的变化会产生一种神秘感，甚至

不知所措，比如，女孩不敢挺胸，月经初潮感到紧张不安，男孩出现遗精后十分自责等，都会对青少年的心理、情绪及行为带来很大影响。当今青少年面临着许多复杂多变的压力，在这些压力面前，他们的心理会出现失调，产生焦虑、紧张、恐惧等不良反应，重者甚至导致抑郁。

反社会行为是指有意伤害他人或破坏公共财物而且不为社会规范所许可的行为，又称侵犯行为。在社会转型期，青少年的反社会行为有上升的趋势，尤其是青少年犯罪问题十分突出，而有调查称初中生是青少年犯罪的多发群体，当今初中生的传统观念如勤奋学习、文明礼貌、助人为乐、爱护公物、保护环境等的意识下降，在日常生活里，各种媒体充斥着他们的生活。在电视节目中，负面信息过多，世界各地的恐怖事件、有暴力情节的影视作品频频在各种媒体上出现，这些都很容易让儿童、青少年认为“英雄”的形象是与武力征服他人相联系的。另外，有调查显示，90%的犯罪源自网络，不良文化是青少年违法犯罪的重要原因，网络信息传播的双向性使网民受众的地位得到充分体现，他们可以主动地获取所需的信息，尤其是自制力较弱的青少年在面对大量刺激的时候，往往会出于好奇或冲动的心理去搜寻色情、暴力等不良的网络信息。因此，青少年会受到一些网站传播的色情、暴力和恐怖等不良信息的影响。青少年有强烈的好奇心和求知欲，对未知事物充满兴趣，但由于其身心发育还不健全，分析、判断、辨别能力弱，容易受诱惑，网上的色情、暴力、恐怖等信息既刺激又新鲜，他们对新鲜事物会有意进行模仿，常常将虚拟空间的行为模式转化为现实的行为模式，从而使部分青少年走上违法犯罪的道路。

鉴于此，对网络违法犯罪行为的遏制很有必要，应建立专门的青少年网络服务网站，建立绿色网站，开发适合青少年教育的软件，加强家庭、学校和社会的配合，净化网络环境和整合网络信息资源，加强网络道德建设和网络管理、网络技术安全监控，为青少年的身心健康发展提供良好的网络环境。

（三）网络成瘾普遍，对现实交往冷漠化

21世纪是一个网络时代，网络成了存在于我们周围的环境因素。如今，上网工具也越来越多，不仅计算机可以上网，利用上网本、平板电脑、手机等也可以畅游网络，对青少年来说上网越来越方便，很多青少年会在家中、学校和网吧里使用互联网，上网已成为中小学生生活的一部分，青少年网民占了很大比例，他们会利用网络进行学习、交流和娱乐。

据《中国青年报》报道，随着网络的普及，目前国内网络成瘾发生率呈迅速上升的趋势，处在13～18岁年龄段、身心迅速成长发育的中学生是网络成瘾的“重灾区”，在各种报道中，孩子因为网络成瘾而放弃学业的例子比比皆是，甚至大学生也控制不住自己的上网行为，将学费和时间都交给了网吧。网络成瘾不仅能使人们的心理对网络产生依赖，而且能影响到人的身体健康，尤其是神经紊乱、体内激素水平失衡、免疫功能降低，引发各种疾患，如心血管疾病、胃肠神经官能症、紧张性头疼、焦虑、忧郁等，甚至可能导致死亡。

青少年的网络成瘾主要是网络游戏成瘾、网络关系成瘾、网络色情成瘾、信息搜集成瘾、计算机技术成瘾五种，其中网络游戏成瘾现象最为普遍。有调查显示，近一半（47.9%）的网瘾青少年都属于“网络游戏成瘾”；有13.2%的网瘾青少年在“聊天或交友”上花费的时间最长，属于“网络关系成瘾”；有5.2%的网瘾青少年属于“信息搜集成瘾”，在“获取信息”上所花的时间最长（见图1-1）。

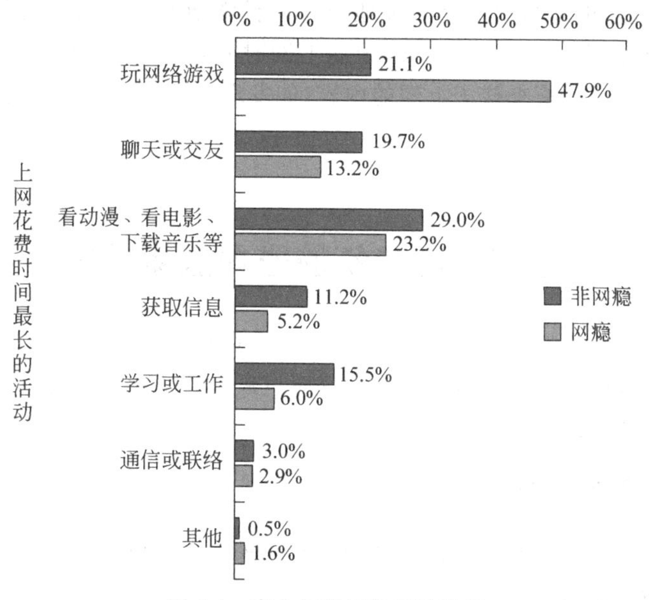

图 1-1 青少年的网络活动情况

除了网络游戏的多样性吸引着青少年的注意力外，随着各类社交网站、论坛、博客、即时聊天工具等网络技术的日益成熟，青少年对网络更加依赖，他们可以拥有成百上千的交流对象，尽管交流对象大部分是不认识的人，他们还是乐此不疲地分享、搜寻信息。很多人热衷于反复刷新别人的最新动态，通过窥探别人的生活来降低信息量日益庞大的世界的不确定性。正是这样畸形的网络社会形态，使许多人在网上并不能得到真正的社会化，而只是不断窥探别人的生活细节，满足自己的病态欲望，这种欲望使得青少年很容易过度沉迷于一些不良的网络环境之中，导致网络成瘾甚至荒废学业。一些青少年习惯了虚拟世界里的交往，而渐渐忽略了现实世界的交往，导致现实生活中与人的交往技能不断弱化。当今社会流行的“宅”文化也体现了这群青少年的特质，他们不喜欢外出与人进行面对面的交流，而习惯于使用网络上的各种表情、字符来表达他们的情感。但是人的表情不可能仅仅是如此简单的一撇一捺，人与人之间的交流还应该包括丰富的眼神交流、神态动作甚至一些微表情等。青少年因沉溺于网络交往而产生的对现实交往的冷漠化，以及因一味地沉溺于虚拟世界而不能完成健康的社会化，可能会让青少年产生人格偏差以及对世界的不正确认知。

网络对青少年的影响不仅仅是由网络本身的特征引起的，学校和家长的引导也很重要。中国社科院媒介传播与青少年发展研究中心对青少年上网行为进行了一项调查，调查结果表明能正常交友、正常生活、有一个健康的生活环境的孩子上网一般都不会影响其学习，上网对这部分孩子来说是有好处的，如他们与家长交流更多，拥有更多的朋友，社会参与愿望更强烈。而那些学习上不成功、受教师训斥较多或缺少朋友的学生很容易迷上网络，他们借助网络游戏来逃避现实，并沉迷于虚拟的网络世界。

值得注意的是，一些家长把青少年正常的上网行为都看成网瘾，这是不恰当的。网络本身不是洪水猛兽，我们没有必要逃避，更何况，在现代社会中，网络无处不在，阻止孩子上网既无必要又不可能，正确的做法是合理地引导和科学地监督。家长可与孩子约法三章，允许他上网，但必须遵守一些规定，比如，限制上网时间，未成年人若无成人陪同不得与网友见面等。家长还应经常检查孩子上网的内容，如发现孩子浏览一些不健康的网站要及时沟通并进行引导。

第四节　青少年的心理健康发展

随着社会发展进程加快，社会竞争日益激烈，青少年的心理问题也日益凸显。那么什么是心理健康？有哪些因素影响青少年心理健康发展？青少年心理健康的意义又是什么？这一节主要探讨这几个问题。

一、心理健康的概念

人们对心理健康的认识与对健康的认识紧密相关，心理健康概念的发展是在健康概念演变的过程中逐渐形成的。

（一）健康的含义

相当长的一段时期内，人们对“健康”的理解主要囿于机体的生理方面。无论是学校教师，还是青少年本人，对健康的关心也都集中在青少年身体发育方面的一些生理指标上，如身高、体重是否标准，眼睛是否近视，身体是否患疾等。《辞海》对健康的概念所下的定义是：“人体各器官系统发育良好、功能正常、体质健壮、精力充沛并具有良好劳动效能的状态。”这就是健康的纯生物的医学模式。然而，事实上健康的真正含义不只是生理性的，还包含心理性的，并且后者在健康中的地位越来越重要，甚至成为健康的最核心的要素。联合国世界卫生组织早在1948年就明确指出：“健康(health)不仅是指没有疾病或虚弱，而且包括身体、心理和社会适应在内的健全状态。”这就是健康的“生物—心理—社会医学模式”。它包含了三个基本要素：躯体健康，心理健康，具有社会适应能力。其中，具有社会适应能力是国际上公认的心理健康首要标准，因此这三个基本要素构成的仍是全面健康的两大部分：躯体健康和心理健康，两者相辅相成，紧密相关，缺一不可。1962年联合国世界卫生组织还确定了个体健康的十项标准：有充沛的精力，能从容不迫地应对日常生活和工作的压力而不感到过分紧张；处世乐观，态度积极，乐于承担责任，事无巨细，不挑剔；善于休息，睡眠良好；应变能力强，能适应环境的各种变化；能够抵抗一般性感冒和传染病；体重适当，身材匀称，站立时头、臂、臀位置协调；眼睛发亮，反应敏锐，眼睑不发炎；牙齿清洁，无空洞，无痛感，齿龈颜色正常，无出血现象；头发有光泽，无头屑；肌肉、皮肤富有弹性，走路感觉轻松。1992年联合国世界卫生组织进一步指出：一个人只有在躯体健康、心理健康、社会适应良好和道德健康四方面都健全，才算是完全健康的人。这里又增加了道德健康要素，而这仍属于心理范畴。可见心理健康在整个健康概念中的地位在不断提高，可以说躯体健康是健康概念的基础，而心理健康是整个健康概念的核心。

特别需要指出的是，健康是一个相对的概念，健康与不健康之间并没有清晰的界限，不可能有一个人绝对健康，也不可能有一个人绝对不健康，它是一个连续的、动态的过程。如

图 1-2 所示。

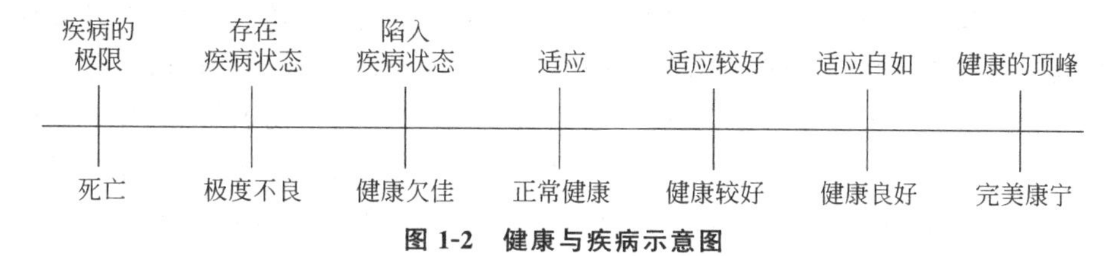

图 1-2 健康与疾病示意图

（二）心理健康的含义

关于心理健康的定义，国内外学者由于所处的社会文化背景不同、研究问题的立场、观点和方法迥异，迄今没有达成统一的意见。综合来看，我们认为心理健康（mental health）是指个体具有良好的适应，有利于充分发挥自身潜能的一种持续的、积极发展的心理状态。

这里至少包含两层含义：其一是指没有心理疾病，这是心理健康内涵的下限，如同没有身体疾病是身体健康的最基本条件一样；其二是指具有积极发展的心理状态，这是心理健康更为本质的内涵，意味着个体有追求自我发展的能力和潜能，能够不断自我完善，这一层强调积极的、发展的因素。因此，可以说，没有心理疾患是心理健康的基础，积极发展是心理健康的核心。

（三）心理健康的动态性和相对性

与身体健康一样，心理健康也不是一个绝对的概念，它具有动态性和相对性的特点。

（1）心理健康的动态性主要体现在：从社会层面而言，在不同的历史时期，心理健康会有不同的表现形式和要求，如在某个社会和国家是健康的心理，在另一个社会、国家中却可能被视为不健康；从个体层面而言，个体的心理状态具有可变性，如某一段时间心情抑郁并不意味着心理不健康。

（2）心理健康的相对性主要体现在：正常心理和异常心理之间没有一条明确的分界线。为此，一些学者曾提出心理健康“灰色区”概念。具体来说，就是将心理健康比作白色，心理疾病比作黑色，在白色与黑色之间存在着一个巨大的缓冲区域——灰色区，有人称这一灰色区域为“亚健康状态”（subhealthy condition），即既非疾病又非健康的中间状态。大多数人都散落在这一灰色区域内。

二、影响青少年心理健康的因素

人的心理是内隐的、动态的而又具有个体差异，因而影响心理健康的因素也是极其复杂的，大概可分为生物因素、心理因素、环境因素三大方面。

（一）生物因素

影响心理健康的生物因素主要有神经系统的类型特点和内分泌腺的活动。神经系统类型特点不会直接导致心理健康，但在一定条件下，易于产生某种类型的心理问题。国外曾对双胞胎进行研究并证实：与生俱来的神经系统的特点对心理障碍有易感作用。例如，神经系统强而不平衡的兴奋型的人（属胆汁质气质）易发生冲动性、激惹性方面的心理问题；神经系统弱型的人（属抑郁质气质）则易发生孤独、自卑的心理问题。内分泌系统的分泌活动对青少年心理也有明显影响，如甲状腺亢进（甲状腺激素分泌过多）则会导致神经系统兴奋性高，容易造成激动、紧张、烦躁、多语等心理和行为表现，而甲状腺激素分泌不足可能导致个体智力低下，记忆力减退，联想和言语减少，条件反射活动迟缓等；肾上腺功能发达的人易于兴奋、激动，而肾上腺功能不足则易抑郁、疲劳并缺乏工作兴趣；青少年脑垂体的功能过盛会表现出淡漠无情、注意力易分散、语言迂缓、健忘等，而功能不足则会延缓身心发展。

此外，青春期的身体发育也会引发青少年心理问题，如性发育给青少年带来最初的性冲击（女生的月经和男生的遗精），发育过早或过晚，体格发育得过矮或过胖等，都会对青少年产生较大、较持久的影响。

（二）心理因素

青少年在心理过渡时期，心理由不成熟向成熟发展过程中出现的尚未完全成熟的一面往往成为诱发青少年心理问题的因素，具体表现如下：青少年辩证思维相对薄弱，看待问题易片面化、绝对化；自我中心的思维倾向尚未完全克服，自我评价缺乏客观性，易评价过高或过低；情绪的自我调节能力不强，遇事易情绪波动；生活经历少，对挫折缺乏思想准备，对挫折的耐受力低；人生观尚在形成之中，对生活、人生缺乏深刻的认识和正确的理解等。这些是青少年发生心理问题的易感因素，对青少年个体来说，之所以发生心理问题，还往往有其具体的心理因素作用，并且从不同的心理学理论出发，会有不同解释：有的认为心理问题是个体人格结构中的本我、自我和超我三种力量不能保持动态平衡所致；有的认为是由于不适当地强化导致心理问题；有的认为是由于对挫折的不正确的认知评价引起心理问题；有的认为心理问题主要是由于在自我实现的追求中受阻而导致等。

（三）环境因素

与青少年心理相关的环境因素包括家庭、学校、社会环境。

家庭是青少年成长的摇篮，父母的教育、引导对青少年的一生发展起着始终无法消除的影响作用。健全的家庭，温馨的氛围，良好的教养，使青少年身心愉悦，健康成长；家庭自然结构破坏或长期分离，成员关系疏远或对立甚至敌对，疏于管教或溺爱等，则会直接影响青少年身心健康。家庭的变故、突发事件等也会给青少年心理带来意想不到的负面影响。

学校是青少年学生学习、生活的主要场所，他们的大部分时间是在学校中度过的，因此，学校生活对学生身心健康影响极大。学校教师的管教方式、校风班风、师生关系和同学关系等，都会对青少年学生身心健康的正常发展造成直接或潜移默化的影响。民主的管教方式、良好的校风和班风、和谐的师生关系和同学关系有利于青少年学生保持良好的心态，形成积极上进的健康心理；反之则可能使学生产生冷漠、逆反、焦虑、畏惧、自卑、孤独、敌对等不良心理。此外，过重的学业负担、考试压力已经成为学校对青少年产生不良心理的负面诱因，应引起教育者高度重视。

宏观的社会环境，包括社会风气、媒体报道、社区活动等，也会影响正在走向社会的青少年。尤其是随着时代的发展，社会信息化程度的提高，网络传播、影视观赏、走秀活动等对青少年的影响日益增大。良好的社会环境是青少年以健康的心理完成社会化任务的重要条件,而不良的社会环境是导致青少年心理不健康的重要外因。如计算机游戏、歌舞厅、录像室等会让辨别能力和自控能力不强的青少年沉迷于其中而不能自拔,一些成年人扭曲的价值观、消极的人生观也会使青少年感到迷茫、困惑、浮躁与不安,给青少年的成长带来负面影响。政府部门不允许在学校周边地区开设不宜青少年接触的商场店铺,明令禁止某些活动场所对青少年开放,也都是出于尽可能净化青少年社会环境的一种举措。

三、青少年心理健康的意义

心理健康对处于身心迅速发展和社会化重要阶段的青少年来说,有着更为特殊的重要意义。

(一) 有利于身体发育

心理对身体的影响,在我国古代医学经典《黄帝内经》中已有揭示,更被现代医学科学所证实,并由此引出了心身医学(psychosomatic medicine)概念。青少年正处于长身体时期,心理对身体的影响尤为突出。已有研究发现,不良的情绪会抑制青少年生长激素的分泌而影响身高;紧张、焦虑会加重青春期高血压倾向和粉刺、痤疮的发病率。神经性厌食症不仅会引起女青年闭经,而且会导致其骨质疏松。更有甚者,即使以后恢复正常食欲,仍会留下种种后遗症。因此,增进心理健康,将减少青少年患病率,促进生长发育,提高他们的身体素质。

(二) 有利于人格发展

青少年心理健康状况对人格发展有极大影响,并且是通过两个途径发生作用的。首先,青少年心理健康状况一开始反映的是一段时间的心理状态,但久而久之就会形成相对稳定的人格特点。例如,青少年在学校生活中心情愉悦地学习、活动,与同学交往,时间长了就容易形成乐观、积极的人格倾向;受同伴欺负、排挤的青少年,经常担惊受怕、情绪压抑,日积月累就容易导致忧郁、消极的人格倾向。一项对小学一年级到高中二年级的54名中小学生心理健康问题的研究表明,有心理健康问题的学生与普通学生相比,性格特点有明显差异:前者表现出更多的粗心、冲动、急躁、孤僻、任性和不听话等一系列不良的性格特点(骆伯巍、陈家麟,1986年)。其次,青少年某方面的心理健康问题,还会对其他方面的人格发展产生影响。例如,青少年有严重的压抑情绪,还会影响其学习上的认知活动,进而影响其智力发展。美国临床心理学家艾里斯(Ellis)甚至认为:认知障碍是一切人格障碍的根源。

(三) 有利于社会性发展

心理健康的个体本身就乐于交往、善于合群,容易为他人所容纳,形成好朋友圈,这对社会化进程中的青少年来说,意义十分重大。这是因为与同龄人团体的交往在青少年社会化进程中占有极为重要的地位,如果说,家庭是青少年成长为社会人的第一场所,那么与同龄人的交往团体便是第二场所(关忠文,1982年)。正是在这样的场所里,在与同龄人交往的过程中,青少年个体可以学到许多社会知识、社会行为规范、社会交往技能、社会活动的经验、体验情感和表达情感的能力,从而有利于青少年个性的和谐发展,提高其社会适应能力。

（四）有利于成才立业

过去的人们总有这样的认识：身体是革命的本钱。现在看来，这一观念也需要改变。确切地说，健康是革命的本钱。这里的健康不仅是身体的健康，也包括心理健康，从某种意义上来说，心理健康更不可忽视。孰不见，有不少青年，纵有强健的体魄、发达的四肢，但由于种种不健康的心理因素，如自卑或缺乏毅力，最终庸庸碌碌、虚度一生。而另有些青少年，即使病魔缠身、严重残疾，但由于心理健康，终以乐观的态度笑对人生，以惊人的毅力顽强拼搏，以智慧和勤奋赢得个人的发展和事业的辉煌。可以说，心理健康使人的智力与非智力因素有可能获得完美的结合，从而为成才立业提供了三个最基本的条件：智能活动的高效率、不畏艰难的精神和锲而不舍的耐力。正如张海迪所说："残疾并不可怕，可怕的是失去了进取的勇气和自信。"心理健康的残疾青少年顽强拼搏的事迹，更加充分地体现出心理健康具有深度发掘个体内在潜能的功能及其促进青少年成才立业的巨大作用。

（五）有利于素质的全面发展

在前面几点的论述中，事实上我们已经看到心理健康对青少年各方面素质发展的促进作用。这里还要指出的是，心理健康不仅是促进青少年各种素质发展的一种重要中介，而且它本身就是面向21世纪的现代学校教育强调的青少年全面发展的各种素质中的一个重要组成部分，也就是说，心理健康本身就是未来青少年必备的一个重要素质。因而，心理健康对于青少年素质发展具有双重意义：作为中介，作为手段，有助于其他各种素质的发展；作为对象，作为目标，它充实了素质体系，丰富了素质的内涵。

思考题

1. 青少年期年龄如何界定？青少年期与青春期的区别是什么？
2. 如何理解青少年期是人生发展的一个过渡时期？
3. 青少年期心理发展的矛盾有哪些？
4. 当今社会下，青少年心理发展时代性特点有哪些？
5. 什么是心理健康？分析影响青少年心理健康的因素有哪些。
6. 心理发展的一般规律对教育教学有什么启示？

第二章　青少年的生理发展与教育

本章要点

- 青少年生理变化的主要方面
- 青少年第二性征发育
- 青少年生理变化对心理的直接影响和间接影响
- 青春期的特殊事件与问题
- 青少年性心理问题的应对与教育

青少年期是人生第二个生长发育的高峰期。在青春期，青少年的生理开始发生巨大变化，比如，神经系统结构和机能日渐成熟完善，身高和体重迅速增加，循环系统和呼吸系统发育完善，第二性征发展成熟等，这些方面的变化直接或间接影响其心理发展，继而影响其行为和与他人的交往方式；同时，青春期的孩子与父母之间的代沟明显增大，亲子冲突也日益增多。因此，对于教师来说，理解青春期青少年的生理发展特点，做好青少年心理问题的应对与教育十分重要。

第一节　青少年的生理变化

个体在一生中要经历两个生长发育的高峰期，第一个高峰期是从受精卵开始发育至1岁左右；第二个高峰期是在10～15岁。从生物学角度来看，青春期始于第二性征的出现和生长突增，止于性成熟和体格发育完全。青少年的生理变化主要表现为身体外形的变化和生殖能力的获得。青春期的生理发育除具有性别差异外，还表现出明显的年龄和速度方面的差异，"早熟"与"晚熟"现象普遍存在于青春期发育的各个方面。这种个体差异受到遗传生物因素与社会文化环境等因素的综合影响，青春期的生理变化也会通过直接或间接的方式影响青少年的心理机能和行为表现。换言之，心理和行为问题并非单纯由青春期的生理变化引起，而是生理变化、社会文化背景、他人态度和青少年自身评价综合作用的产物。

一般来说，青少年的生理变化主要表现在以下五个方面：①生长突增，主要表现为身高和体重的迅速增加；②主要性征的发育，包括生殖器、性腺的发育；③第二性征的发育，包括乳房、阴毛、胡须、体毛以及身体形态的变化；④身体组成成分的变化，主要表现在脂肪和肌肉的数量与分布上；⑤循环系统和呼吸系统的发育，使得青少年活动的力量和耐力增强。上述每一项生理变化都受到内分泌系统和神经系统的影响，神经系统和内分泌系统的发育完善是个体青春期身体生长发育和心理发展的物质基础。

一、神经系统和内分泌系统的发展变化

（一）脑与神经系统的发展变化

脑与神经系统的发育是青少年身心发展的前提和物质基础。到青春期时，它们的结构和机能逐步成熟完善，为青少年抽象逻辑思维等方面的发展提供了保证。

婴儿出生后，脑与神经系统便迅速生长发育，相对于身体其他部位来说，脑的发育一直处于领先地位。神经系统在个体出生后5～6年内一直保持着最快的发育速度。到6岁左右，大脑半球的一切传导通路都完成了髓鞘化，脑的重量已达成人脑重的90%，这一时期是开发儿童智力的关键期。脑的生长到12岁时已基本完成。

脑的重量和体积在青春期增加很少，但皮层细胞的机能却在迅速发育，这主要反映在脑电波频率的变化上。青少年的脑电波，尤其是α波，在13～14岁时出现第二次飞跃（第一次飞跃在6岁左右出现），这说明大脑机能逐渐发育成熟。此后一直到20岁左右，脑细胞的内部结构和机能不断进行复杂的分化，沟回增多、加深，神经联络纤维的数量大大增加。在新的更加复杂的外部条件影响下，大脑机能进一步完善，并在整体上趋于成熟，到20～25岁会达到完全成熟。

（二）激素与内分泌系统的发展变化

（1）激素是一种由内分泌腺分泌并渗入血液或淋巴，从而影响身体新陈代谢和生长发育的重要化学物质。内分泌系统分泌激素并调节和控制着激素的水平。激素在血液中的含量甚微，但在机体内具有重要的调节作用。青春发育期的生理发育在很大程度上受体内激素水平变化的影响，激素水平的变化影响到青少年身体外形的变化、内部机能的增强以及第二性征的出现和性成熟。

体内激素对个体的行为模式具有组织作用，通过发挥组织功能来调节个体的行为。青春期激素水平的变化也会引起青少年的许多行为变化，即激素水平的变化激活了个体的行为，直接导致了个体行为的某些变化。

（2）青春期的生长发育在很大程度上是由脑和内分泌系统中的一系列复杂事件引发的。激素的分泌主要受下丘脑—脑垂体系统的调节。内分泌系统接收中枢神经系统的指令，提高或降低体内循环中的激素水平，从而促进个体的生长发育。

内分泌系统主要通过下丘脑、脑垂体和性腺三者之间的相互作用来发挥其功能，三者不断循环调节，构成了内分泌系统的反馈环。下丘脑释放促脑垂体激素刺激或抑制脑垂体的活动；脑垂体开始分泌激素；性腺和肾上腺皮质开始分泌激素；下丘脑继续监控血液循环中的激素水平，必要时它会通过控制自身的分泌物来维持体内激素含量，使其保持在适当水平。下丘脑—脑垂体—性腺的反馈系统说明了个体青春期的发动机制，即青春期的出现是由脑决定的，而非脑垂体发动的。

二、身高、体重及身体其他方面的发展变化

当第一次生长发育高峰于1岁左右结束之后，人体的生长发育速度便开始减慢，直到

进入青春发育期，速度才又大大加快，出现了个体的第二次生长发育高峰，称为青春期的生长突增。青春期的生长突增大概与第二性征的发育同时出现，青春期内分泌的变化对青少年身体的影响非常明显，激素水平的变化导致了身高、体重的迅速增长，在青春早期的短时间内青少年的身体外表发生了巨大的变化。一般来说，女孩生长突增比男孩早两年出现。

（一）身高与体重的发展变化

生长激素、甲状腺激素和雄性激素的同时释放，导致了身高和体重的迅速增长。青春期成长最令人印象深刻的并不是青少年身高和体重的绝对增长，而是增长速度十分迅速。对男孩来说，平均身高增长的峰值大约是每年 10.3 厘米，而女孩则是每年 9.0 厘米。青春期也是体重迅速增加的一段时期，大约一个成人身体重量的一半是在青春期中增长的。

平均而言，女生成长的飞跃要比男生早大约两年。一般来说，在 11 岁之前，男生的身高总要多多少少比女生高一些；而在 11～13 岁，女生要比男生高一些；从大约 14 岁开始，男生的身高又要高于女生，而这也是最终的普遍现象。

骨骼结构的构成在青春期中也会有所变化，骨骼变得更硬、更致密但也更脆。当体内的长骨开始快速生长时，身高便开始增加。身体长骨末端的生长终结是青春期结束的一个标志，这时身高便停止增长。

与青春期的身高飞跃相伴的是体重的增加，其原因在于肌肉和脂肪的增长。对两性而言，肌肉都有迅速的增长，而且与骨骼的增长保持紧密同步，但是男孩肌肉组织的增长要比女孩快；同样两性体内的脂肪都会增加，但女孩要比男孩多，增加得也快，这就使得男孩女孩首次出现体格与运动能力上的差异。伴随着青春期早期体格的增强，心肺的大小和能力也在增长之中，因此运动耐受力也有所增长。

（二）循环系统与呼吸系统的发展变化

在青春期，除肌肉的发育外，心脏和肺的体积与容量的增加也是导致身体力量、耐力增强的主要原因。

青春期心脏增长迅速，重量增加，脉搏次数减少，血压逐步趋于稳定。肺的呼吸功能增强，此时加强体育锻炼，能促使呼吸肌更加发达，肺活量增加，胸围增大，呼吸差增加，使呼吸系统的功能全面增强，从而有利于人体的健康发育。

三、第二性征的发育与性成熟

青春期的生理发育除了表现为身体外形的巨变和内部机能的增强外，更为明显地反映在第二性征的出现和性成熟上。由遗传决定的生殖器官和性腺，如男性的睾丸和阴茎，女性的卵巢和子宫，称为第一性征。那些能区分男女性别的，但对生殖能力无本质影响的身体外部形态特征称为第二性征。第二性征的出现是个体成熟更为明显的标志。

（一）男孩的性成熟

男性性征发育的顺序是固定的，依次是：睾丸和阴茎大小增加，长出直的阴毛，嗓音有轻微变化，首次遗精，出现卷曲阴毛，生长高峰开始，长出腋毛，嗓音有明显变化，面部毛发出现。

一般来说,男性青春期的发育首先表现为睾丸和阴囊的增大,并伴随阴毛的出现。大约一年之后,身高开始飞速增长,与之相伴的是阴茎的生长和阴毛的进一步发展。面部毛发和体毛的出现相对较晚,与此同时,嗓音也变得深沉。同时汗腺的发育加速,皮肤的油性增加,因此,青春期的青少年经常会出现痤疮、皮肤疹。在腋毛生长的同时,男孩的乳房也会发生轻微的变化。这些都是正常的生理现象。

(二) 女孩的性成熟

相比男孩来说,女孩性征发育的顺序就不那么固定了。一般顺序是:乳房变大,阴毛出现,腋毛出现,身高开始增长,臀部与肩相比变得越来越宽。

女孩青春期两个最明显的变化是阴毛和乳房的发育。一般来说,性成熟的第一个信号是乳房隆起,也就是出现所谓的乳芽。然而,并非所有女孩第二性征的发育都以乳房发育为首要标志,大约1/3的少女阴毛的出现要早于乳房的发育。女孩的生长突增一般出现在乳房和阴毛发育的早期与中期阶段。月经初潮的时间相对晚一些,因此,将月经初潮作为女孩青春期开始的标志是不正确的。与男孩情况相同,女孩也要发生一系列与生殖能力有关的重要内部变化。这些变化涉及阴道、子宫和生殖系统等其他方面的生长与发育。

第二节　青少年生理变化对心理的影响

青少年的生理变化对其心理发展具有重要影响,这些影响是通过直接和间接两种方式来实现的。一般来说,青少年的心理变化大多都不是由青春期的生理变化单独引起的,而是受生理变化和社会文化环境相互作用的影响。

一、青春期生理变化对青少年产生的影响

首先,青春期的生理变化可以对青少年的行为产生直接影响。研究发现,体内激素水平变化会影响青少年的心理机能与行为表现。比如,青春期睾酮的增长就会直接导致处于青春期的男性性欲增强和性活动增多。还有研究者对体内激素水平的变化进行了研究,发现那些与同龄人相比体内激素水平较高的青少年报告了较多的消极情感和过剩的精力。

其次,青春期的生理变化导致青少年自我意象的转变,继而影响其行为。例如,刚开始经历青春期的男孩在家中穿衣服或者洗澡的时候,可能会要求更多的私人空间。他关自己房间的房门要比以前更勤快,而且在父母面前也要比以前更加规矩。

最后,青春期的生理变化改变了青少年的外貌,进而会引发别人与该青少年交往方式的转变。一个最近达到生理成熟的青春期少女可能会突然发现自己受到了年长男生的关注,而这些男生以前并没有太多的注意过她。她可能会因所有这些不曾有过的关注而感到紧张,也可能会对该如何应对感到困惑。

青少年生理变化对心理发展的影响,主要是通过个人、社会对这种身体变化的评价和态度而间接产生作用的。青春期身体变化对青少年的影响并不在于变化本身,而在于青少

年对这些变化的意义和重要性的解释，在于青少年对他人反应的理解，以及对这些变化是否符合社会文化模式的认识。具体来说，在青春发育期，青少年的发育是早熟、晚熟还是正常发育本身并不会产生多大影响，真正起作用的是本人或他人对此所持的态度和看法。

青少年对自己和他人青春期变化的反应还受到更广阔的社会环境的影响。当代社会对于青春期和身体成熟的看法通过电视商业广告、报刊广告以及电影和其他媒体中对青少年的刻画而得以展现。人们难以抗拒这些形象的影响，这种影响改变了人们对青春期的看法，进而决定了他们对青春期的反应。

二、青春期生理变化对青少年自我形象等方面的具体影响

（一）青春期与自我形象

自我形象涉及自己的语言和行为，周围环境对自己的评价以及身体形象等多个方面，是青少年关注的焦点之一。一项关于青少年早期变化对自尊影响的经典研究发现，经历青春期会导致青少年女孩自尊的适度降低。该研究表明，青春期可能是一个潜在的紧张刺激，对青少年有暂时的负面影响，但只有当青春期与其他需要青少年适应的变化相结合时才会出现这种影响。

身体形象是影响青少年自我形象的重要方面之一。青春期身体各方面发生了显著变化，这迫使青少年十分注重自己的身体形象。青少年对自身形象的感知存在性别差异，与男孩相比，女孩在整个青春期对自己的身体更不满意，其对身体形象的认识更加消极。无论哪个社会都或多或少地将身体特征和个体特征看作个体有无吸引力的评价标准，一种文化或社会中关于个体形象美的判断标准对青少年的自我形象有重要影响。这些判断标准通常以各种微妙的方式由家庭、同伴、社会传递给个体。

青少年对自己体重的感知和满意程度对其心理反应有重要影响。女孩更在意自己的体重，体重较重的女孩可能会有比较消极的自我评价。此外，社会文化和他人对第二性征的看法与态度对青少年的心理反应也有着重要影响。

（二）青春期的情绪化问题

一般认为，青少年比年幼儿童和成年人更加情绪化、更加喜怒无常。有研究发现，青春期的激素变化同青春期的情绪及行为间有联系，但这一效应在青春早期最为明显，此时的激素水平变化幅度很大。例如，研究表明，多种激素水平的快速增长都可能与脾气暴躁、易冲动和攻击行为有关系，尤其当这种增长发生在青春期刚开始的时候。对此发现的一种解释是，不是这些激素在青春期过程中的绝对增长量，而是它们在青春期早期的快速波动可能影响到了青少年的情绪。一旦激素水平在青春期晚期稳定在了一个较高的水平上，则它们的负面效应也就随之消退（Buchanan et al.，1992 年）。也有证据表明，脑部对情绪加工起作用的主要区域在青春期早期会发生重要变化。

同样，大多数研究者都同意，激素变化对青春期情绪和行为的效应也会受到环境因素的很大影响（Booth、Johnson、Granger、Crouter & Mchale，2003 年）。研究发现，尽管青春早期激素的快速增加与女孩的压抑情绪相联系，但与激素水平的变化相比，生活压力事件（如家庭、学校或与朋友中出现的问题）在青少年压抑情绪的发展中起更重要的作用。

（三）睡眠模式的变化

处于青春期的孩子晚上睡觉太晚，早上又起得太晚，这种称为时间段延迟偏好的睡眠模式的出现，是与青春期的生物性变化直接相关的。

由于学业压力的增加，当今青少年的睡眠时间正在逐渐减少，而睡眠不足是与青少年较差的学业表现和心理健康水平联系在一起的（如更加抑郁或焦虑）。尽管许多青少年相信，在周末补觉可以弥补平时睡眠的不足，但是研究表明，平时与周末睡觉时间上的显著差异会导致进一步的与睡眠有关的问题。

（四）青春期与家庭关系

大量关于青春期对家庭关系影响的研究发现，青春期使父母与子女之间的心理距离增大，亲子冲突增多，这在青少年与其母亲之间表现得尤为明显。这种变化既反映在“消极面”（如冲突、抱怨和愤怒）的增多上，也反映在“积极面”（如支持、微笑和大笑）的减少上（Flannery、Torquati & Lindemeier，1994年）。究其原因，可能是青春期发生的各种变化会导致先前建立起来的家庭人际关系失调，暂时破坏已形成的家庭系统。青春期过后，青少年与父母的消极相互作用会减少，但不会立即恢复到青春期以前与父母的那种亲密关系，家庭内部关系过一段时间后才能达到新的平衡。

青春期的发育成熟与亲子关系距离变化之间的联系不受青春期开始年龄的影响，也就是说，早熟与晚熟的孩子都会发生这种情况，这说明青春期的特定生理事件会改变亲子关系的联结。青春期家庭关系的变化可能是青少年的身心变化与其父母方面的各种变化综合作用的结果。

三、青春期中特殊事件的影响

月经初潮和首次遗精分别是女性和男性在青春期所经历的特殊事件。青少年对特殊生理事件的态度和反应必定影响到其心理发展与行为表现。一般来说，大多数青少年对青春期生理变化的反应是积极的，尤其是对于那些与第二性征的发展有关的变化。

女孩对月经初潮的反应千差万别，这与其所在的社会关于初潮的文化信仰，以及父母、教师、朋友等如何看待初潮有关。研究发现，女孩对初潮的反应虽比较复杂，但大多并不强烈，而是适度的，既有消极情感，也有积极情感。研究发现，当今青春期少女对月经初潮的态度没有过去那么消极，这种变化可以归功于学校的生理教育，使得月经不那么神秘。简而言之，对于今天的青春期少女而言，月经初潮之后随之而来的是社会关系上的成熟、同龄人的尊重、自我评价的提升以及自我意识的增强（Brooks-Gunn & Reiter，1990年）。月经初潮对女孩产生积极影响还是消极影响，还在于她们对月经初潮的准备，即她们具有多少有关的知识。

与女孩类似，男孩的首次遗精对他们的心理会产生很大影响。我国研究者发现（邓明昱等，1989年），男孩对于首次遗精的主要心理体验依次为害羞、新奇、恐慌和无所谓。与女孩不同的是，尽管大多数男孩并未从父母或其他成人处获得必要的心理安慰或帮助，但首次遗精一般不会引起他们不适当的焦虑、尴尬和恐惧，男孩报告的积极反应要多于消极反应。此外，文化也会影响男孩对此的看法。同样，如果男孩对遗精有充分的心理准备，他们的反应会更积极。

四、早熟与晚熟

青少年在青春期的开始时间和发育速度上存在个体差异，早熟与晚熟对青少年男女有着不同的影响。

一般来说，相比于晚熟的同龄人，早熟的男孩对自身的感觉更好，而且更受欢迎。他们会报告有更多的积极情绪体验，更多的受关注体验，更强烈的力量感和更多的恋爱感受。但与此同时，早熟的男孩相比于他们的同龄人而言出现反社会行为或者越轨行为的可能性也更大，包括逃学、轻度违法行为及学校中的问题行为。晚熟的男孩同样也具有一定的优势，有研究表明，晚熟者在智力、好奇心、探险行为和社会主动性等方面得分较高，同时在解决新问题时更灵活、更具有洞察力。

早熟女孩与早熟男孩的情况完全不同，她们遇到了最困难的适应问题，处于最不利的地位。早熟女孩比同龄同伴更沉闷、无主见、不自信、不善于表达、更顺从、更不受欢迎和孤僻；而晚熟女孩则被认为更有吸引力、好交际和富于表现力，并且具有更高的活动性、社会性、领导能力，更加受同伴喜爱。早熟女孩的一系列困扰似乎与女孩对自己体重的感受有很大关系，因为早熟者比晚熟者更重。在一个认为苗条身材的女性更有魅力的社会中，晚熟的女孩看起来更符合这一形象。此外，和早熟的男孩一样，早熟女孩涉足问题行为的可能性更大。

五、饮食障碍

首先是超重的问题。尽管公众对肥胖问题的知晓程度不及厌食症，但到目前为止，肥胖仍然是青少年中最常见的一种饮食障碍。关于肥胖对心理的影响的研究并没有得出一致的结论，但有些研究显示，肥胖的青少年个体会出现较多的心理困扰（如抑郁和较低的自我评价），但也有很多研究没有显示出这样的效应，还有些研究则表明是抑郁导致了肥胖，而不是肥胖导致了抑郁（Friedman&Brownell，1995 年；Goodman & Whitaker，2002 年）。

其次是神经性厌食症和易饿症。目前，社会认为只有苗条的女性才可能是美丽的。因此，很多年轻的女孩不择手段来减肥，如重度节食、泻药、食欲抑制剂和故意呕吐来控制体重。严重者会形成“体象扭曲”，即本来已经很瘦了，但还是觉得胖。某些年轻的厌食症患者的体重会下降 25%～50%，不难想象，如果不接受治疗，会导致多种严重生理问题，事实上，有将近 20%的厌食症青少年会无意中将自己饿死。有研究表明，患有饮食障碍的个体同时存在着遭受其他心理问题侵袭的风险，包括抑郁、滥用药物和其他形式的内部困扰。当前的看法认为，饮食障碍是由生物因素和环境因素复杂的相互作用所致。

第三节 青少年性心理问题的应对与教育

一、青少年常见的性心理困扰

性心理困扰是指个体对性生理变化缺少必要的心理准备而产生的不适应现象。青春期生理上突如其来的巨变，使青少年对自己的身体感到惶恐不安，由于大多数青少年缺乏必要的生理卫生知识和性心理知识，他们对性器官的发育，身体外形的变化特别是第二性征的出现很可能会感到不知所措、焦虑甚至厌恶。青少年性心理的成熟落后于性生理的成熟，由于青少年期心理的不成熟性、性冲动的强烈性以及性心理的压抑性和动荡不安等带来的心理压力，再加上传统观念的影响，青少年会产生很多的心理困扰。

青少年常见的性心理困扰如下。

（一）体相困扰

体相困扰是指青少年对自己的自我体相失望而引起的烦恼，包括形体烦恼、容貌烦恼、性角色烦恼和性器官烦恼。很多青少年特别在意自己的身体外貌，渴望能给他人特别是异性留下好的印象，常常会因为自己的身高、体重问题而烦恼。同时，他们也会对自身性器官的结构和功能的正常与否而产生疑惑或焦虑。比如，有的男性青少年因为自己的生殖器太小而忧心忡忡，认为这意味着性功能差，但又不好意思求助于专业人士，因而感到苦恼；作为女性的重要器官，乳房受到现代女性的重点关注，于是很多青春期的少女会为自己扁平、狭小的胸部而忧虑不安，觉得自己缺乏女人味。

性角色是指个体对自身是男性或女性的认知、确信和态度，这种观念形成于童年早期，一般在3岁时已经确立。性别角色在青少年的自我认同中占有重要的地位，但是也有很多青少年因为性别角色的适应不良而产生诸多问题。由于“男性品质”和“女性品质”的界限不清，标准多样化，也有一部分青少年为自己是否与性别角色相适合而苦恼；另外还有一些青少年则为不能愉快地接纳自己的性别而感到苦恼。很多青少年不能正确地认识自己的身体和第二性征，甚至将其看成缺陷而产生自卑等负面情绪，影响正常的人际交往、学习和生活。

（二）性生理成熟带来的困扰

青春期使个体的身体迅速发展并趋于成熟，遗精和月经是个体成长发育过程中的正常与自然的生理现象，但是，有相当比例的青少年对此没有正确的认知而产生心理困扰。调查显示，男性青少年对遗精的情绪反应中，“羞愧”“厌恶”“不安”等负面情绪占16.7%；而女孩青少年对月经的情绪反应中，“紧张”“厌恶”“不安”“情绪低落”等负面情绪占60.5%。

造成男孩青少年负面情绪主要有这几方面的困扰：传统的观念错误地认为“一滴精十滴血”“遗精会大伤元气”，这些错误的认识使青少年感到恐慌不安，焦虑担心；还有一些青少年认为自己肮脏、卑鄙、下流并为此感到羞愧、紧张。由于一些青少年对遗精心理负担较重，在情绪上又焦虑紧张，极易导致神经衰弱和其他心理障碍。

月经是女性走向性成熟的标志，一般来说，并不伴随病态的感觉，但部分女生会有一些生理和心理的不适，如情绪易激动烦躁、腰酸腿疼等。这些都是经期的正常反应，一般不会影响正常的学习生活。但是对月经的厌恶、害羞、恐慌等负面情绪会加重这些不适感，严重的会产生“经前紧张综合征”。

（三）性意识带来的心理困扰

青少年处于性生理发育成熟，性心理趋于成熟的阶段，因此在青少年时期出现诸如仰慕异性，渴望与异性相处，有时会有意或无意地想到性的问题，甚至出现性敏感、性幻想、性梦等各种性心理活动，这些都是正常的现象，但却给身在其中的青少年带来了不少的压力与困扰。

1. 性敏感

性敏感是指青少年对性信息表现出的强烈的心理反应，是性本能的一种自我表现。其产生的原因在于青春期身体外形的变化，体内性激素的增高，再加上电视、网络中充斥的色情内容和其他社会因素的影响。

2. 性幻想

性幻想又称性的白日梦，是人类比较常见的性心理现象，是每一个心智健全的人都会出现的，主要是通过联想异性的形象、性特征、一些性场景，并在自己已有的性经验的基础上编织出符合自己性审美的性爱对象而产生的。调查数据显示，“经常有”性幻想的青少年占 5.8%，“偶尔有”性幻想的青少年占 68.9%。可见，性幻想在青少年期是比较普遍和正常的心理现象（胡佩诚，2011 年）。

3. 性梦

性梦是指个体进入青春期后，在睡梦中出现的各种带有性色彩的情景。调查显示，66.4%的青少年做过关于“性经验”（主要是性交）的梦，再加上其他形式的性内容，则几乎每个人都做过这类梦（刘新民，2009 年）。这也是青春期正常的生理和心理现象，其本质是一种潜意识活动，是人类正常的性思维之一，也是性生理和心理发育正常的标志。

这些性意识都是正常的生理和心理现象，其带给青少年困扰的原因有二：一是一些青少年由于自制力差等各种原因，沉溺于性幻想、性梦之中，干扰了正常的学习生活，并影响正常的人际交往，从而对心理发展造成危害，甚至导致心理障碍；二是很多青少年认为这些性意识的出现是不道德的，甚至是下流的，为自己的这些想法而懊恼、自责，认为自己是个“坏男孩”或“坏女孩”而陷入痛苦烦闷之中。

（四）性压抑

青春期随着性机能的发育成熟，性激素的分泌增多，性意识开始萌动，他们已经有了较为强烈的性情绪和性需要，女孩多表现为对感情的渴望，男孩则表现为对性的渴望，这其实是再正常不过的事。但是基于一些众所周知的原因，他们的这种需要无法在符合社会一般道德规范的前提下得到满足，即使有人偷尝禁果，内心也会觉得不安与恐惧，于是在他们中往往会出现两种极端——要么因压抑而扭曲，要么因放纵而扭曲。

性压抑是指个体对自身性欲望的制约与控制，即对异性与性行为极度渴望而因为种种原因不能接近异性或发生性行为的一种心理与生理状态。特别是现代社会，青少年性生理发育前移，性心理发展也提前，青少年首次出现性冲动，初次出现性梦，想接触异性身体的年龄在13～15岁，但因现实的不许可而加剧了性压抑的程度，给青少年带来许多困扰。过度的性压抑会导致挫折感，使人变得焦虑烦躁，甚至导致性变态和性犯罪。

二、青少年常见的性偏离行为

性偏离行为主要指在性需求驱动下出现的各种不符合社会规范或法律的行为，如性放纵、性犯罪等。按照自然规律，以成年异性为性欲满足的对象才是正常的性活动，但有性偏离行为的人对于非正常的性活动带有强迫性，反复发生，即使因此而受到严厉的惩罚，连自己也感到可怕或悔恨，但还是控制不住自己的行为。青少年常见的性偏离行为主要有以下几种。

（一）手淫

手淫，又称自慰，狭义的概念是用手来抚摩自己的外生殖器，使心理得到满足，达到自我安慰的一种现象。手淫是男、女、老、幼不同年龄的人群都可能出现的行为现象，但在青少年中较为多见。国内的资料显示，86%的青少年有手淫史，手淫的发生年龄多在12～16岁，平均为14岁，与开始遗精的年龄相吻合。

对于手淫到底是有害还是有益的问题一直争论不休，但是现在国内外学者对手淫的看法越来越趋于无害的观点。有决定性影响的是当代最有权威的性医学家马斯特斯和约翰逊博士，他们通过实验证明，实际性交和自慰引起的多种变化结果并没有差异。国际上广泛被接受的新观点是：自慰既不是不正常的，也不是有害的。

但是，很多青少年由于缺乏基本的性知识，受到传统观念的影响，认为手淫是危害健康的不良习惯，甚至认为这种行为是不道德的，是违法的。还有的认为手淫耗精伤髓，大伤元气，不仅是百病之源，而且会影响以后正常的性生活。

其实，手淫的危害不在于手淫本身，而在于“手淫有害论”所带来的心理挫伤，手淫后的恐惧心理、犯罪感、自我谴责和悔恨的心理才是手淫危害的根源。手淫是一种自慰手段，是释放性能量、缓和性心理紧张的一种手段。未婚男女每月手淫1～2次，以解除生理和心理上的压抑感，并不影响健康。当然，过度的手淫是有害的。过度手淫会使肉体的性快感在无须异性的正常诱惑下就得以满足，是一种异常的性满足方式。如果手淫时有过分粗暴的刺激，还会使生殖器出现充血、破溃、感染。女性若经常手淫会引起盆腔充血，或由于手的不洁而引起尿道和外阴发炎。我国医学专家吴阶平教授对于如何对待手淫的这段话很有启示性：“不以好奇而开始，不以发生而懊悔，已成习惯的要有克服的决心，克服以后就不再担心，这样便不会有任何不良后果。”

青少年要正确对待性自慰问题，这是正常的生理和心理现象，只要不过度发生，就不会对健康产生危害。要把自己的精力放在多彩的生活中，不要纠结于此而陷入苦恼之中。

（二）性侵害

性侵害是指在未经过对方同意的情况下实施的性行为。近年来，对青少年的性侵害时有发生，严重危害着青少年的人身安全，特别是给女生的身心带来了极大的伤害。

性侵害的形式有两种：一种是暴力侵害，主要是指加害者采取暴力手段，如携带凶器威胁，向女生实施侵害（调戏、猥亵、强奸等）；另一种是胁迫式性侵犯，主要利用受害人有求于自己，或以受害人的隐私为要挟，进行侵害。胁迫式性侵犯的主要形式有四种：①利用自己的职位、地位（如上下级或师生关系）或利用受害人的某些要求或困难之便（就业、考试等）对其进行侵害；②花言巧语，骗取受害人好感而使其上当，并实施侵害；③利用受害人的过错或隐私，要挟受害人；④利用受害人追求享受、贪图钱财或意志薄弱，制造各种机会诱惑受害人对其进行侵害。

受害人受到侵害期间会感到生活失控，生命受到威胁，会极度焦虑、恐惧、愤怒。一个人受害后，常常会出现"强奸创伤综合征"，最初的反应为全身疼痛、头痛、饮食和睡眠障碍、抑郁，可能持续几个小时或几天，迟发反应为回避、梦魇和恐惧症。总之，受害者的身心受到巨大的伤害，对此，除了必要的身体和医学治疗外，心理疏导和咨询也是必不可少的。

（三）性骚扰

性骚扰是指通过滥用权力，在工作场所、学校、医院或其他公共领域，以欺凌、恐吓、控制等手段向他人做出的不受欢迎的与性有关的言语、要求或举动。广义的性骚扰并不限于异性之间，同性间也可以构成性骚扰，包括身体接触和非身体接触两种类型。

性骚扰的形式尚无统一定论，一般认为有口头、行动、人为设置环境三种方式。口头方式性骚扰是指用下流的语言挑逗对方，向其讲述个人性经历、黄色笑话等。行动方式性骚扰是指故意触摸、碰撞、亲吻异性的脸部、乳房、臀部等性敏感部位。人为设置环境方式性骚扰是指在学习或工作场所周围布置淫秽图片、广告等，使对方感到难堪。

（四）婚前性行为

这里所说的婚前性行为主要是指在校的男女青少年在双方恋爱期间自愿发生的性交行为，这种行为既没有法律上的保证，彼此之间也不存在法定夫妻所应有的责任和义务。他们常常不能对自己的性冲动进行理性的控制，更不能对自我和他人负起性行为后果的责任。

在一项针对大学生性行为的调查中，10.6%的男生和5.6%的女生承认发生过性行为，半数以上的大学生认为婚前性行为是可以接受的（申继亮，2007年）。但是婚前性行为有很多不良影响。首先，影响了爱情的健康发展，先恋爱后结婚，是因为需要恋爱这个阶段彼此了解，过早地发生性行为会阻碍双方思想的交流和情感的发展，同时还会影响身心健康。青少年的性行为存在许多隐患：一是不洁，容易引起疾病；二是匆忙之中不能安全避孕，容易造成怀孕；三是怀孕后偷偷去做人流，时有并发症发生；四是流产后不敢正常休息和调养，容易留下各种慢性炎症。婚前性行为对女性的身体健康造成的危害尤其大。其次，婚前性行为还会使当事人产生罪恶感，担惊受怕而影响心理健康。除此以外，婚前性行为还会影响性健康，以及婚后夫妻关系和家庭稳定。婚前性行为往往伴随着恐惧心理，害怕被人发现，因此被迫采取"速战速决"战术，对双方都不利。男性容易形成习惯性早泄，女性容易患性心理障碍。而且恋爱中的男女因为发生了性关系，为顾及名誉，有的人会心不甘、情不愿地结婚了事，为以后的家庭生活埋下了不稳定的因素。

（五）性心理行为偏差

性心理行为偏差是指在性活动中寻找性满足的对象或满足性欲的方式与常人不同，并且违反社会习俗的行为，其表现形式也多种多样，包括同性恋、异装癖、恋物癖、虐待狂、露阴癖、窥阴癖等。这些偏差行为不仅会给个体以后的生活带来严重的后果，而且在当下也给个体带来了精神上的创伤和心理上的痛苦，有些行为还会导致违法犯罪。值得注意的是，这些性心理偏差行为在青少年群体中有增多的趋势。

出现性心理行为偏差的个体往往缺少与异性的交往，个性内向孤僻，性压抑严重，无法找到宣泄性冲动的有效途径，同时其内心的冲突十分强烈。他们心中充满了矛盾，时常焦虑、恐惧、自责，担心自己的异常行为被发现而惹人耻笑，因而更加游离于群体之外，极易成为社会的边缘人。改变性心理行为偏差的重点是增加与异性的交往，完善自身的个性品质，培养正确的性行为方式，加强性道德教育。对于那些较为严重的性心理行为偏差，则要通过专业的心理咨询和治疗加以矫正。

三、加强青少年性健康教育

青少年期是生理和心理迅速发育并趋于成熟的阶段，但心理的发展落后于生理的成熟，青少年不可避免地会遇到性生理、性心理和性道德等方面的问题。由于受到传统思想的影响，谈“性”色变，所以大多数青少年未能从家庭、学校以及大众传媒这些正规渠道获得科学系统的性知识，有一些青少年可能从电视、书籍以及互联网等获得一些不系统、不完整、不科学的性知识。同时，我国正处于一个传统与现代交织更替的时代，价值观的多元化和西方“性解放”“性自由”思想给思想观念尚未定型的青少年的性观念、性道德和性行为带来巨大的影响，他们的性观念、性道德正在发生巨变，青少年的婚前性行为，如校外同居甚至性犯罪等社会问题已经出现，而此时，我国的性教育却显得较为滞后。因此，青少年应该接受正确的性健康教育，了解青少年时期性生理和性心理的特点，明确个人在爱情、婚姻、生育等方面应有的态度和责任，消除对性的神秘感和好奇心，自觉抵制不健康性观念的危害。

加强对青少年的性健康教育，首先，要纠正我国传统的性教育观念，“无师自通”“诱发犯罪”“封闭保险”“重女轻男”等传统的不正确的性教育观念需要改变。其次，要明确性教育的内容不仅仅是讲授性生理知识，而应该从青少年的实际情况和需要出发，以性生理知识为起点，以性心理辅导为重点，以性道德和性法律教育为核心的性教育，才是全面和科学的性教育。

（一）青少年性教育的基本内容

对青少年的性教育主要包括以下几个方面。

1. 教授系统科学的性生理知识

系统科学的性知识是建立在科学的性认知评价系统基础之上的，也是个体更好地促进自身的性成熟及完成性别角色社会化的必备素质。青少年应该对性生理有一个科学的认识，明白青少年期的生理变化，全面了解男女生殖系统的结构和生理机能以及性卫生等方面的知识。

具有科学完备的性知识，青少年就不会对性生理成熟产生的各种情况而困扰，更不会一味盲目压制原本正常的性冲动。同时，掌握基本的性保健知识也是必不可少的，对常见的性生理疾病的治疗及预防措施做到心中有数，还要掌握性生活中的自我保护手段，比如，正确使用安全套、紧急避孕等。“教孩子用火柴，并不等于教他们放火”，据世界卫生组织调查，在青少年中开展安全性教育并没有使性行为发生次数增加，性病的感染率也没有提高，因为他们会在性教育中认识到在不卫生条件下发生性行为的危害（马莹，2008 年）。

2. **性心理知识的教育**

性心理知识的教育就是要让青少年了解科学的性学知识，解释性的困扰，并分析心理困扰或障碍产生的原因或表现，消除不必要的恐惧和焦虑，建立健全的人格，防止性心理障碍和疾病的发生。对青少年进行自我发展的指导，了解青少年期性心理的发展及其表现。同时，还要指导青少年与异性正常合理的交往，青少年应该知道哪些该做，哪些不该做，掌握和异性交往中来往和拒绝的技巧，使两性之间能文明礼貌、有节制地交流，从而增进友谊。

教育青少年正确对待和接纳自己的性身份，追求和自己的性身份相符的言谈举止，同时还要引导青少年合理调适自身的性情感。青少年期会出现一些对性的微妙的心理变化和特殊的情绪体验，但是由于情绪不稳定，缺乏生活经验，同时会出现偏激、冲动等不良的情绪和行为，特别是对异性产生倾慕依恋之情时，更需要合理调适这些情绪。

3. **性伦理和性道德教育**

通过性道德教育，使青少年掌握基本的性道德原则：双方的行为应完全出于自愿，且不能伤害对方的身体和心理；双方的性行为是在彼此相爱的基础上发生的，不是出于好奇，更不是源于纯粹的肉欲。要遵循私密原则，不在易被人发现的地方发生性行为，也尽量不要在公开场合表现出具有强烈性刺激色彩的亲密动作，更不要去窥视、拍照或者传播他人的性行为。

要理性对待贞操观。贞操观体现了人类的羞耻感、自尊心、重名誉和讲道德，性忠诚是男女双方共同的责任，在否定封建社会贞操观的同时，更要强调社会主义贞操观的建立。我们都应该自尊自爱，女孩在男孩面前要自尊自重，反对将贞操视为儿戏，做出降低自己人格和身份的事。同时，我们要有包容心去对待有性经历的女孩，做一个有正确的性态度、包容和开明的朝气蓬勃的青少年。

青少年对婚前性行为也要谨慎，对婚前性行为的不良后果要有足够的认识，增强自律。尤其是女孩更要懂得坚持必要的原则，你没有义务去满足他人的所有要求，尤其是那些不合情理的私欲。

4. **性法律教育**

向青少年讲授法律中与性相关的内容（如性犯罪、性骚扰等），使青少年对性问题具有相关的法律知识，能严肃对待恋爱、婚姻中的性问题，了解性犯罪的危险性和应对性侵害、性骚扰的具体措施，从而预防性犯罪的发生。

同时，青少年还要主动去了解性病、艾滋病的相关知识。我国目前正处于防治性病、艾滋病的关键期。性病疫情报告数据显示，我国艾滋病感染者人数累计已超过 100 万，已成为亚洲艾滋病感染的第二大国(刘新民,2009 年)。从艾滋病传播和流行的规律来看,我国的疫情正从高危人群向普通人群扩散,传播方式由以血液传播为主转向以性传播为主。只有了解性病、艾滋病的相关知识,做到洁身自爱,才能杜绝这些疾病的传播。

(二) 性教育的途径与方法

中学生性教育的成效如何,还在于能否采用恰当的途径和行之有效的方法。下面就简要介绍几种开展性教育的主要途径和方法。

1. 课堂讲授

课堂讲授是青春期教育的主要途径。课堂教学要有组织、有目的,便于学生在较短的时间内获得较多系统的性科学知识。需要注意的是,教师要运用科学的语言进行讲授,要针对不同内容和学生的不同年龄采用多种形式,在既严肃又活跃的气氛下进行。有条件的学校,教师在课堂讲授中可采用现代教育技术,如教学电影和录像等,以提高课堂教学效率和效果。课堂讲授可以用多种方式,如案例探讨、小组讨论、辩论和知识竞赛等。

2. 专题讲座

可聘请医学、社会学、教育学、心理学等方面的专家学者,开办定期讲座,对课堂讲授的内容予以补充和拓展。

3. 指导阅读

课外阅读是学生吸收知识的一个重要方法。在青春期性教育中,教师和家长指导学生阅读有关青春期教育的课外读物十分重要:一方面,市场上各种各样的书刊太多,良莠不齐;另一方面,在人们对性教育仍然有忌讳的地方,指导学生阅读有关的青春期性教育科普读物,不失为较好的途径和方法。关键是:一要为学生提供适当的读物;二要有教师或家长的指导,如对文学作品中爱情主题的分析,对人物心理的分析,以帮助学生提高审美趣味和能力。在指导课外阅读过程中,还可以组织学生对有关问题进行讨论。另外,对媒介传播的性信息,教师和家长可以采取引导的方式,和他们讨论分析,正确对待这些知识,使学生对不良的性信息具有“免疫力”。

4. 组织主题班会

主题班会是围绕一定的主题而进行的全班同学参加的活动。主题班会的最大特点在于它的集体性,即通过集体来教育学生。召开主题班会是班主任比较熟悉的一种教育方法,也是他们进行性教育的一个基本方法。青春期主题班会的主题,主要是根据学生的实际需要和愿望确定的,要切合实际,时机适当,注重针对性。如高年级学生恋爱现象突出时,可举办爱情系列讲座,如“什么是爱情”“友谊与爱情”等。同时,可采用放映幻灯片、电影等辅助手段讲述有关知识。

5. 个别教育

个别教育是从每一个学生性生理、性心理和性道德的发展特点及水平出发,根据每一个学生遇到的具体性困扰和性问题而采取的针对性的、面向个体的教育方法。

个别教育是在教师与某一学生之间单独进行的,具有一定的私密性,只要信任教师,学生就能去除顾虑、敞开心扉、倾吐内心的隐私。这样一方面有利于学生自己情感的宣泄,另一方面有利于教师了解事情的真相和问题的本质。

在个别教育中教师必须尊重学生，获得学生的信任，引导学生毫无隐瞒地倾诉心声；教师还要注意倾听，理解学生，设身处地地从学生的角度去看待和思考问题，体验学生的内心感受，找到与学生进行情感沟通的基点；教师要注意为学生保密。这是已有的教育效果能否得到巩固和今后的教育能否延续的重要保证。

心理咨询是青春期性教育中比较专业化的个别教育形式。心理咨询室的位置比较隐秘，咨询员与学生相对陌生，学生的身份比较隐秘，所以学生在遇到一些难以启齿的性问题时更愿意去接受心理咨询，在心理咨询的过程中也更愿意说出真相。心理咨询由专职的咨询员进行，他们受过专业的培训，理解心理学的原理，掌握咨询的技能，对学生出现的性问题特别是性心理问题的解决更加有效。

6. 利用网络对学生进行性教育

教师可以充分利用网络的便利对学生进行性心理方面的指导。比如，可以通过“悄悄话”QQ群或微信、性教育博客这些形式对学生进行有关方面的指导。这些形式比较受学生的欢迎，因为在网上可以在保护个人隐私的前提下让他们畅所欲言，便于教师更深入地了解学生的内心世界，更有针对性地进行指导。教师也可以在性教育博客中介绍科学的性知识，指导学生学会一些自我宣泄与调节的方法，引导他们的性心理健康发展。

7. 开展“同伴教育”

“同伴教育”是目前国际上较通行的一种性教育方式，被证明是一种非常有效的性教育方式。“同伴教育”与我们以往传统的性教育方式不同，它是由经过教师培训、指导的学生担任咨询员，与同学面对面地交流。这种方式有灵活、广泛和深入人心的优点。

“同伴教育”的流程一般是骨干讲授和提问，然后同学提问，骨干答疑，以及小组的互动式讨论等。这种形式与传统教师授课的区别：一是教育者与受教育者年龄接近；二是相比教师上课，骨干上课增加了更多的同伴和学生之间的互动，更多的亲身示范和模仿，更多的趣味性和生动性。

“同伴教育”比较难处理的环节是现场的控制。由于众多小组和学生的活动集中在一个场所进行，缺乏较好的控制措施，就会出现环境嘈杂、纪律较差的局面。所以，对于年龄尚小的初中学生而言，“同伴教育”由教师在场进行组织、指导更为合适。进入高中以后，学生的组织能力增强，独立性也渐长，他们更希望进行“同龄人”之间的对话，这时候的“同伴教育”就不一定需要教师在场了。

8. 开展家长教育讲座

由于父母是孩子最亲密的人，所以动员家长主动向孩子介绍性知识、解答性问题是可行的，也是必要的。但家长的素质参差不齐，并非所有的家长都懂得如何向孩子进行恰如其分的性教育。学校可以针对家长举办教育讲座，向家长传播现代性科学知识，提高家长教育子女的水平，充分发挥家长在提高子女道德认知和行为训练中的作用。平时要多提倡教师和家长交换信息，研究性教育中的问题，并向家长提出同步进行性教育的具体要求，从而把学校教育和家庭教育有机地结合起来，以取得更好的教育效果。

由此可见，青少年期正处于一个“暴风骤雨”的关键期，性困扰、性冲动、不安全性行为发生的可能性比儿童期要大大增加。关注青少年性心理发展，正确引导和教育青少年面对自身性生理与性心理的发育发展是不可忽视的重要问题。

思考题

1. 青少年的生理变化主要表现是什么？
2. 青春期青少年的内分泌系统和发育特点是什么？
3. 青少年生理变化会对青少年的心理与行为产生哪些影响？
4. 青春期青少年内激素的改变会对其情绪产生哪些影响？
5. 青少年常见的性问题有哪些？对青少年进行性教育应当采用哪些方法？

第三章　青少年的认知发展与教学

本章要点

- 认知与认知发展
- 青少年记忆与思维的发展特点
- 元认知系统的内容
- 青少年元认知发展的特点
- 青少年智力和创造力发展的特点
- 青少年认知发展的特点与教学的关系

认知是个体认识客观世界的信息加工活动,是复杂的心理活动。认知发展是指个体感觉、知觉、记忆、想象、思维等认知功能系统不断完善的过程。认知发展将直接影响青少年的学习、事业乃至成才,因此深入探索青少年的认知问题具有重要意义。

第一节　认知与认知发展

认知发展不仅是青少年心理发展的重要方面,而且会对其他心理发展产生巨大的影响。那么如何对认知发展进行科学的界定?认知发展的机制是什么?认知发展的进程又是怎样的?我们不妨一起来揭开问题的答案。

一、认知

认知是个体认识客观世界的信息加工活动,它包括知识的获得、储存、转化和使用。通俗地讲,认知也称认识过程,是指人们认识、理解事物或现象,保存认识结果,利用有关知识经验解决实际问题的过程。

感觉、知觉、记忆、想象、思维等认知活动按照一定的关系组成一定的功能系统,从而实现对个体认识活动的调节作用。在个体与环境的作用过程中,个体认知的功能系统不断发展,并趋于完善。

二、认知发展

(一)认知发展的内涵

要揭示认知发展的内涵,我们先要对“认知”这一概念做一个明确的界定。认知可以说是心理学中最复杂的概念之一,因而对于它的界定也多种多样。现代认知心理学之父——

奈瑟(Neisser)在《认知心理学》(1967年)一书中指出：认知是指感觉输入的信息受到转换、简约、加工、存储、提取和使用的全部过程。李德(Reed)根据上述定义于1982年进一步提出，认知通常被简单地定义为对知识的获得，它包括许多心理技能，如模式识别、注意、记忆、视觉表象、言语、问题解决、决策等。此后，格拉斯(Glass)在《认知》(1985年)一书中又指出：我们所有的心理能力(知觉、记忆、推理及其他)组成一个复杂的系统，它们的综合功能就叫作认知。由此可见，心理学家对认知的解释各不相同。但总的来看，他们倾向于把认知看作心理活动，它的基本作用是使个体获得外部世界的信息，把外部信息转化为自身的知识结构，然后应用这种知识结构去指导自己的行为。而为了使概念清晰、明确，我们将认知(cognition)界定为：个体在实践活动中对认知信息进行接收、编码、储存、提取和使用的心理活动，而完成这些心理活动的能力称为认知能力。主要的认知活动包括注意、观察、记忆、思维和元认知等。

认知系统是人的复杂心理系统中的一个最重要的子系统，它和其他任何系统一样，具有自己的结构、功能和过程。

发展(development)是指个体在较长一段时间内持续的身心方面的变化，由此我们可以把认知发展(cognitive development)完整地定义为：个体接收信息、加工信息和运用信息的心理活动水平随时间的推移而发生变化的过程。

认知发展体现在两个方面：一方面是构成认知系统的各个心理成分由简单向复杂，由低级向高级不断发展；另一方面是构成认知系统的各个心理成分的关系逐渐趋于和谐。

（二）认知发展的机制

关于认知发展的机制，研究儿童认知发展的先驱人物皮亚杰和现代认知心理学家都提出了各自的观点。

皮亚杰和英海尔德(Piaget & Inhelder，1969年)认为儿童认知发展的实质是认知结构的变化和转换。皮亚杰指出认知发展是主体通过动作对客体的适应，而适应的本质在于主体能取得自身与环境的平衡。达到平衡的具体途径是同化和顺应。

同化(assimilation)是指主体将作用于其的外界信息纳入已有的认知结构的过程。在这一过程中，主体对外界信息可能要进行某些调整和转换，以使其与主体的认知结构相匹配。

顺应(accommodation)是指主体通过调节自己的认知结构，以使其与外界信息相适应的过程。在这一过程中，主体会根据外界信息情况主动修正自身的认知结构。

个体是通过同化和顺应两种形式来达到自身和环境的平衡。平衡(equilibrium)是指主体保持认知结构处于一种稳定状态的内在倾向性，这种倾向性具有动力作用。当外界信息与主体的已有认知结构不能匹配时，就会产生不平衡状态，主体的内部感受是一种不协调及不满足感，因此主体会积极努力消除这种感受，以求得平衡。一般来说，在遇到新的刺激，主体首先试图以原有的认知结构同化刺激，如果成功，便达到了平衡；如果原有的认知结构无法同化刺激，主体则会通过顺应，即调节认知结构，直到达到认知上的新的平衡。个体在寻求平衡的过程中实现了认知的发展。

皮亚杰从宏观的角度对儿童认知发展的内在机制进行了分析和解释。而现代认知心理学家则侧重于从微观层面对个体认知发展的机制进行分析，这种分析有利于揭示个体认知发展的内部变化过程，其中以斯腾伯格的认知成分理论和凯斯的心理空间变化模式最具代表性。

斯腾伯格(Sternberg,1985 年)认为个体的认知发展是认知成分相互作用和发展的结果。他把构成认知结构的三种认知成分划分为元成分、操作成分和知识获得成分。他通过研究指出，儿童和成人在解决问题时同样要用到这三种认知成分，而差别仅在于他们在各成分上分配的时间及各成分的整合速度不同。由此他推论，认知能力的发展不是认知结构在本质上的飞跃性变化，而是构成认知结构的各成分之间不断协调的渐进过程。

凯斯(Case,1985 年)提出了心理空间变化模式，他把个体的认知发展归结为心理空间的变化，他还把个体心理区域分为储存空间和操作空间。储存空间(storage space)指的是用以储存信息的空间范围及所储存的信息容量，操作空间(operating space)指的是在进行具体的认知操作时所需要的空间范围及所投入的心理能量，两者相加则构成整个心理加工空间(total processing space)。凯斯认为，随着操作空间的心智能量向储存空间的不断转换，储存空间不断增加，操作空间不断减少，儿童的认知结构会越来越巩固，认知策略会越来越丰富，相应的认知能力就得到了发展。

由此可见，现代认知心理学家对于儿童认知发展的分析更为具体，可以说，是在皮亚杰宏观理论基础上所做的微观补充。

如果说皮亚杰和现代认知心理学家更多的是从个体内在角度阐述认知发展，那么俄国心理学家维果茨基(Vygotsky,1978 年)则从个体—社会互动的角度阐述了个体的心理发展，包括认知发展。维果茨基认为个体的心理发展是在环境与文化的影响下，由低级的心理机能逐渐向高级的心理机能转化的过程。他的"文化—历史发展理论"特别强调个体心理发展过程中社会文化历史的作用，尤其是强调活动和社会交往在人的高级心理机能发展中的突出作用。此外，维果茨基认为符号系统是促进心理发展的工具，应强调符号系统，如语言等心理工具的重要性。

(三) 认知发展的进程

关于儿童认知发展的进程问题是认知发展心理学家探讨了多年的问题，其中有代表性的理论为阶段论和连续论。

认知发展的阶段论是由皮亚杰提出的。在这个理论中，皮亚杰将儿童认知发展划分为四个连续发展的阶段：感知运动阶段(出生～2 岁)、前运算阶段(3～7 岁)、具体运算阶段(8～11 岁)和形式运算阶段(12～16 岁)。在感知运动阶段，儿童主要是靠感觉和动作来认识周围世界的；在前运算阶段，儿童的认知开始出现象征(或符号)功能(如能凭借语言和各种示意手段来表征事物)，这一阶段的特点是儿童还缺乏守恒概念，思维是不可逆和自我中心的；在具体运算阶段，儿童的思维已具有真正的运演性质，并具有可逆性和守恒性；在形式运算阶段，儿童能对抽象的和表征性的材料进行逻辑运演。皮亚杰认为认知发展的每个阶段都存在着质的差别，并且阶段间的顺序是不能改变的，任何个体都将按固定次序经历这四个阶段。而在同一发展阶段中，各种认知能力的发展水平是平衡的，并且有相应的认知结构(图式)来标志认知发展的阶段。

持连续论观点的认知心理学家则认为(Gelman,1972 年；Sternberg,1985 年)，认知发展是由个体的认知结构内部各元素之间不断进行重新组合而得以实现的，因此认知发展是一个渐进的过程，并且呈现出各元素间彼此紧密相连的"水平"递进的趋势。

然而大量的实验证明，儿童认知发展是阶段性和连续性的统一，是量变和质变的统一，例如，斯腾伯格和奥加卡基(Sternberg & Okagaki，1989 年)、撒切尔(Thatcher，1991 年)认为认知发展的连续性和非连续性在整个生命过程中是共存的；范迪吉克和范吉尔特(Van Dijk & van Geert，2007 年)认为发展不是只有连续性和非连续性两种类别，连续性和非连续性是一个连续体的两个极端，在这个连续体上，中间的位置也是可能的。维果茨基明确地指出，儿童心理发展是通过稳定期和转变期的交替来实现的。儿童成长过程的大部分时间处于稳定期，在稳定期内儿童心理会发生不易觉察的微小的变化，当变化积累到一定程度就会出现一个转变期，儿童的活动和心理也会在短期内(如数月、一年)发生深刻质变。3 岁、7 岁和 12 岁前后就是这种转变期。目前，越来越多的心理学家倾向于采纳第三种观点，即两种理论的综合。这种观点认为个体在认知发展的过程中，量变和质变交替进行既有水平上的递进，又有阶段间的更换。

第二节　青少年的认知发展

青少年的认知发展主要表现为注意、记忆、思维等能力的发展，特别是在青少年阶段其元认知加工与监控能力有了很大程度的提高。

一、青少年注意的发展

注意是心理活动对一定对象的指向与集中，是进行信息加工和认知活动的条件与保证。Keel 和 Neill(1978 年)提出注意不仅包括对目标的指向，还包括对分心信息的抑制，即注意具有促进和抑制两种功能。总体而言，青少年期注意发展表现出以下特点：①从以无意注意为主向以有意注意为主过渡。②引起无意注意的原因由以外部为主转变为以内部为主。有意注意逐渐向有意后注意转化，即转变为自觉的、不需要付出意志努力的自动注意。③注意品质不断改善，表现为注意的稳定性增强，初中阶段的青少年的注意广度已经接近成年人水平。④抑制分心的能力有很大提高，更能将注意力集中到目标事物上。

二、青少年记忆能力的发展

青少年记忆能力的发展主要表现在两个方面：记忆的基本能力和记忆策略的发展。记忆的基本能力是指个体对信息的基本识记、存储和提取的能力，包括短时记忆(工作记忆)的存储能力、长时记忆能力等；记忆策略是指促进信息进入长时记忆的方式。

(一) 记忆的基本能力发展

1. 工作记忆

工作记忆是指在执行认知任务过程中，暂时储存、加工信息的资源有限的系统。实际上，工作记忆也是指短时记忆，但它强调短时记忆与当前人从事的工作的紧密联系。由于工作的需要，短时记忆的内容虽不断变化但表现出一定的系统性。短时记忆随时间而形成的一个连续系统也就是工作记忆。工作记忆与个体认知加工能力密切相关。

工作记忆的广度是指在同时进行加工的条件下，个体能够回忆出的最大项目数量，是反映工作记忆能力的一个重要指标。研究结果发现，短时记忆在16岁达到最高峰。不同材料的短时记忆广度存在很大的差别，但其发展趋势相同（陈国鹏，2005年）。数字记忆广度基本上一直保持增加的趋势，8～14岁增加速度较快，18岁至成年期增加很少，基本保持平稳；词语广度的发展趋势与数字广度基本一致，14岁时基本达到成人水平；空间广度也一直保持增加，到14岁基本达到成人水平；视觉广度持续增加，在14～16岁达到高峰，之后保持稳定。

2. 长时记忆

青少年记忆的整体水平处于人生的最佳时期。在此时期内，对于外显记忆，青少年的有意记忆日益占主导地位，机械记忆和意义记忆所占比重发生逆转，尤其是高中阶段；从记忆内容上看，进入青少年期后个体对抽象材料的记忆能力也明显增强。此外，内隐记忆也表现出随年龄增长而有所提高的趋势。

首先，有意记忆逐渐取代无意记忆而占主导地位。随着儿童进入初中阶段，记忆的目的性、自觉性、主动性、积极性也随之明显增强。有研究者对8～14岁的中小学生记忆进行研究，结果如表3-1所示。

表3-1　8～14岁的中小学生有意记忆和无意记忆的比较

记忆类别	年龄			
	8岁	10岁	12岁	14岁
有意记忆的量/%	25	57	73	84
无意记忆的量/%	28	52	53	57

从表3-1中可以看出，8岁的儿童无意记忆占优势，10岁的儿童有意记忆已经占优势，而12岁以后有意记忆的优势更加明显。

其次，机械记忆逐渐向逻辑记忆和意义记忆发展。据国外有关研究表明，男生在13岁时机械记忆达到顶点，女生在12岁时达到顶点，而逻辑记忆则是在十二三岁才开始迅速发展，在20～25岁达到巅峰。

此外，一项有关听觉记忆和视觉记忆发展的研究，以数字序列为实验材料，7～19岁的中小学生为对象，结果发现，7～11岁，个体的听觉记忆和视觉记忆迅速发展，且发展速度相似，但11岁以后，视觉记忆发展的速度明显快于听觉记忆发展的速度（金国华，1999年）。

关于内隐记忆发展的研究尽管存在争议，仍有一些研究发现内隐记忆存在随年龄发展的趋势。例如，有专家以3岁、5岁、7岁儿童和成年人为对象的研究发现，年龄较小的儿童在普通物体线条图识别上的启动明显小于年长儿童和成年人。程灶火、耿铭、郑虹（2001年）的研究发现，内隐记忆在6～12岁是随年龄增加而呈现上升趋势，且上升的速度很快，12岁左右达到高峰，之后增长趋势平缓，无明显改变。在完成自由组词和残图命名两类任务中，个体自由组词的上升速度更快，这可能与儿童上学后所受的文字方面的教育有关。

（二）记忆策略的发展

记忆策略的获得，可以有效地提高记忆效率，为提高思维能力及解决问题的能力打好基础。青少年记忆策略的使用经历了从无到有、从简单到复杂的发展过程，能够使用的策略的数量也在不断增加，且自动化水平也在不断提高。因此，有些信息加工心理学家认为，认知发展是工作记忆能力提高、新策略出现、策略应用有效性和自动化程度提高的结果。

记忆策略包括复述、组织和精细加工三种。

(1) 复述。复述指通过言语在大脑中重现所需的信息。这种言语可以是出声的外部言语，也可以是无声的内部言语，仅在头脑中反复重现信息。该策略有助于将信息保持在工作记忆中，或促进信息进入长时记忆。比如，为了顺利拨打电话，在拨号前重复几遍电话号码是非常有用的。

(2) 组织。组织指将记忆的内容分组或形成有意义的类别，其功能在于使每项信息和其他信息联系在一起，从而加强记忆的效果。比如，当需要记忆的项目较多时，根据所属类别对项目进行归类，之后按类别进行记忆。

(3) 精细加工。精细加工指对识记项目增加细节内容，或者将识记项目与有意义的内容建立尽可能多的联系，也被称为深加工策略。例如，故事联想法。

青少年使用记忆表现出以下特征。

随着年龄的增长，儿童自发性的复述策略的应用增加，但是年幼儿童的记忆效率不如年龄较大的儿童，伴随策略使用的外部行为逐渐消失。有研究发现，6 岁和 8 岁组所有被测试者有出声的复述和图形命名；10 岁时部分被测试者不出声，但可以观察到明显的唇部动作；16 岁以后的被测试者的策略已经不能够从外显行为中观察到了，但通过访谈，他们能很好地报告所使用的策略。

随着年龄的增长，青少年运用策略种类的变化体现在两方面：一种变化是高级的策略形式代替原始策略，如图形的单字命名代替多字命名；另一种变化是策略的高级形式与简单策略共存，如累积复述和简单复述在各个年龄都同时存在。16 岁时策略的种类最丰富，而且表现出了尝试不同策略，以从中选择最有效策略的过程；20 岁以后的被测试者的策略种类有所减少。不同年龄被测试者的策略使用种类如表 3-2 所示。

表 3-2　不同年龄被测试者的策略使用种类

年　龄	策　略
6～8 岁	简单复述，累积复述，图形多字命名
10～13 岁	简单复述，累积复述，组块，图形多字命名，图形单字命名
16 岁	简单复述，累积复述，组块，动作，意义联想，图形单字命名
20～30 岁	简单复述，累积复述，组块，图形单字命名
45～70 岁	简单复述，累积复述，组块，图形单字命名，图形多字命名

三、青少年思维能力的发展

（一）青少年思维发展的基本特点

11～12岁以后的青少年正处于形式运算阶段，其思维从形象思维、抽象思维向辩证思维过渡。主要特点为：在头脑中可以将事物的形式与内容进行分离，即思维可以脱离具体的事物，根据假设进行逻辑推演；他们可以同时注意事物的多个维度，思维更加全面；思维的概括能力、反省性和控制性明显增强。

青少年阶段正处于抽象逻辑思维由经验型水平向理论型水平转化的阶段，此发展过程又可分为两个阶段：初中阶段和高中阶段。在初中阶段，个体的形象思维趋于成熟，抽象逻辑思维开始占优势，但是他们的思维仍离不开感性经验，因此，此阶段的抽象逻辑思维还属于经验型的。在高中阶段，个体能够脱离具体的经验，根据抽象的逻辑符号对事实进行思维，用理论做指导对各种材料进行分析综合，因此，高中阶段的逻辑思维属于理论型。高中生的抽象逻辑思维已具有充分的假设性、预计性和内省性。

（二）青少年思维的具体发展

1. 青少年假设——演绎推理能力的发展

皮亚杰认为，形式运算的标志是假设演绎推理。对于具体运算阶段的儿童，如果提供恰当的具体事实作为依据，他们也能得出正确的结论。而对于形式运算的青少年，当面对智力问题时，他们并不是直接由先前得到的事实生成假设，而是通过挖掘隐含在问题材料中的各种可能性，再运用逻辑和实验的方法对各种可能性进行检验，最后确定哪种可能性是事实。在这个过程中，可能性比现实性对他们更重要。在初中一年级这一阶段，青少年已开始接受形式逻辑推理方面的训练，比如，数学课上的代数运算，几何课上的定理，这些知识已脱离了具体的情景，已高度抽象，其获取依赖于青少年假设——演绎推理能力的发展。刚接触这些知识时，青少年理解起来会有一定的困难，此时教师的讲解就应清晰明了，这样学生遇到的困难会少一些。有关高中阶段抽象思维品质的研究发现，高中时逻辑推理比较成熟，分析综合能力较差，抽象概括能力最差，且灵活性优于深刻性，高三学生的物理抽象思维优于高二学生（胡卫平，冯国雷，1999年）。

2. 青少年辩证思维的发展

辩证思维是个体通过概念、判断、推理等思维形式对客观事物辩证关系的反映，它是个体抽象思维发展的高级形式，即对客观辩证法的反映。辩证思维是在形式思维的基础上，将事物的个别性、差异性与普遍性统一起来，在思维中恢复事物的本来面目，反映事物的矛盾运动，达到对事物全面的、灵活的、抽象具体的认识。

中学生的辩证思维从初中一年级开始发展，且发展比较迅速；初中三年级是辩证思维发展的一个重要转折时期；到高中二年级，学生的辩证思维已趋于占优势地位。从辩证思维三种形式的发展来看，概念和判断发展较早、较快，发展趋势较一致，推理发展较晚且稍慢。

辩证思维逐渐占优势的关键年龄是中学阶段。学校教育不仅要重视基本概念、基本理论的掌握，而且要加强运用基本概念、基本理论解决问题能力的训练。

青少年辩证思维的这些发展特点说明，辩证思维是思维发展的最高形态，难度最大，成熟较晚，辩证思维的完善和成熟可能要到青少年中晚期才能完成。

四、青少年元认知的发展

元认知从字义来理解是对认知本身的认知，即对自己认知活动的一种意识。由于有了这种意识，个体才能反省、监控和调节自己的认知活动。元认知由元认知知识、元认知体验和元认知监控三部分组成。元认知知识是指有关影响自己的认知过程与结果的各种因素及其影响方式的知识；元认知体验是指伴随着认知活动主体产生的认知体验或情感体验；元认知监控是指主体在进行认知活动的全过程中进行积极、及时、自觉的监控与调节。元认知知识为调节活动提供基本的知识背景，元认知体验是调节活动得以进行的中介，元认知监控则是个体进行调节活动所必须具备的基本条件，三者相互依赖、相互制约，有机构成了元认知系统。

（一）青少年元注意的发展

早在儿童阶段，个体已经具有了一些元注意知识。比如，儿童认为，当环境嘈杂或自己心烦意乱时，很难集中注意力。儿童元注意知识的缺乏是普遍的。随着年龄的增长，个体的元注意主要向三个方面发展：①对认知情景的表面特征的注意越来越少；②注意的类型越来越多；③越来越注重自身努力在注意过程中的重要性（李洪玉、尹红新，2004年）。

多数青少年认识到注意是变化的，且有些因素会影响自己的注意力，但青少年对干扰物的认识不同。高年级的青少年倾向于从心理因素去解释分心现象，而低年级的青少年则倾向于从外部因素去解释分心现象。除此之外，随着年龄的增长，意识到自己的注意不如成人好的青少年会越来越多。

（二）青少年元记忆的发展

元记忆是指认知主体关于自身的记忆能力和记忆过程的认知，其发展研究涉及元记忆知识的习得与发展、元记忆监控能力的发展等。

1. 元记忆知识的习得与发展

一般来说，小学高年级儿童和中学生的辩证思维能力开始发展从经验型（初中阶段）向理论型（高中阶段）过渡，这种认知能力的发展为他们对越来越丰富的记忆活动体验进行概括，以形成并积累元记忆策略知识提供了心理条件。有研究表明，小学低年级儿童只能认识到某些单个学习项目的性质，但高年级学生却能认识到多个学习项目间的联系，并能利用这些联系促进记忆。中学生能较好地利用类的群集来组织记忆，并已真正意识到可以采用各种组织策略来帮助记忆，他们较多采用联想策略和精细加工策略，很少使用简单复述策略。从初中到高中，学生在策略知识方面的发展是明显的，但是实验中学的15岁学生元记忆策略分数，与教育程度相当的17岁重点中学高中学生的分数一致，说明教育训练会影响元记忆策略知识的习得与发展，年龄是其影响因素之一，但不是决定因素。

2. 元记忆监控能力的发展

年龄较小的儿童对自己的记忆还不能进行有效的监控，随着年龄的增长，个体的记忆监控能力逐渐提高。李景杰(1989 年)研究发现,青少年的记忆监控能力呈波浪式发展,12 岁和 15 岁出现记忆监控发展的两个高峰,10～12 岁个体的记忆监控没有显著增长,11～12 岁与 13 岁之间、14 岁与 15 岁时有明显的差异。

总体而言,在小学低年级阶段,儿童的记忆监控比较简单和外显,且更加难以根据预测结果对学习策略和学习时间进行重新调配;小学高年级学生已开始依靠直觉意识进行监控判断,但其监控有效性还较低,表明在记忆活动中他们的主体意识性水平不高;到了中学,特别是大学阶段,学生监控判断的精确性虽有下降趋势,但这正表明了他们依靠直觉进行监控判断,无须借助于尝试回忆,并且能够自觉而迅速地根据监控获得学习结果的自我反馈,有意识地对学习材料进行组织和学习时间进行分配,形成新的学习计划,他们的记忆监控能力的发展已经基本完成。

(三) 青少年思维监控的发展

思维的自我监控是整个思维结构的统帅和主宰。思维的自我监控有六大功能: ①确定思维的目的; ②管理和控制非认知因素,有效地保护积极的非认知因素,努力将消极的非认知因素转化成积极的非认知因素; ③搜索和选择恰当的思维材料; ④搜索和选择恰当的思维策略; ⑤实施并监督思维的过程; ⑥评价思维的结果,检查当前的思维结果是否与既定的目的一致,如果不一致,对前五种功能做必要的调整和修正。如此循环往复,直到实现既定的目的为止(李庆安、吴国宏,2006 年)。

中学阶段青少年的思维监控能力发展较为迅速,其计划性、准备性、方法性和反馈性有了较好的发展。沃建中和林崇德(2000 年)在关于 13～19 岁的青少年认知操作活动中自我监控能力发展特点的研究中发现,随着年龄的增长,青少年自我监控水平不断提高。在计划性方面,初步思考时间延长,操作任务越难,初步思考时间越长,停顿次数越多;在监视性方面,悔步次数逐渐减少,任务越复杂,悔步次数越多;在有效性方面,认知操作的总时间减少,操作中的错误数也在逐渐减少。

此外,实验研究发现,通过对青少年元认知的培养和训练,可以改进和提高青少年的学习能力。目前,大部分关于青少年元认知的培养研究主要集中于各种不同认知策略的训练上,其中包括记忆策略的训练、阅读理解策略的训练、写作策略的训练以及解决数学问题策略的训练等。例如,童世斌、张庆林(2004 年)对初中二年级学生进行有关解答数学应用题的思维策略训练及其元认知训练进行研究,结果表明,思维策略的训练虽然时间不长,但却是有效的;学生运用"自我监控提问单"向自己提问,能够有效地监控自己的解题思路,提高学生的元认知自我监控能力。

目前,关于策略训练的比较一致的看法是: 不仅需要教给青少年使用各种具体的认知策略,更重要的是要使青少年了解应该在何时何地使用何种策略,提高他们对认知活动的自我监控能力,进而提高其元认知水平。因此,在培养和训练青少年具体的认知策略的时候,既给他们以充分练习的机会,又让他们充分了解各种策略的意义以及使用各种策略的相关知识,使所教授的认知策略得以成为青少年认知结构中的一部分,青少年才能够更主动地去运用这些策略,产生的训练效果才会更明显。

第三节　青少年的智力和创造力发展

对人类智力与创造力的研究由来已久，它们一直是心理学家倍感兴趣的领域。智力和创造力是最为重要的认知能力，两者的发展在整个认知发展中也占据着特殊的地位。培养学生的智力和创造力，也是学校教育的主要目标之一。在谈培养之前，我们先要对智力和创造力有一个正确的理解。下面重点阐述青少年智力和创造力的发展。

一、智力与创造力的概念

（一）智力

智力(intelligence)是一个复杂的概念。关于什么是智力，心理学家们见仁见智，有各种不同的解释。《中国大百科全书·心理学》(潘菽、荆其诚，1991年)关于“智力”条目的释文中明确指出：“智力一词的含义看起来好像是人人皆知的，实际上却很难提出一种完全令人满意的定义。”这从一个方面说明了智力的复杂性。近年来，又不断有新的智力概念提出，如多元智力、成功智力、情绪智力，这些概念使原本就复杂的智力概念更加扑朔迷离。

1921年和1986年，心理学家曾召开两次关于“什么是智力”的研讨会，邀请当时研究智力的专家来讨论智力，让专家给出智力的定义，结果如表3-3所示。从表3-3中可见，心理学家从各个不同方面对智力下定义，表现出很大分歧，如有的认为智力是“进行抽象思维的能力”，有的认为智力是“个人适应环境的能力”。这种分歧并没有随着时间的推移而消除。但无论在哪一个时代，在智力的基本属性上，人们又有共同的看法。例如，智力包括高级认知过程和低级认知过程，智力是对新情况或新环境的适应等看法在两次研讨会中都占据不小的比例。

表3-3　智力的属性

1986年	1921年	智力的属性
50%	59%	高级认知过程(如推理、问题解决、决策等)
29%	0%	具有文化价值
25%	7%	执行控制过程
21%	21%	低级认知过程(感觉、注意、知觉等)
21%	21%	对新情况做出有效的反应
21%	7%	知识
17%	29%	学习能力
17%	14%	一般能力(解决所有领域的问题的能力)

续表

1986 年	1921 年	智力的属性
17%	14%	不易定义,不是一个结构
17%	7%	元认知过程(处理信息过程的监控)
17%	7%	特殊能力(如空间能力、言语能力、听觉能力等)
13%	29%	适应环境需求的能力
13%	14%	心理加工速度
8%	29%	生理机制

我们认为,尽管智力具有多种属性,可以从不同角度加以界定,但智力在本质上仍然是一种认知能力,而不是兴趣、爱好、动机等其他非认知领域的心理特性,不能任意扩大智力的内涵和外延。大多数心理学家仍然把智力看成人的一种一般性综合认知能力,它是认知活动中最一般、最基本的能力,包括抽象推理能力、学习能力、适应能力等。

(二) 创造力

创造力(creativity)是根据一定的目的和任务,产生出某种新颖、独特、具有社会或个人价值的产品的能力,创造性思维是其核心和基础。这一定义主要是根据结果来界定创造力的,有两条判断标准:一是产品必须新颖或独特,要么相对于历史而言是前所未有的,要么相对于他人而言是别出心裁的;二是产品要么具有社会价值,要么具有个人价值。“有社会价值”是指对人类、国家和社会的进步具有意义,如科学家发现新的定律,作家创作一部新作品,工程师发明一种新工艺,等等。“有个人价值”是指对个体的发展具有意义,例如,学生发现一种独特的解题方法,也许不具有多少社会价值,却具有个人价值。创造力不是天才和伟人所独有,不是“全有”或“全无”的品质,而是所有人都共同具有的一种能力品质,只不过在层次和程度上不同而已。画家创作一幅伟大的作品无疑是创造,小孩子涂鸦也有创造的成分。

创造力与发散思维有密切关系。发散思维这个概念是武德沃斯 1918 年提出来的,后来被吉尔福特纳入智力三维结构中,并被视为创造力的核心成分。吉尔福特(1990 年)认为,发散性加工是“根据自己记忆储存,以精确的或修正的形式,加工出许多备择的信息项目,以满足一定的需要。例如,思考可用来打开包裹的各种可供选择的工具”。长久以来,发散思维被认为是创造性思维的核心,有的人甚至将二者等同。实际上,发散思维只是创造性思维的一个重要组成部分,如果仅仅用发散思维的分数来衡量创造力的高低是有失偏颇的,至少聚合思维对创造力也很重要。能够写出很多“砖的用途”的学生可能在现实生活中不能解决一个具体的问题。他可能有很多稀奇古怪的设想,却不能有效地选择、评价和综合,不能很好地把设想与现实情景相联系,因此,发散思维是创造力的重要组成部分,但不是唯一部分,创造力是多种思维能力的有机结合。

(三) 智力与创造力的关系

智力与创造力的关系是人们一直关心的问题,目前比较一致的看法是,智力是创造力的必要条件，智力低的人难以有高创造力，而智力高的人未必都有高创造力。在一定的智商分数之下，二者有显著的正相关；在此之上，二者的相关不显著(见图 3-1)。需要注意的是，上述结论的得出是建立在传统智力理论和智力测验的基础之上，如果以现代智力观来衡量，则智力与创造力的关系也需重新进行考察。

二、智力的发展

(一) 智力发展的特征

智力水平随着个体年龄的增长而发生变化。一般来说，智力的发展可以分为三个阶段：增长阶段、稳定阶段和衰退阶段。

从出生到 15 岁左右，智力水平随年龄的增长而直线上升，一般到 18～25 岁，智力的发展达到高峰。从出生到四五岁，是个体智力增长最快的阶段。瑞士心理学家皮亚杰(J. Piaget)认为，从出生到 4 岁，是人类智力发展的决定性时期。如果把 17 岁所达到的一般水平看作 100%，那么从出生到 4 岁就获得了 50%的智力，4～8 岁可获得 30%的智力，最后的 20%智力则在 8～17 岁时获得。

在成人期，智力发展进入一个较长时间的稳定阶段，可以持续到 60 岁左右。进入 60 岁以后，智力的发展进入衰退阶段(见图 3-2)。

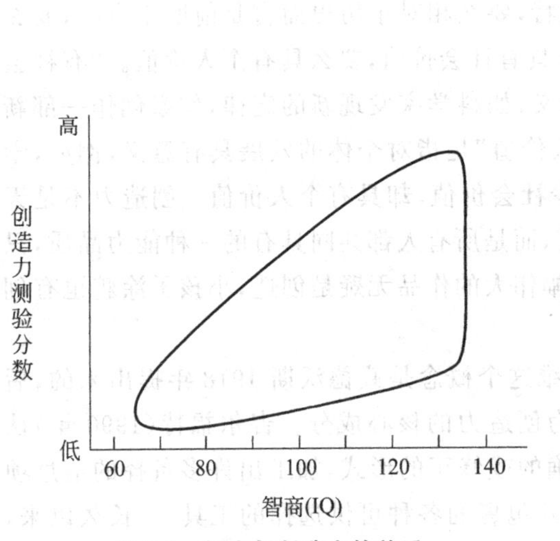

图 3-1　智力与创造力的关系

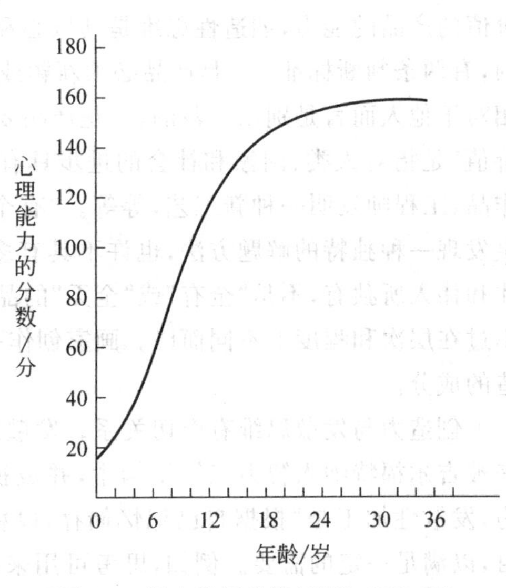

图 3-2　智力发展曲线(贝利，1970 年)

(二) 青少年智力发展的一般特点

青少年仍处于智力快速发展的时期，其智力各方面的发展特点如下。

1. 趋于稳定而成熟的注意力

首先，青少年的有意注意进一步发展，能克服外界干扰，更好地调节和控制自己的注意力。初中学生的无意注意仍起较大的作用，客观对象的鲜明特点仍有强烈的吸引力；高中学生的有意注意发展到相当高的水平，不仅能长时间保持自己的注意力，而且能把注意力集中在没有直接兴趣的学习活动上。其次，青少年注意的集中性、稳定性不断提高。注意的持续时间，一般随学生年龄的增长而延长。5～7 岁儿童保持注意力的时间平均为 15 分钟，7～10 岁为 20 分钟，10～12 岁为 25 分钟，12 岁以后为 30 分钟，青少年阶段则能保持 45 分钟。最后，青少年的注意品质迅速发展。注意范围不断扩大，在 1/10 秒的时间内，初中生能清楚注意到 4～5 个对象，高中生能注意到 4～6 个，达到一般成人的水平；注意分配能力提高，例如，可以一边听课，一边看书，一边做笔记，这是儿童很难做到的；注意的转移比儿童具有更大的自觉性和灵活性。

2. 概括化的观察力

青少年的感知能力不断提高，观察的有意性和目的性明显发展，能根据教学和实践任务的要求较长时间集中观察。同时，由于青少年思维的发展，他们能用日益发达的抽象逻辑思维能力组织、调节和指导观察活动，不仅能感知事物的外部特征，而且能抓住事物更主要、更本质的特征，全面、精确、概括地感知事物。

3. 进入最佳发展期的记忆力

青少年是记忆发展的黄金时期，无论是无意识记还是有意识记，是机械识记还是意义识记，十七八岁都达到最佳水平。他们记得快，保持比较牢固，回忆也准确。青少年记忆力的发展主要表现在以下几个方面：第一，有意识记和意义识记日益占主导地位。初中阶段，学生识记的任务在很大程度上还是要依靠教师提出，识记仍带有机械成分；到高中阶段，学生开始自觉地确定目的来支配自己的识记活动，并主要借助于意义的理解来记忆。第二，抽象识记能力有较大发展。形象识记是对具体事物的识记，抽象识记是对词语、概念、公式、原理的识记。儿童开始只有形象识记，随着语言和抽象思维的发展，学习内容的加深，抽象识记也开始发展起来，并在高中阶段居于优势地位。第三，掌握并能利用一些有效的记忆方法。青少年能主动运用一些记忆方法来提高记忆和学习的效率。

4. 丰富的想象力

青少年想象力丰富，富于幻想，并且幻想中的现实性成分越来越高。初中生的幻想还有不少空想的成分，高中生的空想减少，理想日益占主导地位。但青少年的理想总体上还不够稳定，容易发生变化。青少年的创造想象进一步发展，开始把创造想象同创造性活动联系起来，在作文、图画、科技作品中都明显表现出相当多的创造性想象的成分。

5. 日益占主导地位的抽象逻辑思维能力

小学生的思维是从具体形象思维向抽象逻辑思维过渡，而青少年的抽象逻辑思维则日益占主导地位。在初中阶段，学生的抽象逻辑思维有了很大的发展，但在一定程度上受具体形象的支持，具体形象成分仍然起重要作用，主要属于经验型思维。到了高中阶段，学生的抽象逻辑思维明显占优势，并向理论型抽象逻辑思维发展，辩证思维基本形成，能用全面的、发展的、联系的观点分析问题和解决问题。

青少年思维的独立性、批判性、广阔性和灵活性有了更显著的发展。他们可以摆脱成人的限制，形成自己对人对事的看法；他们喜欢争论、辩驳、怀疑，不轻信权威性意见；他们思维活跃，容易接受新事物。但同时，青少年的思维品质还未完全成熟，表现出片面性、表面性、盲目性和偏激性，容易受情绪左右。

三、创造力的发展

“文明的历史，基本上乃是人类创造能力的记载。”奥斯本的话道出了创造力的重要性。自从1950年吉尔福特就任美国心理学会主席时发表题为“创造力”的著名演说以来，创造力一直成为心理学研究中的一个热门领域，创造力的发展和培养在教育领域也是颇受关注的问题。

（一）创造力发展的影响因素

1. 生理因素

神经系统尤其是大脑是创造力的物质基础，为创造力的发展提供了可能性。神经系统中神经元的构造和功能对创造力水平的高低具有重要影响。克拉克研究认为，创造力高的人在神经活动中会表现出以下特征（俞国良，1996年）。

（1）突触活动快。

（2）神经元化学成分丰富。

（3）更多地运用前额皮质的功能。

（4）脑电波活动的α波段能更快地输入和更持久地保持信息。

（5）脑节律的一致性和共时性有助于专心和深入探究。

2. 年龄与性别

随着年龄的增长，个体的创造力也在不断发展。幼儿就有创造力的萌芽，小学阶段已有明显的创造性表现，而青少年的创造力有了更多的现实性、主动性和有意性。但创造力的发展同个体的整体发展一样是一个有限的扩展系统，不会一直随着年龄的增长而增长，发展到一定程度和一定年龄后，就开始逐渐减弱。美国学者莱曼（H.Lehman，1936年）通过对几千名科学家、艺术家和文学家的年龄和成就关系的研究发现，虽然在不同方面，创造力的最佳年龄不尽相同，但从总体上看，25～40岁为创造力的最佳年龄。

创造力发展中也表现出明显的性别差异。古今中外富有创造力的科学家、发明家、思想家、政治家、企业家中，绝大多数是男性，这既有生理方面的原因，又有社会与文化的原因。许多跨文化的研究表明，在主张男女平等的民主开放的文化环境中，儿童的创造力普遍发展较好，男女差异也较小；在男女地位悬殊的封闭式社会条件下，男女差异较大。社会文化极大地影响了人们性别角色的形成。在现有的社会文化中，人们普遍认为男性应该更积极、独立、坚强、自信、理智、富于竞争，而女性应该更温柔、服从、柔弱、依赖性强、易受暗示等。这些固有的观念和刻板印象加剧了创造力发展中的性别差异。

3. 知识与智力

知识是创造的基础和前提，离开必要的知识，根本谈不上创造。但具有知识不一定具有创造力，对待知识一定要有变通性和灵活性，僵死、混乱的知识不仅不利于创造，反而会阻碍创造力的发展。智力与创造力的关系如前所述，智力是创造力的必要条件，但不是充分条件。

4. 动机与个性

创造性活动需要创造动机的维持和激发。从动力来源上看，动机有内部动机和外部动机之分。许多经验和心理学研究都证明，内部动机更有利于创造力的发挥和发展。当人们被完成工作本身所获得的满足感和挑战感激发而不是被外在的压力所激发时，才表现得最有创造力。

个性特征虽然不对创造活动起直接的决定作用，但它为创造力的发挥提供心理状态和背景，对创造活动具有极大的制约作用。高创造力的人究竟具有什么样的个性特征呢？尽管许多研究结果不尽相同，但综合来看，仍然表现出某些典型的个性特征，如强烈的好奇心、独立自信、坚持不懈、情感丰富、有幽默感等。

有研究者对已有的创造个性研究进行了元分析，提出创造个性包括以下 12 个方面。

(1) 智力属于中上等，并不一定超常。

(2) 观察力，对周围的事物感受很敏锐，能发现常人不注意的现象。

(3) 流畅性，思路流畅，新思路、新观念不断涌现。

(4) 变通性，能一叶知秋，举一反三。

(5) 独创性，常常发表超出常人的见解，用特异的方法解决问题。

(6) 精致性，爱提出设想，并在此基础上进一步深思熟虑，加以改善。

(7) 怀疑，对世事抱怀疑态度，超脱世俗。

(8) 持久性，不怕困难，坚持始终。

(9) 智力的游戏性，表现出天真的赤子之心。

(10) 幽默感。

(11) 独立性。

(12) 自信心。

5. 环境因素

(1) 家庭。家庭环境、父母的教养方式、家庭气氛、家庭成员的榜样等都对儿童创造力的发展起着重要作用。研究发现(查子秀，1993 年)，有利于个体创造力发展的家庭因素包括：①家庭比较民主，父母对孩子不专制；②家长对孩子的好奇、探求精神和行动给予积极鼓励和支持；③父母信任孩子的能力，给予引导并提供独立锻炼的机会；④孩子在家里与父母之间无拘束，不怕犯错误，有安全感；⑤父母具有独立性和创造性，孩子在家受到父母思想行为潜移默化的影响。

(2) 学校。学校教育对学生创造力的发展具有重要作用，教师的态度、课堂气氛、课程设置、教学模式、学校环境等无不对学生具有深刻的影响。而在所有这些因素中，最核心的因素就是教师，其他因素最终都是通过教师而起作用的。教师的个性、行为、知识结构、教学方法等都直接影响学生创造力的发展。一般来说，民主开放型的教师有利于学生创造力的发展，而专制型和放任型的教师均不利于学生创造力的提高。

除学校和家庭外，社会文化环境也对创造力的发展具有影响作用。研究表明，在倡导独立、自主的民主开放型社会文化环境中，儿童创造力普遍发展较好；而在强调专制、服从的封闭式社会条件下，儿童的创造力则比较贫乏。

(二) 青少年创造力发展的主要特点

与儿童相比，青少年的创造力表现出以下特点。

1. **更具现实性和主动性**

儿童的创造力有很多幻想的成分，而青少年的创造力更多地带有现实性，他们的创造想象和思维多是由现实中遇到的问题或困难情景激发的，努力创造也是为了解决这些现实问题。同时，青少年的创造力更具主动性和有意性，不仅能主动地提出问题，而且能主动地寻求解决问题的办法，遇到困难能坚持下去。正因为具有现实性和主动性，使青少年已经能够创造出一些具有社会价值和科学价值的成果。

2. **创造性思维结构日趋完整**

随着青少年思维能力的发展，创造性思维的结构也更加完整而协调，具体表现为：以发散思维为主，聚合思维和发散思维协同发展；发散思维的流畅性、变通性和独特性都有明显提高；抽象逻辑思维逐渐成熟，抽象概括能力大大提高，辩证思维开始形成。

3. **创新意识强，创造热情高**

随着经验和智力的不断增长，青少年比儿童具有更强烈的创新意识和更高的创造热情。他们热情奔放，充满对新世界、新事物的好奇，不畏艰难，勇于探索。虽然他们的创造力不如成人那样有严密的科学性和足够的科学价值，但思维更敏捷而灵活。

青少年的创造力虽然达到了较高水平，但由于他们的知识还不够丰富，社会生活实践经验仍然欠缺，因此，他们的创造力也存在了很大的不足，还没达到创造力的最佳年龄。

第四节　青少年认知发展与教学

一、认知发展与教学目标、内容和方法

（一）认知发展是确定教学目标的依据

所谓教学目标，包括通常所说的教学的目标与任务，也就是教学活动中所要构建的能力与品德的心理结构。教学目标包括知识与技能（认知）目标，过程与方法目标，情感、态度与价值观目标，也就是通常所说的三维目标。从认知发展的角度来理解选择教学目标应注意以下几方面。

（1）教学目标的选择要符合并促进青少年自身的身心发展，尤其是认知发展的水平。要符合学生的最近发展区，即“跳一跳摘得到”。维果茨基认为，教育不仅仅是改善已出现的结构，而应该指向“最近发展区”。他强调教学不能只适应发展的现有水平，走在发展的后面，而应适应最近发展区，从而走在发展的前面，并最终跨越最近发展区而达到新的发展水平。教师的适时适当的指导也很重要。

（2）个体的认知发展具有阶段性和连续性相统一的特点，因此，在选择教学目标时不能跨越认知发展的年龄阶段或者忽视认知发展的顺序性与系统性。

（3）要能根据青少年认知发展的年龄特点选择适时促进相应认知能力的发展的目标。

（二）认知发展是组织教学内容的依据

教学内容是学与教相互作用过程中有意传递的主要信息，一般包括课程标准、教材和课程等。影响教学内容的因素有：生产力和科技发展水平；社会政治经济需要；文化教育传统；学习者的身心发展规律；未来社会发展趋势与人才需求动向。

其中，学习者的认知发展对教学内容的选择有重要影响。例如，高中生的抽象逻辑思维占绝对优势，这对学习各种理论是有利的。因此，对高中生可以较多地教授抽象的理论知识，他们能运用理论做指导，来分析各种事实材料，从而扩大自己的认知领域。由于青少年的想象更富于现实性，所以将科学知识与生活中具体的事例相结合，显示出抽象知识的现实实用性，这更能激发青少年的学习动机和兴趣。

在创新性培养方面，不仅要注重学科知识的真理性一面，帮助学生掌握基本的学科知识，也要让学生去“发现”、去思考，留有一些悬念的问题，不能只在习题的“摆布”下游曳于教材所限定的各知识点之间，所学的科学知识只是一堆需要死记硬背的“僵死”的现成结论，学生就很难体会到学习和求知的乐趣。更不用说对创新意识和创新精神的培养了。

所以，在教学内容的选择上，可以从现代科学技术的发展史实和事例中，精心选择一些贴近生活、贴近社会的素材。比如，在介绍水的性质时，除了介绍一般条件下的水以外，还可以介绍在高压下（包括地表下）、太空中水的形态和它的特殊性，以及已发现的问题和用途。这样做不仅内容本身多了趣味性，还能激发学生对科学的浓厚兴趣。

（三）认知发展是选择教学方法的依据

教学方法是为了达到教学目的，实现教学内容，运用教学手段而进行的，由教学原则指导的一整套方式组成的师生相互作用的活动。

中学教师常用的教育方法包括：以语言形式获得间接经验的方法（讲授法、谈话法、讨论法、读书指导法）；以直观形式获得直接经验的方法（演示法、参观法）；以实际训练形式形成技能、技巧的教学方法（练习法、实验法、实习作业法）。

青少年感知觉的随意性较强，观察的持续性也有了很大发展，他们有较高的自觉性，能主动制订观察计划，有意识地进行集中持久的观察，并能对观察活动进行自我监控。根据这些认知发展的特点，在对青少年的教学中，可以大量使用语言符号、视觉符号等方式来传递知识。想象、动作思维等方面的发展又能帮助青少年完成相应的实验，如初、高中的化学和物理等学科的实验，将抽象的理论知识演化为实物操作。

二、认知发展与教学的关系

认知发展与教学具有怎样的关系？首先，认知发展水平限制教学。任何知识的获得都必须通过学生主动的同化才有可能实现，而主动的同化则需以适当的运算结构的存在为前提，教学应根据青少年认知发展抽象水平占优势的特点进行。

其次，教学要促进认知发展。教学虽然要适应青少年认知发展的水平，但不能一味地被动适应，要主动地促进青少年认知的发展，促使他们向更高的阶段发展。

所以，了解青少年认知发展对教学活动的有效实施有重要意义，根据青少年注意、记忆、思维等的发展特点，合理地组织教学，就能够提高教学的效果。

思考题

1. 简述认知与认知发展的含义。
2. 试论述个体认知发展的基本特点。
3. 简述皮亚杰提出的认知发展阶段论的具体内容。
4. 简述青少年思维的发展。
5. 简述青少年记忆发展的一般特点。
6. 简述青少年智力和创造力发展的特点。
7. 简述青少年认知发展对教学的意义。

第四章　青少年的自我发展

本章要点

- 青少年的自我概念以及自我发展
- 青少年的自尊结构及分类
- 青少年自尊发展的特点
- 青少年自主性发展的特点
- 青少年的同一性构建
- 影响青少年自尊与同一性发展的因素

青少年期是自我发展的关键期和转折期。青少年由对外部世界的注意转向了内部世界,开始将注意力集中到发现自我、关心自我的存在上。自我是个体人格的核心,不仅影响着个体人格的发展水平,还与个体的学习、生活、交往、社会适应等有着密切关系,并直接影响个体的心理健康。青少年期的一切问题都是以自我为核心而展开,以解决好自我问题为目的的。因此,对教师来说,了解和掌握青少年自我发展的一些规律和特点是十分必要的。

第一节　自我发展概述

自我概念指的是自我知觉,是个体对于自己独有的特质或特征的积极或消极的知觉和看法。简而言之,自我概念是关于"我是谁"的问题。青少年期的一切问题既是以自我为核心而展开的,又是以解决好自我这个问题为目的的。

一、青少年的自我概念

青少年的自我概念,具有自身特定的内涵和结构。

(一) 自我概念的内涵

请填充下面的句子:我是____________________。

你会如何回答上面提出的"我是什么样的人"这个问题呢? 和大多数人一样,也许你会提及自己的一些显著的个人特征(诚实、友善)、生活中充当的角色(学生、医院志愿者)、宗教信仰、道德观念或政治倾向。个人对自己独有的特质和特征的这些积极或消极的知觉和看法便是自我概念(self-concept)。

自我始于婴儿期,在婴儿具备能够将自己从世界中区分出来的能力时就开始出现了

（Thompson，1998 年）。随着婴儿慢慢成长，他们开始说话了，并且能够描述他们刚出现的自我概念。学前儿童的自我概念是非常具体的，仅限于身体特征。随着年龄的增长，青少年的认知全面发展，其自我概念的各个方面也出现了不同于儿童时期的特点。

（二）自我概念的结构

1. 单维结构

詹姆斯认为，自我概念分为物质自我、社会自我、精神自我和纯粹自我四个成分，其中物质自我是基础。

2. 多维结构

谢弗尔森认为自我概念是多维度、多层次的，他将自我分为学业自我和非学业自我。其中，学业自我包含具体学科的自我概念，非学业自我则包含社会自我概念、情绪自我概念和身体自我概念（Shavlson，1976 年）。

在谢弗尔森的研究基础上，研究者进一步对其理论进行了拓展。马什依据谢弗尔森的理论，编制了自我描述问卷（SDQ），该问卷能够测量青少年及成人的自我概念。伯恩将谢弗尔森的一般社会自我概念依据环境进一步扩展，他认为一般社会自我概念分为两个生活背景，即家庭和学校。因此，社会自我概念包含两个：一是学校—社会自我概念，二是家庭—社会自我概念。其中，学校—社会自我概念又可以分为同伴—社会自我概念、教师—社会自我概念；家庭—社会自我概念又可以分为同伴—社会自我概念、父母—社会自我概念（Byrne，1996 年）。

国内学者也对自我概念的结构进行了研究。郑涌发现，大学生自我概念包含交际、友善、信义、容貌、学业、志向、家庭、成熟、自纳等维度。沃建中、申继亮（1993 年）编制了中小学教师的自我概念量表，该量表把自我概念分为主体自我、镜像自我、理想自我三个子维度，每个子维度包含身体自我、社会自我、职业自我、人格自我四个成分。

（三）自我概念的发展特点

1. 整合性和组织性

青少年能够反省自己个性的不同方面，并把这些一致性和不一致性整合起来思考。他们开始懂得，在不同的场合会表现出不同的面目，并且开始思考真实的自我、真实的他人。

青少年的“社会自我”分为不同方面，比如，被更大的同伴群体的接纳，被亲密朋友的接纳，被爱情伴侣的接纳等。同时，青少年个体可以将不同的自我知觉组合成一个更为协调的画像，他们可以将看起来相互矛盾的方面整合成一幅更统一协调的画面。青少年个体会将不同具体情景下的自己的表现加以统一，使自我概念成为连续的统一体，不再是简单的机械组合。比如，他们会这样描述自己：“我是一个多愁善感的人，一点点小事就足以让我伤心难过或者是让我高兴。”

2. 抽象性和理想化

“不管怎样，最困难的事还在于明确自己是谁，并接纳自己的不完美。即使你真的在某方面很擅长或者你是一个真正优秀的人，你也应该知道你没有那么好。去了解你所不了解的东西，从事你所不擅长的事。你欺骗他人多少，你也会感受到多少圈套。”这是一个 13 岁学生的话。从她话中可以发现，青少年的自我概念具有抽象化和理想化的色彩。随着个体形式运算思维的发展，个体开始广泛考虑自我以及他人的理想特征，往往通过理想化的标准对自己和他人进行比较。同时，该时期的个体也面临着人生的十字路口，他们会考虑未来的发展问题。

3. 复杂性和不均衡性

青少年在自我描述时更倾向于把自己的一些特质和特定的情景相联系，他们认识到自我在不同的情景中会有不同的表现。同时，青少年能够将自己的观点与他人的观点区分开。在自我描述中，青少年往往会联系到与父母、好朋友、恋人、同伴等人的交往，交往对象不同，自我描述也不同，自我概念日趋复杂。假设你要求一群年轻人描述和别人在一起时他们会怎么做，青少年更可能会说："人们会觉得我一点也不害羞，但是当第一次遇到别的孩子的时候我大多数情况下的确会感到焦虑。"青少年同样也意识到了不同的人对他们会有不同的看法，"我的父母觉得我是个安静的孩子，但我的朋友知道我确实很喜欢参加聚会"。

同时，自我概念的发展是起伏变化的。弗瑞曼发现，自我概念从小学到初中逐渐下降，青春后期显著上升，大学毕业又下降，中年之后再次上升。马什利用 SDQ 问卷施测，也发现自我概念在初一至初三年级下降，初三至高二年级开始回升，11～14 岁是自我概念的最低点。周国韬、贺岭锋研究发现，小学五年级到初一自我概念显著下降，初一至初三逐渐上升。刘惠军发现，中学阶段非学业自我存在显著的年级差异，在同伴自我、身体自我、自信自我三个维度上年级差异显著。

在性别上，国外研究者发现，男孩在成就、领导力、数学方面的自我概念更高，女孩在意气相投、社会能力、语文方面的自我概念更好。国内学者研究发现，中学生在身体自我、班级自我的维度上存在显著性别差异，初二女生的得分显著低于同年级的男生。

二、青少年自我的发展

（一）终生发展观

在整个生命过程中，个体感知和评价自己的方式一直是处于变化之中的，其自我的发展是一个终生发展的过程。从终生发展的角度来看待青少年自我的发展不仅能够使我们从整体上系统地认识自我，而且能够更好地理解青少年期的自我。

埃里克森对自我的终生发展进行了最为细致的描述。他最早提出了自我同一性的概念，并在古典精神分析理论基础上创立了以自我同一性为核心的自我发展的八阶段论。埃里克森认为，自我的发展开始于童年期并在整个生命周期中继续着它的发展历程，其中，自我同一性的发展是青少年期的中心任务。概括来说，埃里克森对自我的终生发展的描述主要体现在两个方面。

1. 自我形成的过程

埃里克森认为，自我最初是通过"心力内投"和"投射"的过程而产生，继而其通过自居作用而发展，然后通过同一性的形成而得以实现。这一过程体现了自我形成和转化的各种形式。

具体来说，婴儿最初通过“心力内投”建立了一种自我的感觉。随后，自居作用使儿童喜欢一些重要他人，并且会对其行为和态度产生一种认同的心理倾向。但是，“心力内投”和自居作用并不能说明真正的自我同一性。真正的自我同一性必须由青少年自己在与社会环境相互作用的过程中，通过把自己在别人眼中的形象和他找到的适合自己的职业不断结合才能形成。

2. 自我发展的阶段

埃里克森提出了自我发展的八阶段理论，并确认了在生命全程的不同发展阶段所要解决的主要心理社会任务。

埃里克森认为，同一性对同一性扩散是青少年期的核心任务，这一阶段任务的解决既受前面的阶段任务解决状况的影响，又为成年期的任务解决奠定了基础。因此，建立同一性的任务不仅仅局限在青少年期，它也是信任对怀疑、自主对羞怯或疑虑、主动对内疚、勤奋对自卑这些早期心理社会阶段任务解决中的焦点问题。在青少年期之前，信任对怀疑矛盾的解决为个体更好地接触世界提供了保证；在自主对羞怯或疑虑阶段个体产生了成为自己的愿望；通过主动对内疚阶段的协调，学前儿童预期将来社会角色的经历反映了他们后期执行中的内疚程度；小学阶段儿童的勤奋对自卑任务的解决，为个体以后发现和完成同一性任务的态度奠定了基础。

自我在青少年期以后的发展阶段中有着进一步的心理社会任务，青少年期自我同一性对同一性扩散任务的解决为个体适应成年期的生活奠定了基础。在青少年期实现的自我同一性与同一性扩散之间的平衡实际上为个体随后在成年早期、中期到晚期出现的亲密对孤独、繁衍对停滞、整合对绝望等心理社会任务的顺利解决提供了可能。

（二）青少年的自我

一般认为，青少年期是自我发展的关键期和转折期，这主要是基于以下几方面的原因。首先，青少年期自我同一性的变化包含个体自我知觉的第一次真正意义上的重新组织和重新建构。尽管同一性的一些变化发生在童年期，但是只有到了青少年期才会对这些变化具有更多的自我意识。其次，青少年的生理和心理在这一时期都发生了重大变化，如身体上的巨变使他们将认识的对象转向了自我；同时，认知能力的显著增强使青少年系统地思考假设的和未来的事件，也为青少年思考自身的价值观和人际关系创造了可能性。最后，青少年期社会角色的变化使青少年需要面临一系列以前没有经历过的新选择和新决定。青少年期是需要对工作、婚姻和未来做出决定的时期。面对这些自我定位的重大决断，青少年很容易会考虑到“我是谁”以及“我将到哪里去”的问题，这些问题的思考，会在很大程度上促进个体自我同一性的发展。

埃里克森指出了个体的生理特征、独特的心理需要、兴趣和防御以及个体所处的文化环境是影响自我同一性形成的三种因素，并且他进一步指出了这三种因素的交互作用对自我发展的重要性。青少年期个体在生理、心理以及社会角色等方面所发生的变化，以及这些因素的交互作用，使得青少年期的自我表现出了一定的独特性。

首先，青少年由对外部世界的注意转向了内部世界，开始将注意力集中到发现自我、关心自我的存在上。这是青少年期自我发展的最主要的特色。

其次,青少年自我的分化。在青少年期,随着个体认知水平的提高、社会经验的增多以及对于自己注意的增加,儿童期那种稳定、笼统的“我”被打破,分裂成两个“我”:一个是主体的我(I),即作为观察者的我;另一个是客体的我(me),即作为被观察者的我。主体的我和客体的我的分化使青少年了解到了以前从未注意到的“我”的许多方面和细节。

最后,青少年的自我存在矛盾性。青少年的自我在分化的同时其内部也出现了矛盾性。一是理想我和现实我的区分可能会使青少年产生矛盾和困惑。二是个体我和社会我的区分也使青少年在自我认知上出现了矛盾。

第二节 青少年自尊的发展

自尊是指个体对自己所持有的一种肯定或否定的态度,这种态度表明个体是否相信自己是有能力的、重要的、成功的和有价值的。简而言之,自尊就是一种个人的价值判断,它表达了个体对自己所持的态度。青少年期是自我发展的关键期或转折期,青少年自尊的发展对个体整个自我系统及其心理的发展具有重要意义。一方面,自尊作为个体自我系统的核心成分之一,其发展状况不仅与青少年的心理健康直接相联系,而且对学生整个人格的发展都具有重要影响;另一方面,自尊作为一个起中介作用的人格变量,对青少年的认知、动机、情感和社会行为均有重要而广泛的影响。

一、自尊的结构及分类

(一)自尊的结构

从目前来看,关于自尊结构的观点存在着从单维到多维的不同。

詹姆斯认为,自尊就是指个体的成就感,自尊取决于个体在实现其所设定目标过程中的成功或失败的感受。他提出了一个著名的公式,即“自尊=成功/抱负水平”。在这里,重要的不是个体所获得的实际结果,而是个体对所获结果的认知过程,即个体对所获结果重要性的主观评价。

波普和麦克黑尔认为,自尊是由知觉的自我和理想自我两个维度构成的。知觉的自我就是指自我概念,是个体对自己存在和不存在的各种技能、特征和品质的客观认识。理想自我是个体希望成为什么样的人的一种意象,这种意象并不是一种轻浮的愿望(如我想成为著名影星等),而是一种想拥有某种特性的真诚愿望。当知觉的自我与理想自我相一致时,自尊就是积极的;当知觉的自我与理想自我不一致时,自尊就是消极的。

斯蒂芬海根等进一步提出了自尊结构的三维度模型。这一模型又包括三个相互联系的亚模型,即物质/情景模型、超然/建构模型、自我强度意识/整合模型。他们认为,在物质/情景模型中,自尊包括自我意象、自我概念和社会概念三个成分,而每个成分又都包括地位、勇气和可塑性三个元素;在超然/建构模型中,他们认为,自尊包括身体、心理和精神三个成分,每种成分都包括成功、鼓励和支持三个元素;在自我强度意识/整合模型中,自尊包括目标取向、活动程度和社会兴趣三个成分,每个成分都包括知觉、创造和适应三个元素。

库伯史密斯认为,自尊是由以下四个方面构成的:①重要性,即是否感到自己受到生活中重要人物的喜欢和赞赏；②能力，即是否具有完成他人认为很重要的任务的能力；③品德，即是否达到了伦理标准和道德标准；④权力，即影响自己生活和他人生活的程度。

此外，我国学者魏运华(1997年)通过问卷调查和结构访谈的方法，确立了中小学生自尊的结构模型。他的研究发现，中小学生的自尊主要由六个结构因素组成，即外表、体育运动、能力、成就感、纪律、公德与助人。威特金森和董奇则认为，自尊主要由生理能力/运动、生理外貌、同伴关系、亲子关系、语文、数学、学校、一般自我概念八个结构因素组成。麦伯亚将自尊分为家庭关系、学校、生理能力、生理外貌、情绪稳定性、音乐能力、同伴关系、健康八个结构因素。

以上介绍的不同研究者对于自尊结构的观点都在一定程度上揭示了自尊的本质或者自尊的某些侧面，但各有其不足。一维结构模型和二维结构模型对自尊的理解虽然过于简单，但容易理解且具有很强的可操作性；多维结构模型对自尊的理解更为深刻、全面，但操作起来也更为麻烦，有的成分或元素甚至超出了自尊的内涵，而可能是与自尊的内在结构关系密切的外在影响因素。

（二）自尊的分类

1. 现实自尊和理想自尊

现实自尊和理想自尊的划分主要是由詹姆斯的自尊公式引出的，即自尊是个体成功与抱负水平的比值。考察现实自尊和理想自尊间的差距是自尊领域研究的重要内容。临床的研究认为，个体现实自尊和理想自尊之间的巨大差异能够导致个体的矛盾和困惑，是其精神失调的最初标志。当然，也有观点认为，这种差异不应仅仅被看作是一种失调，同时也是成熟的一种标志。现实自尊和理想自尊的差距有可能成为个体自尊发展的动力。

2. 总体自尊和分化自尊

由于研究者对自尊的理解和认识不同，在自尊研究的历史过程中，有的理论家强调总体自尊的重要性，而有的理论家强调自尊是一个分化的集合体。一般来说，对于总体自尊和分化自尊之间的关系，研究者形成了两种不同的观点：一种观点认为，随着儿童年龄的增长，自尊越来越分化，如果在个体发展史的某一点上存在总体自尊，那么随着年龄的增长，个体的总体自尊会分化为几个不同的方面；另一种观点认为，总体自尊和分化自尊是有区别的两个方面，每个方面都有值得研究的价值，并且那些认为个体在总体自尊上的潜在变化将会转移到自尊的特殊方面的想法，既没有逻辑上的依据，又没有得到经验研究的支持。

3. 内部自尊和外部自尊

根据自我评价的对象不同，研究者还把自尊分为内部自尊和外部自尊。内部自尊主要来自个体的内部评价、自我接受和自爱，它具有主动、稳定和动态的特点。个体内部自尊主要受儿童实际的行为和能力、过去的成功和失败经验的影响。外部自尊是指从别人对自己的反应中来评价自己并由此内化而产生的一种情感。对外部自尊影响较大的因素主要来自别人的评价、反应以及个体生活中的成败经验。

4. 浮动自尊和基线自尊

罗森伯格认为，在自尊领域中，区分浮动自尊和基线自尊是非常重要的。浮动自尊是指个体感觉到自己的情感不时地迅速转变和波动的程度。与此相反，基线自尊在短时间内不可能发生大的变化，并且不可能波动。一般来说，浮动自尊波动范围和水平是受到基线自尊的制约的。关于两者之间的关系，下面会有进一步的阐述。

二、青少年自尊的发展

（一）青少年自尊发展的稳定性与变化性

关于青少年自尊的研究结果是不一致的，有的研究发现了青少年自尊的波动，有的研究则认为青少年期的自尊十分稳定。那么如何来整合这些不同的研究结果呢？根据罗森伯格的观点，在看待自尊研究时，区分浮动自尊和基线自尊非常重要。那些报告青少年期的自尊具有高度稳定性的研究关注的可能是个体的基线自尊，基线自尊不可能随时间而发生很大的变化。因为决定个体基线自尊的可能是个体的一些相对稳定的因素，诸如社会地位（中产阶级的青少年与家庭不富裕的同伴相比，具有较高的自尊）、性别（男性比女性具有较高的自尊）、出生顺序（长子或独生子女具有较高的自尊）、学术能力（能力高的青少年具有较高的自尊）。相反，那些发现了早期青少年的自尊或自我意象具有波动性的研究可能关注的是青少年的浮动自尊，而浮动自尊是很容易发生波动的。因此，事实可能是这样的：虽然个体的基线自尊在整个青少年期不会有很大变化，但是青少年早期是个体浮动自尊波动很大的时期。从这个角度来看，关于青少年自尊研究的不同结果实际上是反映了同一事实的不同方面。

（二）青少年自尊发展的差异性

对于青少年自尊发展的个体差异，可以从两个方面来理解：不同个体之间自尊的发展变化是否具有差异性；相同的个体在自尊的不同维度之间是否具有差异性。

研究发现，有些青少年的自尊在整个青少年阶段都表现出了高度的稳定性，有些则不然。研究还将儿童从小学六年级向初中过渡期间自尊的发展趋势划分为四种显著不同的类型。其中，35%的青少年有稳定的高自尊；13%的青少年具有严重的低自尊；52%的青少年的自尊水平在两年内（研究的周期）发生了显著的变化：其中，21%的青少年的自尊直线下降，31%的青少年的自尊水平有所提高。很明显，大多数青少年的自尊都会随着时间发生一定的变化。基于此，有些研究者甚至认为，研究青少年自尊发展是否具有稳定性这一命题是没有意义的。

在自尊发展的不同维度上，也可以看出青少年期自尊发展的差异。许多研究者认为，青少年既可能在整体意义上评价自我，又会从学业、运动、外表和社会关系等不同方面评价自我。因此，对一个青少年而言，很可能在学业能力方面拥有高自尊，在体育运动方面具有低自尊，而在社会关系等方面却具有中等水平的自尊。另外，某些方面的自尊要较其他自尊对青少年总体自尊的影响大一些。一般来说，青少年身体自尊是其整体自尊的最重要的预测指标，同伴关系自尊则次之，而学业能力、运动能力或道德品行等方面的自尊则是相对更次要的预测指标。

三、影响青少年自尊发展的因素

（一）主体因素

1. 外表吸引力

随着个体年龄的增长，青少年的生理发育日渐成熟，越来越强烈的性意识使得青少年越来越关心自己的体形、相貌等身体外表特征。研究指出，急剧的身体生长和其他方面的变化都可能对身体形象造成破坏并导致青少年自我评价的混乱与自尊的降低。那些对自己的身材、外表不满意的个体常常会产生低自尊，这种影响在青春期表现得尤其强烈。

2. 性别

许多研究为青少年自尊的性别差异提供了支持。如西蒙斯的研究发现，早期的女性青少年自尊水平较低，自我意象较不稳定，她们更可能提及关于自我的消极方面，对自我的能力缺乏信心，常常为别人是否愿意与她在一起而担心。也有研究揭示了青少年自尊发展水平的性别差异，如有研究显示从儿童期到青春期，男性的自尊水平趋于增高，而女性的自尊水平是趋于降低的。

3. 自我知觉的不一致

希金斯在其“自我不一致理论”中指出，我们的许多焦虑和抑郁来自如下两个方面之间的不一致：即我们认为我们实际上是什么人（即现实自我）与我们希望是什么人（即理想自我）之间的不一致。一般来说，理想自我总是高于现实自我，两者的差异就决定了自尊的水平，如果两者的差异太大，就会产生挫折感和不良情绪，形成低自尊。

（二）家庭因素

1. 父母教养方式

库伯史密斯（1967年）专门调查了父母的抚养方式对个体自尊形成和发展的影响，结果发现，高自尊个体的父母抚养方式具有以下特点：第一，接受、关心和参与。第二，严格，即高自尊儿童的父母认为，在对孩子的抚养方面，不能仅仅满足于使孩子高兴，重要的是使孩子达到更高的要求，并认为孩子在严格的训练下更快乐。第三，采取非强制性约束。第四，民主，尽可能给予孩子表达自己观点的权力以及采取自己的方式办事的权力。

2. 父母的社会经济地位

父母的社会经济地位主要反映在父母的职业、受教育水平和家庭经济收入之中。来自西方的许多研究表明，父母的社会经济地位是青少年自尊发展的重要影响因素。一般来说，中产家庭青少年的自尊高于贫困家庭青少年的自尊，这种差异在整个青少年期又进一步增大。其原因可能是中产家庭青少年的学业成绩一般优于贫困家庭的青少年，这种优势进而增强了他们的自尊。

（三）学校因素

1. 师生关系

学校对青少年自尊发展的影响主要体现在教师身上，尤其对早期的青少年来讲，教师对其自尊的影响更大。师生关系既能提高自尊，又能降低自尊。概括来说，教师对青少年自尊的影响主要体现在两个方面：一方面，教师是社会行为规范的直接体现者和传递者，他们通过各种手段和途径把价值标准与行为规范传递给学生；另一方面，教师是学生模仿的榜样，并且在有些家庭中得不到母爱或父爱的学生，会从教师身上寻求感情上的满足。

2. 同伴关系

概括来说，青少年的同伴关系对其自尊发展的影响主要表现在以下几个方面：第一，亲密的同伴关系有利于青少年建立同伴间的依恋关系并获得社会支持，从而有助于缓解社会生活压力对青少年的消极影响；第二，由于青少年大多选择社会背景和个性特征相似的个体作为自己的同伴，这有利于青少年建立与同伴较为一致的价值观，促进自尊的稳定性；第三，同伴的接纳能够强化青少年的自我效能感和归属感，有利于保持青少年自尊的稳定性。

3. 青少年的学业成就

青少年的学业成就与自尊发展之间的关系始终受到人们的关注。在学校中的成功体验是影响自尊发展的重要因素。许多理论家认为，学业上的成功会导致自尊的提高，而自尊的提高反过来也会对学业成就产生影响。对于两者之间是否存在因果关系目前还存在一些争论，但是它们之间的紧密关系是毋庸置疑的。当前的大量研究支持了学业成功能够提高个体自尊的论点，但是关于自尊的提高是否能够改善个体的学业成绩这一问题，当前仍然存在争议。

第三节　青少年自主性的发展

对自主性概念的界定一直存在着争论，精神分析学派认为青少年自主性是一种脱离父母的成长感，新精神分析理论强调青少年自主性发展实际上是青少年实现个体化的过程。个体化即指青少年在心理上摆脱父母的影响，同时建立起更为清晰的自我感。Edler 等认为青少年自主性是一种独立的主观感觉，尤其是对于父母控制和家庭做决定方面的感觉。Hill 和 Holmbeck 借鉴社会学习理论认为自主性包括内部心理维度和人际维度，是在三个方面(行为、情感和认知)的独立和自我决定权，因此自主性分为三个类别：行为自主、认知自主和情感自主。邹晓燕在前人研究和实验的基础上将自主性分为三个维度：自我依靠、自我控制和自我主张。

青少年自主性是青少年的一种独立的主观感受，尤其是在对父母控制和在家庭中做决定方面的独立感。青少年自主性的发展对于其承担成人角色，发展同一性和自尊有着积极意义。

一、青少年自主性的测评工具

在青少年自主性的测量和评价工具中，有代表性的主要有以下几种。

(一) Judith Smetana 的社会认知发展的领域特定性模型问卷

Judith Smetana 采用社会认知发展的领域特定性模型(domain specificity model of social cognitive development)进行了大量研究,该模型将青少年自主性划分为三个层面。第一个层面是父母设立的家庭规则,反映出父母对青少年的控制;第二个层面是青少年对父母权威的认同,反映出青少年对父母控制的认同水平;第三个层面是青少年的自主性行为,反映出在青少年自己的意愿与父母的意愿发生冲突的时候,青少年按自己的意愿行事的程度。同时,把日常生活中的事务划分为六个种类(领域),分别是安全(prudential)、交友(friendship)、个人(personal)、多侧面(multifaceted)、道德(moral)、传统(conventional)。

国内学者方晓义对 Smetana 所编制的领域特定性模型问卷进行中文版修订后,发现中文版只包含五个领域:安全(prudential)、交友(friendship)、个人(personal)、道德(moral)、传统(conventional)。

(二) 初中生自主性发展自陈问卷

该问卷由邹晓燕等编制。该问卷包括三个维度:自我依靠、自我主张和自我控制。自我依靠是指依靠自己的力量,不经常寻求别人的帮助,与此相反的方面是依赖;自我控制是指主动克制自己的不合理愿望,调节自己的行为,与此相反的方面是任性;自我主张是指能够相对地自己做主,不受别人影响和支配,与此相反的方面是从众。

(三) 自主性诊断检查表(DTI)

该检查表由日本的石川勤和藤原喜悦编制。该检查表包含六个维度:判断力、自发性、独创性、责任性、自律性、自我控制。判断力是指对自己所面对的事态从多方面进行分析,找出合理的行动方案,适当地处理的能力;自发性是指不是由于他人强制的行动,而是基于本身内在的要求,自发的行动倾向;独创性是指一个人用其他的东西所不能替代的、独特的存在;责任性是指严格地完成个人所应负的责任,它是确保自主性和自我实现的极其重要的内容;自律性是指对自己的言行等进行自我反省、自我批评,换言之,指自觉地追求理想行动的倾向;自我控制是指不受自我欲望单方面的支配,而想从这个支配中恰当地保护自己的倾向。

二、青少年自主性发展的特点

青少年自主性的发展具有某种性别差异和年级差异。

(一) 青少年自主性发展的性别特点

吴波、方晓义(2006 年)利用修订后的领域特定性模型问卷探讨了国内青少年自主性发展的特点。他们选取了 1155 名初一、初二、初三、高一、高二五个年级的学生,其中被测试者年龄最小的为 12 岁,最大的为 17 岁。测试结果显示,青少年在家庭规则的设立方面存在着显著的性别差异,在道德、个人以及规则设立整体上都存在着显著的性别差异。在女性青少年家庭中,父母对孩子设立的相应规则和提出的期望较少,约束也较少,而男性青少年家庭中的情况则相反。

青少年在父母权威的认同方面也存在显著的性别差异。在个人、安全以及权威认同整体上都存在着显著的性别差异，女性青少年更不认同父母在这些方面对孩子设立规则。

当父母的意愿与青少年的意愿发生冲突时，青少年选择遵从父母意愿的行为存在明显性别差异。在交友和安全两个方面，男性青少年比女性青少年表现出更少的遵从行为，也就是说，女性青少年更有可能听从父母的意愿。另外，青少年的自主性行为水平在个人事务这一方面存在显著的性别差异。女性青少年在处理个人事务方面更倾向于采取自主性行为。

邹晓燕对257名初一至初三学生的调查发现，初中生在自主性的总体发展水平及自我依靠和自我主张两个维度上均不存在显著的性别差异，但在自我控制维度上存在显著的性别差异，并且女生水平好于男生；初一学生在自我控制维度上及初二学生在总体发展水平上均存在显著的性别差异，而且均表现为女生水平好于男生；初三学生中不存在显著的性别差异。

（二）青少年自主性发展的年级特点

在家庭规则的设立方面有很显著的年级差异。在道德方面，初中一年级青少年家庭中的规则均显著多于其他年级。在传统和个人两个方面，初中三个年级均显著高于高中其他两个年级。此外，在安全规则上，初中三年级青少年家庭的安全规则显著少于其他年级。从家庭规则的整体来看，初一年级和初二年级的青少年受到比高一年级和高二年级的青少年更多的规则约束。

在父母权威认同方面同样也有很显著的年级差异。在道德、传统、个人以及父母权威认同的整体三个方面，初中一年级青少年对父母权威的认同显著高于其他年级。而在个人和交友方面，初中青少年对父母权威的认同高于高中青少年。在安全方面，初三学生对父母权威的认同最低。

在遵从行为上存在显著的年级差异。在五个领域以及遵从行为的整体上，初一学生处于一个最高水平；此外，在交友和遵从行为整体两方面，初中生的遵从行为明显高于高一和高二年级的青少年，在个人事务方面，初一和初二的青少年的遵从行为高于高一、高二两个年级的青少年；而在安全方面，高二学生的遵从行为在这五个年级中级别最低。

青少年自主性行为也存在显著的年级差异，在道德、个人以及自主性行为整体三个方面，初一学生的自主性行为水平最低。在交友和个人两个方面，高一学生的自主性行为水平均高于初中学生。从自主性行为的整体来看，初三、高一、高二的青少年的自主性行为水平显著高于初一和初二青少年。

邹晓燕等（2008年）发现，初中生自主性各因素及总体发展水平随着年级的增长不是呈上升的趋势，反而有下降的趋势，这一趋势在初二阶段表现最为明显。到了初三，只有自控因素继续呈下降趋势。三个年级相比较，初一学生自主性各因素及总体发展水平明显好于初二、初三学生。

史清敏等（2003年）研究发现，独生子女在“自发性”“自我控制”“判断力”和“自律性”水平上均有随年龄增长而下降的趋势。

第四节　青少年同一性的发展

一、同一性的基本问题

（一）同一性的基本含义

一般来说，同一性可以从三个层面来理解。

同一性是指个体从过去、现在到将来，对“自己是谁”“自己还是原来的自己”“自己自身是同一实体的存在”等问题的主观感觉或意识。它重视主观的意识体验，强调内外部的整合及自身内在的不变性和连续性。

同一性意味着以社会性存在确立的自我，也就是说被社会认可的自己所确立的自我形象。例如，“我是中国人”“我是学生”等。

同一性是一种“感觉”。如“感觉到身体很舒适”“清楚自己在干什么”的感觉。当这三种自我同一性的意识在自己心中确实产生的时候，我们称为自我同一性的形成或确立。

埃里克森指出，同一性作为一个自我形象是由不同的成分构成的。这些成分包括：①职业/事业同一性，个体愿意从事的事业和工作；②政治同一性，个体是保守的、自由主义的还是中间派；③宗教同一性，个体的精神信仰；④关系同一性，个体是单身、结婚还是离婚等；⑤成就/智力同一性，个体追求成功和增强智力的动机程度；⑥性同一性，个体是异性恋、同性恋还是双性恋；⑦文化/种族同一性，个体来自世界的哪个地方或哪个国家以及个体对他或她的文化遗产的认同强度如何；⑧兴趣，个体喜欢的事情，包括运动、音乐、业余爱好等；⑨人格，个体的人格特征，如内向、友好或敌对等；⑩身体同一性，个体的身体形象。

（二）同一性状态

1. 同一性状态的分类

玛西亚认为，在埃里克森的同一性发展理论中包含着四种同一性状态（或同一性地位），即个体解决同一性危机的方式：同一性扩散、同一性早闭、同一性延缓以及同一性形成。

玛西亚根据青少年的危机和自我投入这两个变量的程度对个体同一性的发展状态进行评定，分别把个体归入了同一性的四种状态。危机是指个体对与自己密切相关的问题，诸如社会角色、职业、理想、政治信念等是否有过茫然或迷惑不解的时期，个体需要在许多有意义的选择中做出抉择（需要注意的是，这里的危机并不等于危险）。自我投入是指为认识自己、实现自我并达到某一目标而倾注全力，表现为对将来要做的事情进行个体性的探索。

根据玛西亚的解释，同一性扩散是指个体既没有体验危机（也就是说，个体还没有探求有意义的选择），也没有自我投入。换言之，他们不仅没有对职业和理想选择做出决定，而且对这些问题也很少表现出兴趣。

同一性早闭是指青少年做出了自我投入，但是没有体验危机。当父母以权威的方式把义务传递给青少年时，往往会产生这种状态。在这种情况下，青少年没有足够的机会来独立地探索不同的人生道路、意识形态以及自己的职业。

同一性延缓是指青少年正处于危机之中，但是没有给予他们责任或义务，或者对他们的责任只是给予模糊的定义。

同一性形成是指青少年已经体验了危机，并且进行了积极的自我投入。

青少年的同一性状态与其心理发展的其他方面密切相关。许多研究发现，同一性形成者比其他的个体在心理上更加健康，他们在成就动机、道德推理、同伴亲密性反思以及事业成熟性上的得分都高。同一性延缓的个体在焦虑测量上的得分最高，在自主问题上表现出了最高的冲突水平，他们自身也不是很严格，表现出较低的决断性。同一性早期完成的个体表现出了最高程度的决断和偏见，对于社会赞许有着最为强烈的需要，具有最低的自主水平以及与父母的最为强烈的亲密性。同一性扩散的个体表现出了最高水平的心理和人际问题：他们的社会退缩非常强烈，并且表现出了与同伴的最低水平的亲密性。

2. 同一性状态的转换

埃里克森指出，青少年期的同一性发展是不断地丧失与获得的过程，同一性问题的解决不是一劳永逸的，它在人的一生中尤其是在青少年期和成年初期会反复出现，个体也会从某一同一性状态转向另一状态。

许多关注同一性状态的研究者认为，个体积极的同一性发展一般模式是经历了所谓的MAMA 循环，即“延缓—形成—延缓—形成”模式。但是，至于为什么在同一性发展的过程中会发生从一种状态向另一种状态的变化，以及这些变化是如何发生的，迄今尚不清楚。与此有关的少量研究也只能告诉我们这种变化更多地是由内部因素（如对生活的不满）所引起，而不是具体的生活事件或生活环境的变化所致。

（三）同一性对同一性扩散——青少年期的发展课题

埃里克森认为，青少年期的发展课题是同一性对同一性扩散。在埃里克森看来，这一任务的解决，一方面依赖于其前的各种危机的良好解决，即那些没有获得“信任感”、建立“自主性”、形成“主动性”、养成“勤奋”品质的儿童在青少年期是很难形成同一性的；另一方面，这一任务的解决依赖于青少年与他人的交往。

因此，同一性的形成既是一个心理过程，也是一个社会化过程，它是青少年自身与社会共同作用的结果——青少年形成了同一性的同时社会也认同了青少年。

在指出青少年期是同一性发展的关键期的同时，埃里克森也提出了“心理延缓期”的概念。根据埃里克森的观点，在现代社会中，同一性发展本身所固有的复杂性使青少年需要一个心理延缓偿付期，即在这一时期内，青少年可以合法地延缓在社会中所必须承担的责任和义务。也就是说，经历了儿童期之后的青少年，自觉没有能力持久地承担各种任务，因此，需要在做出某种决断的时候先要进入一种“暂停”的时期，以尽可能地避免同一性提前完结的内心需要。通过心理延缓期的方式可以鼓励青少年延长在校学习的时间，从而使他们能够认真地考虑将来的计划，而不用做出一些无可挽回的决定。

如果没有很好地解决同一性危机或者所生活的社会环境，没有为青少年提供合适的心理延缓期，青少年同一性的形成就可能会出现问题，即可能导致青少年同一性的整合失调，使他们无法认识自己或确认自我，从而形成一种不连续的、混乱的和不完整的自我感觉，这也就是“同一性扩散”。

二、青少年期的同一性建构

同一性建构是指整合个人变化、社会要求和未来期待的一个过程。埃里克森指出，同一性建构包括创造一种同一感，即个人感觉到的人格同一性和他人所承认的同一性在不同时间中的相似性。换句话说，青少年同一性建构的过程也就是其形成和获得同一性的过程。青少年期的同一性建构对个体一生的同一性发展以及完整人格的形成具有尤为特殊的意义。

玛西亚认为，青少年期自我的发展经历了早期“解构”、中期“重构”和后期“巩固”三个阶段。

（一）青少年早期的同一性——同一性的解构

青少年早期一般是指 11～14 岁这一阶段。在这一时期，青少年要体验人生中的许多新事件：青春期的生理变化、较复杂的思维方式、对自我的重新定义、发展与同伴的新型关系、适应由小学到中学系统的复杂要求等。这些急剧的生理、心理和社会知觉的变化唤起了早期青少年对同一性问题的重要思考，他们开始重新考虑童年期的价值观和身份。因此，一些研究者常常把青春早期描述为同一性建构的“毁灭性阶段”或“同一性的解构”。

在一定意义上说，理解个体的生理成熟、心理发展以及社会环境这三者的相互作用是探讨青少年期同一性建构的根本。

（二）青少年中期的同一性——同一性的重构

青少年中期一般是指 15～17 岁这一阶段。在青少年早期急剧的生理和认知变化之后，青少年中期的主要任务是调节和巩固这些变化以整合到不断完善的同一性中。如果说青少年早期的个体经历了同一性的毁灭性阶段，青少年中期则开始重建同一性。从一定意义上说，青少年中期的个体开始了埃里克森所描述的同一性的形成过程，尽力地寻求同一性对同一性扩散之间的最佳平衡。正如青少年早期一样，个体的生理、心理和社会环境以及三者的交互作用仍是制约青少年中期同一性重构的重要基础。

（三）青少年后期的同一性——同一性的巩固

青少年后期一般是指 18～22 岁这一阶段。这一时期个体要对童年期形成的重要认同进行筛选并把它们整合到新的同一性结构的自我系统之中。与此同时，他们也在寻找有意义的表达自己的机会以及被社会所认可的方式。因此，青少年晚期是个体最有可能实现同一性的时期，因此，这一时期又被称为同一性的巩固时期。这一时期的心理社会任务包括：寻找职业道路，发展与伴侣的亲密关系，形成与家庭联系的新方式，发展一系列有意义的价值观以带到成年期的生活之中。对青少年后期同一性发展的理解，我们同样要考虑个体的生理、心理以及社会环境的相互作用。

三、影响青少年同一性建构的背景因素

（一）家庭

父母是青少年同一性发展过程中的重要他人。有关家庭与青少年同一性发展的研究主要集中在父母的教养方式、家庭的交流方式以及青少年与父母的情感质量等几个方面。一些关于父母教养方式与青少年同一性发展的相关研究发现，民主型的父母能够促进同一性的形成，权威型的父母能够促成同一性的早期完成，溺爱型的父母则导致了青少年同一性的扩散。

（二）同伴群体和友谊

同伴群体和友谊是影响青少年同一性发展的重要背景因素。在向青少年期过渡的过程中，个体与同伴的关系会发生重大转变。进入青少年期以后，个体已经不再基于共同活动来选择朋友，而是根据共同的兴趣、价值观和信念来选择朋友，也就是说，青少年寻求的是支持性和理解性的朋友。另外，朋友和同伴群体也是青少年同一性发展的重要参照系，来自朋友和同伴群体的反馈可以成为自我的一面镜子。当青少年的心理内部发生混乱时，朋友和同伴群体能够为个体同一性的发展提供参照，并且来自同伴的社会支持对青少年的总体价值感具有重要的预测作用。有研究发现，在青少年中期，互相认同为好朋友的青少年在同一性状态以及与自我同一性相联系的目标上表现出一定的相似性；还有的研究指出，青少年的问题行为与所参与的同伴团体有密切的相关。

（三）学校环境

学校中，教师、学校结构特征和课程设置可以促进青少年自我同一性的形成：第一，通过提高同一性的课程促进学生的探索、选择以及自我决定；第二，鼓励角色扮演以及不同年龄之间的社会互动，并对过去与现在的关系做出恰当理解；第三，为提高青少年的自我接受能力，教师和教练要为青少年提供积极的反馈；第四，青少年的课程设置要符合青少年的心理社会需要等。

思考题

1. 为什么说青少年期是自我发展的关键期和转折期？
2. 青少年的自我概念和自我概念的发展特点有哪些？
3. 青少年自尊的结构和自尊发展的特点有哪些？
4. 简述影响青少年自尊发展的因素。
5. 青少年自主性发展的特点有哪些？
6. 埃里克森关于青少年的自我同一性的观点有哪些？
7. 简述如何帮助青少年建立自我同一性。

第五章　青少年的情感发展与情感培养

本章要点

- 青少年道德情感
- 青少年理智情感
- 青少年审美情感
- 青少年人际情感与生活情感
- 青少年情绪能力与情感素质的培养

情感(feeling)与个体的社会性需要相联系,着重于体现情感的内容方面,具有内隐、稳定的特点。人类的情感现象非常丰富、复杂,并会随着时代的发展、社会的演变、生活的多元化而得到相应的发展。个体进入青少年期,道德情感、理智情感、审美情感、人际情感和生活情感等都获得了重要发展,并呈现出鲜明的特色。较全面地了解青少年情感的发展,将有助于教师更好地理解青少年学生,为针对性地培养和提高青少年情感创造有利条件。

第一节　青少年道德情感

道德情感是传统情感分类体系中的一大类,是我国学校教育最为强调要加以培养的一类情感,集中体现了我们社会主义学校公民教育的情感特色。了解青少年道德情感的发展水平和特点,对提升德育实效及推进素质教育有重大意义。

一、青少年道德情感概述

青少年道德情感(moral feeling)是指青少年根据一定的社会道德规范评价自己和他人的行为时产生的一种内心体验。道德情感是人的情感过程在品德上的表现,一般称为品德的情感特征(林崇德,1989 年)。当其行为符合社会道德规范时,就产生肯定性的情感体验,如自悦、欣慰、赞赏、敬佩等;反之,则产生否定性的情感体验,如自责、羞愧、厌恶、憎恨等。

青少年道德情感是一个由爱国感、关爱感、正直感和责任感等因子组成的有机结构,其中,爱国感是指对国家、民族的忠诚、热爱的情感,关爱感是指对他人的挫折、不幸等遭遇的怜悯或同情的情感,正直感是指勇于坚持原则、主张公正的情感,责任感是指对自己分内的事勇于承担并尽力完成的情感。

道德情感是青少年品德结构中的重要组成部分，是道德认知和道德行为的中介变量。道德认识只有与道德情感相结合，才会产生道德动机，从而推动、控制和调节道德行为。缺乏道德情感是造成青少年知行脱节、言行不一的主要原因。道德情感水平的提升，不仅是其品德发展的内在保证，而且有助于其高尚人格的形成。无数实践证明，具有良好道德情感的人，往往都具有健全的人格（刘海燕，2002 年）。此外，道德情感还是影响青少年道德教育效果的重要变量，正如苏霍姆林斯基所说："没有情感的道德就变成了干枯的、苍白的语句，这语句只能培养伪君子。"又恰如朱小蔓（2000 年）所言："教育把德育作为核心和灵魂，是其健康发展的根本保证；德育把情感培养作为其核心追求目标，是构建有魅力德育的关键所在。"

道德情感的心理学研究至少可以追溯到 19 世纪末。在心理学的经典著作《心理学原理》中，威廉·詹姆斯（William James，1890 年）将情绪分为粗糙的情绪和精细的情绪，其中精细的情绪中就包括道德情感。国内外心理学界对道德情感进行了多方面的研究，有相当一部分就涉及青少年的道德情感。

二、青少年爱国感

爱国感是指对国家、民族的忠诚、热爱的情感，它在本质上是个体对民族、对国家的一种心理上的依恋、归属和态度上的认同、倾向。爱国感主要表现为个体从幼年起逐步形成对自己祖国的山山水水的依恋，对自己同胞和亲人的热爱，对自己民族的优良传统和共同语言的酷爱和尊重，对自己民族光荣历史和本民族对人类所做贡献的珍惜与自豪。爱国感是在深切感受国家兴衰荣辱和个人利益息息相关的基础上，把祖国的生存发展、繁荣富强作为自己的责任、应尽的义务和神圣的使命（顾海根、梅仲荪，1999 年）。顾海根（1999 年）对 1142 名中小学生问卷调查发现，爱国情感发展水平随年级升高而提高，各年级间都有明显的差异，特别在小学三至五年级和初一至初三年级两个阶段爱国情感发展尤为迅速。陈会昌运用情景故事法，也发现不同年级青少年爱国情感存在差异。以对祖国山河领土的情感为例，小学一至三年级中的多数人，是从了解祖国山河具体形象的角度表达他们的爱国情感；小学五年级以后，学生对祖国山河的热爱开始带有感情色彩，并能表达出明确的爱国观念；从初中一年级开始，学生的判断又有了本质的发展，他们已能把爱祖国的河山同热爱祖国、为祖国忘我劳动等爱国主义精神相联系。

青少年爱国感发展呈现出积极向上的态势，是青少年道德情感中发展较好的一个方面，这在多个方面均有所体现，如在国际比赛中，每当升起我国国旗及奏响我国国歌时，青少年会油然产生一种神圣感；再如中国古代的四大发明，今天仍然让大多数青少年觉得自豪。这是一个十分可喜的现象，说明我国青少年拂去令人炫目的华丽时尚，内心涌动着的依然是民族的自豪感与自尊感以及对祖国的忠诚与热爱。正如《"90 后"：谁说我们不爱国》一文所述：我们是可以把英语说得比汉语更顺溜的一代，是摆弄鼠标比握毛笔多的一代……我们也许染一头黄头发，能说一口流利英语，但胸中的一颗中国心永远不变。

三、青少年关爱感

关爱感是指对他人的挫折、不幸等遭遇的怜悯或同情的情感。关爱是人类最基本的情感之一，也是一个人成长、成才所不可或缺的重要条件。要成为一个德才兼备的人，其首要条件就是需具备关爱的情感，即关爱他人，关爱集体，关爱社会。当人人都存博爱之心，以友善的态度对待周围的人，那么人与人之间的隔阂就会逐渐消除，误会可以冰释，世界也会变得更加美好。正如心理学家弗洛姆(Fromm，1956 年)所言："爱是人的身心中最为强劲、最为有力地奋争着的欲望，它是最基本的情感，是维系人类、民族、家庭和社会生存的力量。"

有研究表明(卢家楣等，2009 年)：青少年关爱感发展令人欣喜，处于青少年道德情感水平的最高层次。说明当他人遇到挫折或不幸时，青少年多有同情之心、援助之情，表现出高尚的利他情感。这一可喜的现实似乎与我国自古崇尚"仁爱""善良""同情心"，以及主张"凡是人，皆须爱；天同复，地同载"的传统文化对青少年的影响有关，也与中小学校近年来结合各种赈灾活动进行有效的关爱教育以及社会、媒体的宣传、鼓动有密切的联系。此外，女性青少年较之男性青少年更懂得关爱他人，更有同情心。恰如著名道德心理学家吉利根(Gilligan，1982 年)所指出的，公正、关爱的道德价值取向分别与男、女性别有关，即女性的关爱取向占优势，男生的公正取向占优势，且贯穿于个体的整个一生并表现于各种道德情景中。

四、青少年责任感

责任感是指对自己分内的事勇于承担并尽力完成的情感。责任感是一切美德的基础和出发点，是人类理性与良知的集中表现，是社会得以存续的基石。西塞罗(Cicero，1998 年)指出："任何一种生活，无论是公共的还是私人的，无论是事业的还是家庭的，所作所为无论是只关系到个人还是牵涉他人，都不可能没有其道德责任，因为生活中一切有德之事均由履行这种责任而出，而一切无德之事皆因忽视这种责任所致。"1972 年联合国教科文组织在《学会生存》的报告中所确定的教育方向之一，就是使每一个人承担起包括道德责任在内的一切责任。而在中小学阶段，牢固打下一个人的社会责任意识和履行社会责任的能力基础，不仅对一个人的全面发展具有重要意义，也是构建和谐社会的重要的、基础性的建设(陆士桢，2009 年)。由此可见，提高青少年责任感是多么重要。

刘世保研究发现，青少年公民责任感发展是随着学业的升高而逐步递减的，即小学时期最高，初中次之，在高中和大学阶段继续呈下降趋势，在大四明显回升。卢家楣等(2009 年)的全国调查显示，在青少年道德情感中，责任感水平处于较低层次，换句话说，青少年对自己分内的事勇于承担并尽力完成的情感不高。究其原因可能有三点：一是在家庭中，当代青少年独生子女比例占多数，家长过度照顾甚至越俎代庖，导致一些青少年缺乏责任感；二是在学校里，部分中小学一味追求应试教育，忽略甚至缺乏责任感教育；三是在社会上，受利己主义思想的影响，部分青少年责任意识淡薄。

第二节　青少年理智情感

理智情感是传统情感分类体系中的另一大类，它不仅会影响青少年现时学习生活的状况，而且会影响他们今后踏上社会继续学习乃至终身学习的态度，因而其本身就应该是学校素质教育的重要目标之一。了解青少年理智情感发展水平和特点，是促进智育及提高教学质量的需要。

一、青少年理智情感概述

青少年理智情感(rational feeling)产生于青少年获取知识的活动之中，是指青少年对认知活动及其成就进行评价时产生的一种内心体验。人们在探索未知事物时表现出的兴趣、好奇心和求知欲，科学研究中面临新问题时的惊讶、怀疑、困惑和对真理的确信，问题得以解决并有新的发现时的喜悦，创造活动中体验到的幸福，乃至对研究中未证实结果的怀疑，对偏见和谬误的鄙视与排斥，都是人们在探索活动和求知过程中产生的理智情感。人们越积极地参与智力活动，就越能体验到更强烈的理智情感。

青少年理智情感是一个由乐学感、探究感、自信感、好奇感和成就感等因子组成的有机结构。其中，乐学感是指乐于学习的情感；探究感是指乐于对事物的特性、机制、规律等进行研究的情感；自信感是指对自己学习能力确信的情感；好奇感是指易于对新事物产生兴趣的情感；成就感是指在学习中追求成功的情感。

理智情感是人们从事学习活动和探索活动的动力。当一个人认识到知识的价值和意义，感到获得知识的乐趣以及追求真理过程中的幸福感时，他就会不计名利得失，以一种忘我的奉献精神投入学习中。如生物进化论的创始人达尔文(C.R.Darwin)在《回忆录》中说："在尽我所能回忆自己中学时代的性格时我发现：我有极其浓厚的多种多样的兴趣！很急切地想要理解自己感兴趣的事物，并且在弄清楚任何复杂的问题或事物时就非常高兴。"因此，理智情感是激起科学家不断进行钻研与创造的巨大动力，同时也是青少年学生主动观察事物、反复思索问题的强大的内部动力。对正处于过渡时期，以学习为主要社会任务的青少年来说，理智情感更是青少年情感中极为重要的组成部分，并且是学校教育要着力培养的与青少年科学文化知识学习、学习方法掌握、能力和创造力发展以及相应观念形成紧密相连的一类情感。

由于理智情感对青少年学习和发展有着十分突出的意义，早在20世纪80年代就引起了学术界对理智情感的关注。研究者或对理智情感的内涵和外延进行思辨性探讨，或以实验的方法证实理智情感对创造性思维发展的影响，或对部分初中生和高中生的理智情感发展水平进行测查，或在教学目标维度上研究理智情感的测评问题等。

二、青少年乐学感

乐学感是指乐于学习的情感，它是理智情感中具有吸引性质的情感，主要表现为青少年有主动、积极的学习意愿，并在学习过程中产生愉快的情绪体验。孔子早在三千多年前就提出“知之者不如好之者，好之者不如乐之者”，恰好把这种情感分为两个层次：好学和乐学。好学具有主动、积极的学习意愿，乐学则是在学习过程中产生愉快的情绪体验，后者才是学习的最高境界。乐学感不仅可以促进理智情感其他方面的发展，还可以促进青少年良好的学习态度和习惯的养成。自历史上“孔颜之乐”开创我国乐学先河至今，有多少名人志士得益于乐学感体验，展现了乐学感对个体学业、事业的巨大促进作用。然而，在现实教育中，由于我国长期以来存在着重知轻情的教学失衡状况，并在应试教育的背景下似有愈演愈烈之势，青少年厌学、畏学甚至弃学、逃学的现象时有发生，真正意义上的乐学在青少年中尚未成为普遍现象。

一次全国范围内的大规模调查显示（卢家楣等，2009 年），青少年乐学感发展虽然呈现出积极向上的趋势，但是与青少年理智情感及其他因子相比，则处于倒数第二；在乐学感的发展上并没有像认知一样随学段的升高而上升，相反出现随学段升高而下降的明显走势：乐学感由小学时的 5.01 跌到高中时的 4.10，落差悬殊。这一结果令人担忧！当前乐学感不高及随年级升高而下降的趋势的根本原因在于当前应试教育的体制，让青少年面临着学业竞争的加剧、学业压力的加大、学业挫折的增多，并由此导致学业倦怠，尤其是年级更高的学生，这种感受更强烈，由此造成青少年乐学感衰退。

三、青少年探究感

探究感是指乐于对事物的特性、机制、规律等进行研究的情感。探究感是维系求知欲、创造欲的热情，是理智情感中对学习活动持续性、深入化方面起推动作用的情感。青少年有着强有力的、稳定的探究感就会确定其学习的基本方向，并蕴蓄坚强的意志力去苦战攻关、打破砂锅问到底，不达目的不罢休，而不至于在学习中蜻蜓点水、浅尝辄止。

郑和钧等（1993 年）研究表明，高中生对问题的主动怀疑感较弱，宋磊（2007 年）也得出一致的结论，即发现大多数高中生对知识探究欲望不强。最近的一次全国范围内的大规模调查更勾勒出当前青少年探究感的全貌：青少年探究感平均得分在理智情感各因子中最低，女生更低于男生（卢家楣等，2009 年）。这一结果令人担忧，因为探究感直接影响青少年一代的钻研性、创造性的发展。教育进展国际评估组织 2009 年对世界 21 个国家的调查显示，中国孩子的计算能力排名世界第一，而创造力却排名倒数第五，这一结果不能不说与我国青少年探究感发展水平的滞后密切相关。

四、青少年好奇感

好奇感是指易于对新事物产生兴趣的情感。好奇感是理智情感中对青少年参与学习活动起着最初推动力作用的情感。有了好奇感，就有了探究求知的欲望，就能扩展兴趣，开阔视野，发现问题。一般来说，好奇感越大，求知欲越强，追求真理的动力越足，认知活动就越深刻。好奇感不仅是激起科学家、发明家不断进行钻研与创造的巨大动力，而且是青少年学生主动观察事物、反复思索问题的强大内部动力。学生如果对所学的课程毫无新鲜感，就很难持久地为之努力，也不会主动地进行学习。强烈的好奇感使学生对不理解的知识渴求理解，渴求获得更多的科学知识。

调查显示（卢家楣等，2009 年），当前青少年在学习中对新事物产生兴趣的好奇感发展较好，与前面提及的“当前青少年探究不高”的现状似乎有矛盾之处。其实不然，我们必须要肯定的是：当前青少年具有积极向上为主导的学习态度，并且易于对新的事物本身产生浓厚的兴趣，只是由于应试教育的局限，让青少年不得不收起自己的学习兴趣，忙于应付各种学习任务，从而导致学习活动浅尝辄止。此外，男生的好奇感高于女生，这是由于男女个性特点不同所致，男性更具冒险性、好奇心、探索意识和思维的拓展性。

第三节　青少年审美情感

审美情感是传统情感分类体系中的又一大类，这是学校教育在培养青少年情感中不可忽视的一个方面，是净化学生心灵、提高修养、健全人格的重要情感手段。了解青少年审美情感发展水平和特点，有利于培养学生良好的审美情趣和人文素养。

一、青少年审美情感概述

青少年审美情感(aesthetic feeling)是指青少年按照审美标准对物质或精神现象的美进行评价时产生的一种内心体验。赞可夫曾说过，审美情感是人类特有的本性，是高级的社会性情感。学者邱明正(1993 年)对于审美情感和审美情绪作了区分，认为审美情感是人的审美心理素质的常态系统，而审美情绪则是审美情感在特定情景下的具体表现；审美情感更具恒常性、深刻性、本质性，是人的审美心理结构的组成部分；审美情绪则具有境遇性、现象性、暂时性、不确定性，是人在特定环境下受特定对象的刺激而唤起的特殊感受、体验和态度。

青少年审美情感是一个由自然美感、艺术美感、工艺美感、环境美感和科学美感等因子组成的有机结构。其中，自然美感是指因自然事物的壮观、美丽、奇妙等而产生的美感；艺术美感是指因音乐、舞蹈、戏剧、戏曲、诗歌、散文、小说等艺术作品的表现形式、内容和含义等而产生的美感；工艺美感是指因学习用品、生活器物之类实用品的美学特征等而产生的美感；环境美感是指因学习、生活场所的洁净、有序、合理等而产生的美感；科学美感是指因科学内容的表现形式的简洁、对称、和谐等而产生的美感。

从社会意义上说，审美情感不单纯是个人需要的满足，同时也是社会审美需要和审美理想的满足，其中包含主体对客观审美对象理性的和社会性的评价，它超越了狭隘的个人功利，间接地体现着社会的功利。此外，审美情感是艺术欣赏和艺术创作的关键性的心理成分，对社会主义精神文明建设具有十分重大的意义。对青少年来说，由于美育的本质在于情感陶冶，因此培养青少年的审美情感，不仅能促进青少年美育，优化人格，提高学习生活质量，还能丰富学校的精神文化生活。

关于审美情感，在心理学研究早期就曾涉及，费希纳(Fechner，1876 年)用心理物理学的方法检验了简单的几何刺激所引起的审美体验，证明符合一定规则的刺激，诸如黄金分割比的刺激能激起人们的审美愉悦感，并在此基础上确定了审美原则。之后，瓦伦丁(Valentine)对审美心理进行了一系列的实验研究，并著有《美的实验心理学》一书，该书系统地介绍了关于人对色彩美、形状美，以及对美术作品和音乐的审美特点的实验研究，其中绝大部分属于审美偏爱的实验研究。近年来，国外文艺学和美学领域对于审美情感的研究迅速增多，而心理学的研究尽管也有所增加，但更多的是将审美感知、审美评价和判断等认知活动和审美情感的研究结合在一起，直接涉及审美情感的特别是青少年审美情感的发展性研究则比较少。

二、青少年自然美感

自然美感是指因自然事物的壮观、美丽、奇妙等而产生的美感。它是由欣赏自然美所产生的积极、愉悦的情感体验，在面临诸如“大漠孤烟直，长河落日圆”的辽阔和壮丽、“明月松间照，清泉石上流”动静结合的清幽、云南石林和桂林溶洞的奇妙时都会产生美的情感。自然美感对青少年各方面的发展都起着非常重要的作用。首先，它能帮助青少年认识世界，丰富认知。诺贝尔物理学奖获得者汤川秀树(Hideki Yukawa)在其著作的扉页毕恭毕敬地录上庄子的名句：“判天地之美，析万物之理。”由欣赏和观察自然美而产生的美感，能引导青少年进一步认识自然，探索自然的奥秘，激发学习的兴趣，从而丰富认知、开阔思路。其次，自然美感可以激发青少年强烈的爱国感。当青少年能感受到祖国的山清水秀、地大物博，就会油然而生对祖国无比深沉而又热烈的爱恋之情。最后，自然美感可以陶冶青少年优良的品格和性情。诚如苏霍姆林斯基所说：“对周围世界的美感，能陶冶学生的情操，使他们变得高尚文雅，富有同情心，憎恶丑行。”康德也曾说过：“对自然美感抱有直接的兴趣，永远是心地善良的标志。”

全国调查显示(卢家楣，2009 年)，青少年自然美感发展呈现出积极向上的态势，是青少年审美情感中发展较好的一个方面。这可能是由于我国在自然美感方面有着独特的优越条件所致，因为我国的风景资源不但极其丰富，而且以“古”“奇”著称，在世界上独占优势，而所有这些得天独厚的资源都会在潜移默化中让青少年产生丰富的审美体验。诚如俄国教育家乌申斯基所说：“自然，美丽的城郊，馥郁的山谷，凹凸起伏的原野，蔷薇色的春天和金黄色的秋天，难道不是我们的教师吗？……我深信美丽的风景，在青年气质的发展上所具有的那种巨大的教育影响。”

三、青少年艺术美感

艺术美感是指因音乐、舞蹈、戏剧、戏曲、诗歌、散文、小说等艺术作品的表现形式、内容和含义等而产生的美感。它是由欣赏艺术美所产生的积极的、愉悦的情感体验，是美感中更为高级的一种情感，这主要取决于艺术美本身。我们在欣赏艺术作品时，不仅需要感性思维，还需要加入理性思维，去理解创造者在作品中所蕴含的情感。因为艺术美是经过艺术创造实践，把现实生活中美的元素加以概括和提炼，集中表现在艺术作品中的美。难怪黑格尔认为艺术美是在高级发展阶段上的美，是美的高级形式，他主张艺术美高于自然美，宣称艺术美是真正的美，它是“由心灵产生的再生的美，心灵和它的产品比自然和它的现象高多少，艺术美也就比自然美高多少”。艺术美感以一种潜移默化的方式对青少年的发展产生影响。一方面，艺术美感能让青少年培养更高级的理性思维，从而促进智育的发展，正如席勒所说：“要使感性的人成为理性的人，除了首先使他成为审美的人，没有其他的途径。”另一方面，艺术美感还能促进青少年德育的发展。如欣赏一幅中国画，不但可以让青少年领略到国画的博大精深而产生美感，同时还能深刻地体会到中华民族是一个伟大的民族，继而产生强烈的民族自豪感和爱国感。

关于青少年艺术美感的发展，有研究表明（黄煜峰，1986 年），流行歌曲通俗易懂、旋律优美，更能引起中小学生的情感共鸣，产生美的体验，而民歌、传统歌曲因接触不多，往往体验肤浅。最新研究表明，当前青少年艺术美感的得分在审美情感所有方面最低，暴露出青少年艺术美感发展较差、审美情趣不高的严峻现实。究其原因，可能是当代青少年闲暇时间的艺术审美生活相当程度上处于放任自流、无人指导的状态，因既缺乏科学、系统的艺术引导和教育，又广受以享乐为特征的流行文化的影响，制约了青少年高尚的艺术审美情趣和丰富的艺术审美情感的培养。

四、青少年科学美感

科学美感是指因科学内容的表现形式的简洁、对称、和谐等而产生的美感。它是由欣赏科学之美所产生的积极的、愉悦的情感体验，和艺术美感一样，也是审美情感中更为高级的情感。科学美感对青少年发展的作用是显而易见的。第一，它可以激发青少年的学习热情。一些抽象的概念、定理、定义往往过于枯燥和呆板，领会和接受比较费力，从而使一些青少年失去学习的乐趣，但若能在学习科学知识的过程中发现简洁、对称、和谐之美，则可以使青少年在愉悦的心情中去享受知识，激发自己强烈的学习兴趣。第二，科学美感有利于青少年创造性思维的培养。许多科学家的创造都源于对科学美的追求，爱因斯坦认为，美是探求理论物理学中重要结果的一个指导原则。没有对科学的审美体验，是很难培养青少年创造性思维的，更遑论提高其创造力甚至做出创造性成果。

最近一次全国大规模调查显示，当前青少年科学美感处于正向积极状态，并随着其学业自评水平的提高而逐级提高，且不受学校重点与否的影响。这表明，青少年的科学美感不是与其绝对的学习成绩相关，而是与其主观、相对的自评成绩密切关联。对青少年来说，学习成绩固然重要，但青少年更看重的是自己的学业在班级中的相对地位，学业自评越高，就越有自信，也就越能以积极的心态对待周围一切，越会对学科中美的因素产生积极的情感体验。

第四节　青少年生活情感

生活情感是以往学校教育所忽视的，却又是当今学校教育所应强调的一类情感。它是为现代社会所特别倡导的，并与西方兴起的生命教育和积极心理学的基本精神也是相符的。了解青少年生活情感的发展水平和特点，有助于提升其生活质量和人生幸福感。

一、青少年生活情感概述

青少年生活情感（life feeling）是指青少年对自己和他人的生命、生活进行评价时产生的一种内心体验，如对生活的热爱，对生命的珍惜和爱护，在追求和创造美好生活过程中克服困难，并表现出的自立、自强的情感等。

青少年生活情感包括幸福感、热爱感、珍爱感和自强感等多种情感。其中，幸福感是指对自己的生活现状感到满意的情感；热爱感是指寻求生活乐趣及向往美好生活的情感；珍爱感是指对人类、动物、植物等一切生命体的爱护和珍惜的情感；自强感是指克服困难、积极进取以求得自我发展的情感。

近年来，在教育界大力推进素质教育、促进学生身心全面发展的同时，青少年学生中一些与身心健康有关的问题也凸显出来，如学业压力与交往问题导致的焦虑、抑郁等心理健康问题，以及沉迷网络、漠视生命、自杀等行为问题，这些现象往往无法用幸福感缺乏或生命教育缺失等单一的因素进行有效解释——因为它们产生的原因是多方面的，都与更宽泛的对生命、生活的认识与感受有关，也即与生活情感有关。了解青少年生活情感的客观现状，对有针对性地开展生命教育、提升青少年身心健康水平等具有重要的参考价值。

目前，直接关于青少年生活情感的研究还不多，但国内外与这一概念相关联的研究较为常见，且近年来有逐年增多的趋势。如关于青少年的幸福感已经由学术研究的范围拓展到实践提升的领域，一些学校开始关注并积极提升学生的幸福感。再如，关于学生的自强感也有研究加以关注。有研究指出，成年人心目中的“自强”主要是指持久的意志力（郑剑虹、黄希庭，2004 年），而高中生的自强人格则包括坚韧性、积极性等多个因素和坚韧性、目标性、人际开放性和积极性四方面的结构（郑剑虹、李启立、黎家安，2010 年）。还有调查研究发现，独立性、责任性和灵活性是被测试者最强调的自立特征，勇敢与拼搏、坚韧性和才干是被测试者最强调的自强特征（夏凌翔，2005 年）。

二、青少年幸福感

幸福感也称生活幸福感，是指对自己的生活现状感到满意的情感。幸福感是青少年生活情感中的一种重要情感，对青少年身心健康、学业发展都有着极为重要的意义。“幸福感”的研究是近三十年来心理学研究的热点之一。一般认为，威尔逊（Wislson）1967 年发表的《自称幸福的相关因素》一文，是西方幸福感研究的开端。幸福感包括主观感受的主观幸福感和强调客观影响的心理幸福感两个方面（Ryan & Deci，2001 年）。国内对幸福感的研究始于近几年，对青少年幸福感的研究也日趋增多。

研究表明，我国中学生的主观幸福感与家庭气氛、年级、家庭收入、性别等有关，初中生主观幸福感与生活事件存在密切关系。最近一项全国性的调查发现，青少年幸福感发展水平较好，在生活情感所包括的几种情感因子中，幸福感的发展处于最高水平。这一结果与以下三个方面的原因是分不开的：一是改革开放三十多年来，我国青少年物质与文化生活水平显著提高；二是处于这一年龄段的青少年个体绝大多数为独生子女，备受父母、长辈的关爱，各方面的物质需要相对得到较大满足；三是与青少年所处的人生发展阶段有关，即这一时期的青少年主要活动为学校中的学习，生活中的压力来源也较为单一。国内外同领域的研究有着相似的结论。如许布纳（Huebner，2000 年）的研究发现，青少年的总体生活满意度是呈正性的，我国学者也发现，初中生的总体生活满意度在中等水平以上。不过，在各种对象中，中学生对学校的满意度最低，这进一步说明了学校提升学生的学习及生活质量的重要意义与迫切性。

三、青少年珍爱感

珍爱感也称生命珍爱感，是指对人类、动物、植物等一切生命体的爱护和珍惜的情感。这是青少年生活情感中的一种重要情感，对于青少年健康成长和社会和谐稳定具有十分特殊的意义。迄今为止，针对青少年珍爱感的研究还较少，但已有一些与青少年珍爱感相关的研究，如以“生命教育”为主题的研究。“生命教育”的思想与实践活动兴起于 20 世纪六七十年代的美国和澳大利亚。1968 年，美国的华特士（Walters）在加州创办了阿南德（Ananda）智慧生活学校，并在学校中倡导并践行“为生命而教育”的思想，而“生命教育”这一概念由澳大利亚的诺夫斯牧师（Noffs，1974 年）最先提出。他针对青少年吸毒问题，建议用“生命教育”来应对和解决。在我国，20 世纪 90 年代中期起，生命教育活动开始在各级各类学校推行，与此有关的研究也随之展开。

有研究表明，我国青少年的生命意识总体强烈，但仍有缺失；对生存能力有一定的认识，但生存技巧明显不足；对生命教育有一定的认识，但十分有限（王学风、张霞，2010 年）。最近的一项大型调查发现，青少年的珍爱感相对较高，在青少年生活情感所包括的几种情感因子中，其得分仅次于幸福感。调查还发现，男女生在珍爱感得分上差异显著，女生显著高于男生。女生对他人生命的珍惜、特别是对受伤害小动物的同情方面高于男生，这也与我们日常生活中的经验相一致。

第五节　青少年情绪能力与情感素质的培养

一、青少年情绪能力的培养

（一）情绪能力

情绪能力（emotional competence）也叫情绪智力（emotional intelligence），是指青少年识别、理解与监控自己及他人的情绪和情感，并利用情绪信息指导自己的思想和行为的能力。情绪能力是社会能力的组成部分，是青少年社会适应的重要心理品质。情绪能力主要包括以下四方面的内容：①情绪感知与表达的能力。能够感知自己的情绪反应，以适当的方式表达自己的情绪。②对情绪理解与感悟的能力。能够识别、理解与感悟他人的情绪感受，做出适当的反应；能够理解各种情绪情景与材料中的情绪信息，做出回应与反应。③对思维的促进能力。能够有效利用情绪信息，运用情绪信息促进认知加工，提高思维活动的效率。④对情绪的调节以促进心智发展的能力。能够有效地管理自己的情绪、调节自己的情绪，使自己的情绪处于一个适应性的状态，从而使自己处于一种精力旺盛的状态。

（二）情绪能力的培养

1. 帮助青少年认识情绪情感

应指导青少年正确认识情绪情感的心理作用和意义，教师可以通过主题班会等形式给学生传授必要的心理学知识，使学生在日常生活中体会和认识情绪情感的特点，理解情绪情感对身体健康、作业任务和学业成绩的巨大作用及其发生发展的基本机制，了解情绪情感对一个人的生活与工作的重要意义。

2. **指导青少年了解自己的情绪情感特点**

不同的青少年有不同的情绪情感特点。任何一种心理活动都不是孤立的，而是每个人长期生活的积累。人的情绪情感活动不仅能反映个体当时的心境、激情或应激状态，也能体现出个人的性格、气质以及意志过程等方面的特点。如胆汁质类型的青少年情绪产生快、强度大，容易爆发激情，外部表现特别明显；多血质类型的青少年很容易产生情绪，强度也大，但自控性好，外部表现生动，富于感染力；黏液质类型的青少年不容易产生情绪，强度也不大，外部表现平淡；抑郁质类型的青少年很容易产生情绪，且强度较大，自控性较差。

在学校教育中，教师应该指导青少年深入了解自己的情绪情感特征，了解他们在情绪体验、情绪表达和情绪认知等方面的优缺点，并帮助其分析自己的需要，努力培养积极向上、健康活泼的情感体验。此外，教师还可以让学生完成相关的自陈问卷，让他们更好地了解自己，也可以通过别人的眼睛来认识自己。

3. **帮助青少年掌握一些情绪调节的方法**

情绪调节是个体对于情绪反应、体验、唤醒及表达进行监控、调整和修正，以达到一种动态平衡的过程，从而保证了个体良好的适应性。在教育中要帮助青少年掌握一定的情绪调节的方法。情绪调节的方法主要可以考虑以下几个方面：①注意转移。遇到一些烦心的事情时，可以将自己的注意力从烦心的事情转移开，并投入或参与到其他的对象与事情上。②积极评价。当遇到烦心与困扰的事情时，多从积极的方面去考虑，多往好处想，看到消极事件的积极意义与好的一面，如失败是成功之母，或许事情并不像自己想象的那样糟糕。③乐观面对。有些无法回避的事情，就要想办法解决，以积极的心态去面对，寻求一定的帮助，与父母、教师、好朋友、同学交流沟通以解决问题。④恰当表达。通过策略性语言把不利的情绪以恰当的方式表达出来，而且这种语言表达不会伤害他人与团体幸福。⑤合理宣泄。对于烦恼苦闷，也可以通过一些活动予以适当的宣泄。如参加体育活动、郊游、改变环境等。

二、青少年情感素质的培养

（一）情感素质的含义

情感素质是指个体在遗传和环境共同作用下，在生活实践中形成的相对稳定的、积极的情感特征与品质。情感素质主要体现在以下几个方面：①道德情感。道德情感是指青少年根据一定的社会道德规范评价自己和他人的行为时产生的一种内心体验，如爱国感、关爱感、正直感、责任感等。②理智情感。理智情感是指青少年对认知活动的成就进行评价时产生的一种内心体验，如乐学感、探究感、自信感、好奇感、成就感等。③审美情感。审美情感是指青少年按照审美标准对物质或精神现象的美进行评价时产生的一种内心体验，如自然美感、艺术美感、科学美感等。④生活情感。生活情感是指青少年对自己和他人的生命、生活进行评价时产生的一种内心体验，如幸福感、热爱感、珍爱感、自强感等。

（二）情感素质的培养

青少年情感素质的培养也需要全方位的工作。情感素质主要包括道德情感、理智情感、审美情感、人际情感与生活情感等方面，所以情感素质的培养要从这些方面着手进行，同时还要渗透到道德教育、学科教学活动、生活教育、心理教育的方方面面。情感素质的培养更多是一个养成的过程，因而要从点点滴滴做起。另外，情感素质又是人格品质的一个层面，因此，也要与积极健康的人格培养结合起来。总之，这是一项全方位的育人工作。

思 考 题

1. 青少年各种情感在其学习、生活和今后的人生发展中各有哪些作用？
2. 青少年的情感呈现出怎样的发展特点和趋势？
3. 如何提高青少年的情绪能力？
4. 怎样培养青少年的情感素质？

第六章　青少年的品德发展与培养

本章要点

- 品德与道德
- 青少年道德品质的表现方面
- 青少年品德的培养
- 青少年不良品德表现及其成因
- 青少年不良品德的矫正教育

青少年期是道德发展和定型的关键时期，培养学生道德品质，促进学生形成正确的态度和价值观是全面发展素质教育的重要组成部分，也是学校教育的一项重要目标。在教育过程中，应掌握青少年学生品德与价值观的发展特点，了解其影响因素，从而培养青少年学生形成良好的品德和价值观。

第一节　品德概述

一、道德与品德

（一）道德的含义及其特点

道德是由社会舆论和内心驱使来支持、并反映一定群体共同价值的社会行为规范的总和。人是群体性动物，为了满足个人需要，求得生存发展，必须结成一定的关系。这是因为无论是社会性需要还是自然性需要的满足，都必须依靠群体内成员之间或各个群体之间的合作才能得以实现。另外，由于社会发展资源的有限性，共同生活中的不同个体的需要及其满足方式，既有协调一致的一面，又有冲突和对立的一面。为维护群体成员间正常的人际关系，促进社会秩序的稳定与成员间的互助合作，协调成员间利益和冲突的解决，社会组织通过约定俗成的方式，制定出要求其全体成员必须遵守的行为规范，这就是道德规范的产生过程。作为一种社会规范，道德具有以下特点：①社会性。与其他社会规范一样，道德具有社会性。道德的内容是由一定社会政治经济发展的性质和水平决定的，具有鲜明的社会制约性，其功能是协调社会中人与人之间的关系，维持社会秩序的稳定。②相对性。道德规范随着社会历史条件的变化而变化，具有相对性。不但不同的社会、不同的时代有着不同的道德准则，就是在同一个社会中，不同的社会群体认同的道德规范也可能存在差异。随着社会变迁、社会制度的变革，道德规范不可避免地会发生相应的改变。但同时，道德规范本身又具有一些人类社会通用的恒久性。③价值规定性。作为一种社会行为准则，道德不是一堆互不相关的行为规定，而是诸如公平、平等、权利、责任、诚信、尊重、仁慈、关怀和宽恕等价值观的具体体现。对道德规范遵守与否，通常会给他人或群体或整个社会带来利益或伤害，并导致对个体的社会行为或行为意向做出“善”或“恶”的评价。这是道德规范与习俗、风尚(例如，服饰、发型的选择)等其他社会常规的不同之处，后者虽常可被判断为“适当”或“不适当”，但一般不具有可以被判断为“善”或“恶”的属性。④道德主要依靠舆论监督、社会反馈和个体自律、良心驱使来加以维持。遵守了道德规范会受到他人或群体的肯定和褒奖，个体会体验到道德上的满足；违背了道德规范会受到舆论的批评或谴责，个体会感到内疚与良心的谴责。这与法律规范须由正式组织采用强制手段予以贯彻的情况是不相同的。

（二）品德的含义及其特点

品德，即道德品质，也称德行或品性，是个体依据一定的道德行为准则，在实际行动中表现出来的稳固的倾向与特征。就其实质而言，品德是道德价值和道德规范在个体身上内化的产物；就其功能而言，如同智力是个体智慧行为的内部调节机制一样，品德是个体社会行为的内部调节机制。品德可以被视为性格的一个方面，是性格中具有道德评价意义的核心部分。价值或态度内化的结果部分地形成了一个人的人格，其中与社会行为准则有关的价值或态度的内化结果形成了个人的品德。品德一般具有以下一些特点。

(1) 稳定性。品德不是指某个人一时一地的道德行为表现。只有当一个人在不同时期、不同场合下都一贯地表现出良好的道德行为，才能说他具有优秀的道德品质。例如，一个具有热心待人、乐于助人等良好道德品质的人，不但会帮助与其有特殊亲近关系的人，而且对与其仅有普通关系的人甚至素不相识的人也能伸出援助之手；不但在他人请求帮助时乐于助人，而且能够敏感于他人的需要并主动地关心他人；不但在物质上经常为人解难，而且在思想上、精神上也能给他人以支持和鼓励。

(2) 特异性。品德是个人的道德面貌，具有个体差异性。虽然同一个社会群体中的个体遵循着大体相同的道德准则，但其品德表现则可能是千差万别的。如同样是具有勤奋、敬业品质的人，仅仅由于其气质类型不同，其道德面貌可能各有特点：多血质的人表现出极大的工作热情；黏液质的人表现出非凡的韧性；胆汁质的人表现出说干就干的冲劲；抑郁质的人则表现出认真细致、一丝不苟的作风。

(3) 自觉性。道德品质是道德动机与道德行为的有机统一。真正的道德行为是在道德观念、道德信念的指导下做出的合乎道德规范的自觉行为。个体在外界压力下做出的顺从行为，或是在趋利避害动机下做出的社会行为，尽管符合道德规范，也不能视其为优秀品德的体现。而精神病患者的行为即使不符合道德规范，也不能称作不道德行为。

（三）品德与道德的关系

品德与道德的概念区别体现在以下两个方面。首先，道德是社会现象，其发生、发展服从于社会发展规律；而品德的内容虽然具有社会性，但因其是一种个人的心理特征，其形成与发展除了受社会发展规律的制约外，还要受个体生理、心理发展规律的制约。例如，儿童道德判断、道德推理的发展与其思维能力和社会认知的发展状况有关，表现出一定的年龄特征。其次，道德是社会学、伦理学研究的对象，品德则是心理学、教育学研究的对象。作为社会意识的一种形式，道德反映的是社会对其成员的道德要求；品德则是个体意识的一种形式，反映的是个体道德需要与社会道德要求之间的关系。

品德与道德又有着密切的联系。品德是社会道德规范和道德价值在个人身上的体现。个人品德是在社会道德舆论、道德教育等影响下发展起来的。反过来，正是众多社会成员的道德品质及其行为表现才体现了社会道德的内容，也正是他们的道德生活实践及不断发展的道德需要为社会道德规范的调整和完善提供了依据与动力。

二、品德的心理结构

品德的心理结构涉及品德所包含的心理成分及其相互联系、相互制约的模式。探讨品德的心理结构不但可以深化对品德本质的认识，更能对儿童、青少年的品德培养提供依据。目前，对这一问题的研究有两种思路：一是探讨品德的因素结构，侧重查明品德是由哪几种相互联系的因素或成分构成的；二是探讨品德的功能结构，侧重查明品德的各种成分如何生成以及如何在各种内外条件的作用下完成道德决策和行为的。

（一）品德的因素结构

关于品德结构包含哪几种心理成分，历来有二因素说、三因素说、四因素说等多种观点，各种观点虽有不同，但并未构成真正的对立，甚至实际上是可以相容的。

二因素说认为品德由知和行（道德认知和道德行为）构成，或认为由道德动机和道德行为构成。三因素说则认为品德包含道德认知、道德情感和道德行为三种成分，或认为包括认知、情感和行为倾向三种成分。

目前，影响比较普遍的是四因素说，该观点认为品德包含道德认知、道德情感、道德意志和道德行为，即知、情、意、行四种成分。道德认知在道德行为中起定向作用。道德情感是道德行为的推动力之一，当道德认知和道德情感结合在一起成为推动个人产生道德行为的内部动力时，就产生了道德动机。道德动机是道德行为的内部依据，道德行为是实现道德动机的外部手段，二者之间的沟通有赖于道德意志。以下将分别进行介绍。

(1) 道德认知。道德认知是指对社会道德规范及其执行意义的认知。道德观念、道德判断和推理、道德评价都是道德认知的表现形式。古今中外思想家都非常强调道德认知对于人的德行的重要性。古希腊时期，苏格拉底就提出了“美德即知识”的命题。我国古代荀子在《劝学篇》中也说过“君子博学而日参省乎己，则知明而行无过矣”。只有“知明”，才能做到“行无过”，强调了道德认知对于道德行为的指导作用。人的社会行为、道德行为与动物的本能行为不同，前者的实现往往要求个体放弃从自然之中得到的许多便利，限制自己的本能欲求，而这只有在理性的指导下才能完成，因此，总的来说，个体的道德行为实际上是一种理性行为，总要涉及“理由”或“意向”。在道德心理结构中，道德认知是道德情感产生的基础，是道德意志产生的依据，对道德行为具有定向作用。

道德认知的结果是形成道德观念。由于道德认知涉及道德行为准则及其执行意义的认识，而执行道德准则的意义又涉及道德价值，因此，作为道德认知的结果，道德观念实际上是一种道德价值观念，只有认识到涉及他人和群体利益的一些社会行为的价值高于另一些社会行为的价值，并且接受、承认这些价值，即发展与其有关的道德需要，或只有道德认知转化为道德观念，才能够真正支配个体的道德行为。

（2）道德情感。道德情感是指人的道德需要是否得到满足而引起的一种内心体验。具体表现为人们根据道德观念评价他人与自己行为时产生的内心体验；也表现为人们在采取行动的过程中，在道德观念支配下所产生的内心体验。道德情感是产生和维持道德行为的重要动力之一。我国大思想家孔子提出的重要道德范畴是"仁"，其中一个重要内涵是"仁者爱人"，即强调了道德情感在品德中的核心地位，除此之外，他还注重诗歌、音乐对陶冶学生道德情感的作用。苏联教育家苏霍姆林斯基也说过："道德情感是道德信念、原则性、精神力量的血肉和心脏。没有情感的道德就变成干枯、苍白的语句，这种语句只能培养出伪君子。"道德情感从内容上可分为公正感、责任感、义务感、自尊心、羞耻感、友谊感、同情心、荣誉感和爱国主义情感等，从形式上可分为直觉的道德感、形象的道德感和理论的道德感。

（3）道德意志。道德意志是指个人在道德情景中，自觉地调节行为，克服内外困难，实现道德目的的心理过程。道德意志是道德意识的能动作用的表现，它帮助个体将道德动机贯彻于道德行动之中，具体表现在：使道德动机战胜不道德动机；利他动机战胜利己动机；排除困难，将道德行为进行到底。道德意志尤其突出地表现在抗拒不良环境的诱惑、抑制不道德行为的过程中。

（4）道德行为。道德行为是指在道德意向支配下表现出来的符合社会道德规范的行为，涉及道德行为方式和道德行为习惯。道德行为是实现道德动机及达到道德目标的手段，也是评价一个人品德的客观标志。这里的"道德意向支配"很重要，如果没有道德意向，没有利他的动机，只是单纯符合社会准则的行为，是不能视其为道德行为的。另外，"道德行为"一词往往具有两重含义：一是作为中性的概念，既包括符合道德要求的积极行为，又包括违背道德规范的消极行为；二是专指符合道德规范的良好的行为。为了区分，后者有时也被称为"道德行为"。

应该注意的是，品德并不是道德认知、道德情感、道德意志和道德行为四种心理成分的叠加，而是在社会道德环境影响下，在个体的道德实践中，四种成分相互联系、相互制约而形成的复杂的、稳定的心理结构。其中道德认知、道德情感以及由它们结合而构成的道德动机通常居于核心地位。品德结构中的任何一种成分既不能代替另一种成分，也不能决定另一种成分。因此，良好品德的培养，需要道德认知、道德情感、道德意志和道德行为等协调培养，忽略任何成分都会给个体的品德形成造成不利的影响。

（二）品德的功能结构

章志光依据动力系统的观点，提出了包含生成结构、执行结构和定型结构的品德心理结构。

所谓生成结构，是指个体从非道德状态过渡到开始出现道德行为或初步形成道德性的心理结构。这一结构的形成过程，是儿童在外界他人的评价、奖惩或自然后果强化的条件下，获得道德规范的行为经验，产生是非感并形成道德行为的定式或习惯的过程。这里所说的"道德性"是一个比品德更为广泛的概念，即尚未形成稳定的道德品质之前的个体道德状况，而品德则是道德性发展高级阶段的表现。

执行结构是指个体在生成结构基础上发展起来的更有意识地对待道德情景，经历内部冲突、主动定向、考虑决策和调节行为等环节的一种复杂的心理结构，它是道德性向品德过渡的一种形式。这一结构的第一部分是“道德认知——感情系统区”,包括道德观念、道德体验以及由此而产生的道德信念、道德理想、价值观乃至道德需要动机等。这一“系统区”就其功能而言,既是道德知识的“信息库”,又是对当前道德情景进行区分与筛选的“过滤器”;既是判断事件的性质、确定个体的责任与态度及行动方向的“定向器”,又是克服利己性需要动机的干扰,抉择行为方式并进行发动和制动的“调节器”。总之,这一部分是个体在道德情景中表现出高度自觉性与自律性的关键机制。执行结构的第二部分是在道德情景中个人从接收信息到产生道德行为的一个连续的心理过程,包括:①对道德情景或事件的注意与知觉;②移情;③做出道德判断,如辨认事件是非、善恶及卷入的必要性和紧迫性;④形成责任意识与明确态度,其间可能发生动机冲突、代价和报偿的权衡;⑤行为方式的抉择;⑥意动的产生和道德行为的实现。这一过程的完成是否顺利,取决于上述“道德认知——感情系统区”的质量与功能水平。执行结构的第三部分是反馈回路。个体做出的道德行为会引起他人或社会的反响,会因此获得外部强化,同时个体也会通过自我强化和归因分析,取得新认知、新体验,从而巩固、扩展或修改原有的“道德认知——感情系统区”,甚至促使执行过程的自动化。

所谓定型结构,是指个体所具有的品德的比较稳定的心理结构。它是在执行结构基础上形成的,并具有更高的激活性、阶段简缩性和自动化功能。其实质是,占优势的道德信念或道德动机与一些作为其实现手段的习得的行为方式经过反复实践和强化,形成了稳固的联系。

关于品德心理结构的这一构想,是从品德形成的动态观点来探讨品德结构的内部心理成分如何在道德情景和社会反馈的作用下发生、发展的过程,以及在相互制约的关系中实现其对人的社会行为的调节功能。

第二节　青少年的品德心理发展

青少年道德品质的发展集中表现在其道德意识、道德情感以及道德行为的发展上,这几方面是相互联系、相辅相成的。同时,青少年的各个方面极为迅猛的发展变化,势必会影响到青少年价值观的发展与确立。随着青少年期发展任务的完成,青少年开始倾向于以一个成人的姿态去迎接新生活的挑战,因此,青少年阶段也是其价值观确立的时期。

一、青少年道德认知的发展

道德认知始终贯穿于青少年品德形成的各个方面。因此,在学校的道德教育中,应当重视儿童和青少年的道德认知教育,以提高他们道德行为的自觉性。

(一)青少年道德概念的掌握

道德概念是对社会道德现象的一般特征与本质特征的反映。青少年的道德认知,经常是以道德概念的形式表现出来的。

人的道德概念不是与生俱来的,要通过实践并经历一定的发展过程。这个过程一般具有以下三个层次。

（1）具体形象水平：该水平学生所掌握的道德概念需与一定的道德形象或道德行为相联系。如问小学生什么是见义勇为，他们会回答“看到大同学欺负小同学，便毫不犹豫地帮助小同学”，或者是“在公共汽车上看见有人偷窃，便告诉售票员”等，甚至初中生也是如此。有人对初中生道德认知做了调查，大多数的初中生对于什么是有礼貌的行为的认识也停留在具体形象水平上，大多只能列举出“早晨见了老师，叫‘老师早’”等一些具体的礼貌行为。

（2）知识性水平：该水平学生只是将所掌握的社会道德规范、行为准则等作为知识，尚未内化为个人道德观念。因此，有些学生能回答学校行为准则的意义、内容和要求，而行为却与之脱节，甚至背道而驰。其原因在于未将这些准则用来指导自己的行为，而只是作为道德知识来掌握。

（3）内在性道德观念：这个水平的特点表现为，既掌握社会规范、行为准则，又能以之为据指导个人的行为。这时个人已将道德知识转化为个体的道德观念，成为评价个人或他人道德行为的准则。

学生掌握道德概念，并内化成为个人的道德观，达到第 3 层次。这是一个逐步发展、不断内化的过程。

（二）青少年道德评价能力的发展

道德评价是一种智力活动过程，它的形成与发展可以提高人们分析问题的能力，促使个体采取合理的行为。青少年道德评价能力的发展有以下特点。

1. 道德的自律判断较为成熟

早期儿童由于尚未掌握社会道德准则，又受思维发展水平所局限，他们对某些行为评价主要依据教师或家长提出的道德准则，认为凡是成人、教师夸奖的、赞美的行为都是好的，被成人、教师指责的行为就是错误的，这时儿童的判断受自身以外的价值标准所支配。但随着儿童的成长以及社会性协作的进展与思维水平的提高，他们开始依据主观动机是否公正及是否平等之类的标准独立地判断、评价行为，这时他所做出的道德判断受自己的主观价值标准支配，并具有主观性。到了青少年时期，这种道德的自律判断更为成熟。由于抽象逻辑思维能力的发展，青少年开始能做假设性思考，比较对照事物的方方面面，客观、全面而较为深刻地评价行为的本质，并且区分出主要与次要、一贯与偶然、成绩与缺点，道德评价趋于成熟。同时，青少年已逐步形成一种具有一般世界观基础的自觉的道德原则，这种原则的价值与意义已经不取决于具体的生活状况、不取决于集体组织的变化等，而是开始以个性化的理想为准则。

2. 注重动机分析，综合考虑动机与效果进行道德评价

在道德评价的研究中，心理学家发现存在两种明显的判断形式：一种是根据行为的物质后果做出判断，另一种是根据行为动机意向做出判断。由于年龄较小的儿童对社会要求理解不深，思维的具体形象性仍占相对优势，因此进行道德判断时常常着眼于直观的行为后果。随着年龄的增长，个体的道德判断水平也在逐步提高，从只重视行为效果而不理会动机，发展到只分析动机而不重视效果，到青少年期才能够发展到联系动机来分析效果。

3. 能够对自己进行一定的道德评价

低年级的小学生会以成人要求为准则来评价别人，但不会评价自己，或者对别人的评价比较深刻、严格，对自己的评价则比较笼统、模糊。青少年则开始能对自己的道德行为做出一定的评价，但这种能力往往还是落后于对他人的评价。随着学生自我意识的发展，到了青年初期，他们逐渐能够正确地评价自己的道德行为。

二、青少年道德情感的发展

（一）道德情感的内容更为丰富并有明显发展

由于青少年身心迅速发展，知识、技能显著提高，他们在家庭和学校中的社会地位明显改变，自我意识也迅速发展，这使他们意识到了个人的成长，出现了成人感。这些变化对他们的道德感有重大影响，他们的道德感如义务感、责任感、荣誉感、自尊感等不仅内容丰富而且有明显的发展。

（二）道德情感更具有自觉性

由于青少年正在向成人过渡，社会对他们提出的标准和要求也发生了质的变化，要求他们掌握道德标准与道德评价的真正社会意义，他们也开始以此衡量自己的道德情感，表现在他们不仅关心别人的内心世界，同时也考察自己的情感。心理学家曾对中学生道德情感的社会性水平进行追踪研究，发现中学生道德情感社会性发展趋势有三级水平：一级水平是利己的情趣，如只顾自己而不顾别人，对集体无感情，与同学不团结，斤斤计较；二级水平表现为重感情，讲义气，能与同学和睦相处，但常与几个小团体亲密无间，尚未意识到情感的社会意义；三级水平的学生能自觉热爱集体，具有集体荣誉感、义务感和责任感。随着学生知识水平的提高、年龄的增长和情感的发展，越来越多的青少年达到二级水平，而第一级水平的人数则在逐年递减。

（三）道德情感不稳定且难以自制

青少年思想敏感且不十分成熟，也不善于自控，社会上各种思潮、各种风气都会对青少年的道德情感产生影响。同时，刚刚步入青春期的少年，由于出现成人感，因此要求与成人建立平等的、相互尊重的、相互帮助的朋友关系。教师与家长若是伤害了这种关系，往往会引起青少年激烈的情绪反应，甚至会故意违背师长的要求，做出有违道德的行为。

三、青少年道德行为的发展

研究发现，初三年级学生自觉遵守纪律水平比初二年级时有显著差异，但到了高三年级，这种水平与初三年级相比却无显著差异。这也许是因为高三年级学生已达到青年初期，他们自我意识有更大的独立性，但辨别能力仍有限，受社会上各种思潮的影响，容易产生一种逆反心理的缘故。

道德行为是在个人的道德意识支配下，在对待他人和社会事物中所表现出来的有道德意义的活动。它是道德认知、道德情感和道德意志的具体体现和外部表现，是道德品质培养最重要的一环。青少年正处于逐步过渡到自律的品德发展阶段，道德行为的产生已能受一种较为稳定的社会道德行为准则的调节，受自己内心的较为稳定的道德认知的调节，也就是说，内化了的、稳定的道德认知逐渐成为控制自己道德行为的枢纽。但从少年和青年道德行为的发展来看，两者仍有明显的差异，主要表现在以下两方面。

(1) 少年的道德行为规范远不如青年建立得牢固,不论是良好的还是不良的道德行为规范,其成熟程度都有差异。事实上这是由于任何道德行为习惯的形成都需要反复的行为练习,青年远比少年更具备这一条件。

(2) 少年由于道德认知的不成熟,情绪、情感的不稳定和偏激,以及意志力不强,常常产生一些偏激的、不计后果的行为。例如,为打抱不平将别人打伤,动机可能不错,但行为却偏离了正确的行为轨道。到了青年初期,随着道德认知的成熟和道德情感的稳定,以及道德意志的发展,道德行为才具备更大的稳定性和可靠性。

四、青少年价值观的发展

(一) 价值观的含义

价值观(view of value)指的是个人对周围世界中人、事、物的看法,是个人据以评价和区分好坏的标准,它可以推动并指引个人做出决定和采取行动。

我国心理学工作者所采用的价值观定义往往有两种线索背景。一般来讲,我国香港、澳门和台湾地区学者多倾向于直接引用西方学者的定义,这其中尤以克拉克洪、罗克奇、施瓦茨的定义最为流行。克拉克洪(1951 年)把价值观界定为一种外显或内隐的、有关什么是"值得的"的看法,它是个人或群体的特征,影响人们可能会选择什么行为方式、手段和结果来过日子。罗克奇(1951 年)则认为价值观是指一般的信念,它具有的动机功能不仅是评价性的,还是规范性的和禁止性的,是行动和态度的指导,既是个人的又是社会的现象。施瓦茨(1998 年)认为价值观是合乎需要的超越情景的目标,在一个人的生活或其他社会存在中起着指导原则的作用。

大陆心理学工作者除引用西方的价值观定义之外,也有一些研究者借鉴了哲学上对价值观的界定。如黄希庭(1994 年)认为价值观是人们区分好坏、美丑、益损、正确与错误、符合或违背自己意愿的观念系统,它通常是充满情感的,并为人的正当行为提供充分的理论基础。价值观(values)是指个体以自己的需要为尺度对事物重要性进行评价时所持的内部准则(祝蓓里,1988 年)。根据这一定义,我们可以把价值观分解为这样几部分来理解:首先必须满足主体的需要才能说有价值,在此基础上还必须能够对应作为客体的性能和属性,包括认知和评价客体。这里的客体包括人,因为人既是有需要的主体,也是能够满足主体需要和社会需要的客体。个体的社会实践活动对于满足自身的需要程度,表现为人所认识到的自身价值;个体的社会实践活动对于满足社会需要的程度,则表现为社会价值。

价值观作为个人对周围世界中人、事、物的看法,具有以下主要特点。

1. 主观性

主观性(subjectivity)是指个人据以评价和区分好坏的标准,是根据个人内心的尺度来把握的,它取决于主体自身的需要。

2. 选择性

选择性(selectivity)是指青少年随着身心的成熟,开始主观地、有意识地选择符合自己的评价标准,形成个人特有的价值观。

3. 稳定性

个人的价值观形成以后具有相当的稳定性(stability)，往往不易改变，并在个人的兴趣、理想、信念和行为上表现出来。

4. 社会历史性

社会历史性(sociohistoricality)是指处于不同历史时代、不同社会生活环境中的人的价值观是不同的。

（二）价值观的类型

1. 斯普兰格的“生命”的形式

斯普兰格(E.Spranger)从文化社会观点出发，认为人世间大体存在六种价值：理论价值(真)、宗教价值(善)、艺术价值(美)、权力价值(力)、经济价值(利)、社会价值(圣)。根据这六种价值在人的生活方式上所占的优势，相应地把人分为六种类型。

(1) 理论型：以探求事物本质为人的最高价值。这种类型的人能客观、冷静地观察事物，力求掌握事物的本质，追求各种观念和理想，不太注意具体的问题。哲学家、理论家多属此类型。

(2) 宗教型：以超越生活为最高价值。这种人探究宇宙的本质，总是感到圣主的拯救与恩惠，认为有永恒的、绝对的生命。内在的神秘论者和超越的神秘论者多属此类型。

(3) 艺术型：以感受事物的美为人生的最高价值。这种人对实际生活不大关心，以如何表现所获得的感觉印象，如何达到自我实现，如何获得自我满足等作为人生根本目标。一般艺术家多属于此类型。

(4) 权力型：以利用别人、掌握权力为最高价值。这种人竭尽全力以获得权力，有强烈的支配和命令别人的欲望，办一切事情总是喜欢自己做决定。一般领导人多属于此类型。

(5) 经济型：以谋求利益为最高价值。这种人得失心重，对一切事情都从经济观点出发，判断其可利用程度。他们的生活目的是获得金钱和财产。一般实业家多属于此类型。

(6) 社会型：以善于与人交往、帮助别人为最高价值，对增进社会福利感兴趣。一般社会活动家多属于此类型。

2. 弗洛姆的社会价值类型学说

德裔美籍心理学家弗洛姆把价值观类型分为以下几类。

(1) 接纳型：具有此类价值观的人认为“一切好的来源”都在身外，以向外界索取为满足自己需要的唯一方式。他们的外部表现是乐观的，对生活和自己生活的能力具有某种信心。但当他们的“需要来源”受到威胁时，就会感到焦虑和心烦意乱。

(2) 剥削型：具有此类价值观的人相信一切好的东西都在身外，但他们却不希望接受，而使用武力或讹诈来夺取。他们往往根据利用价值来对人进行判断，对人的态度往往掺杂着敌意和怀疑。

(3) 储藏型：具有此类价值观的人，对可以从外界取得缺乏信心，他们的安全感以储蓄和节省为基础，从而把消费看作威胁。在他们那里，爱情主要是一种占有，他们不付出爱，却总想占有爱。“资本和财富就是安全”是他们的座右铭。

(4) 市场型：市场的价值观念及对交换价值的强调，使人们形成了相应的人际价值观念。具有市场型价值观的人，关心的是"人格市场"的价值，随世俗的需要改变自己，就像在交易市场上价格随行情变化一样。他们的座右铭是"你需要我怎么样，我就怎么样"。

(5) 厌世求死型，又称恋尸狂型：具有这种类型价值观的人是死亡和腐朽的爱好者，他们常以死为赌注，表现出赴死的勇气。弗洛姆认为此类价值观的形成源于20世纪的世界是一个无生命的死亡世界。

(6) 生产型：具有此类价值的人，以从事生产创造、献身于人类为最大幸福。生产型价值观是人类价值观形成发展的理想境界或目标。

3. 二维价值观

这种观点把青少年的价值观划分为两个维度：一是遵从和非遵从社会规范；二是自我或他人导向。由这两个维度，划分出四种价值类型。

(1) 踏实型：一方面，顺从社会规范，积极为社会服务；另一方面，有自律和内控的自我导向表现，重视传统和社会评价。

(2) 从众型：相当顺从社会规范，但这种顺从是一种他人导向的随波逐流，也有一种享乐主义、及时行乐的倾向，顺乎自然，生活方式倾向保守。

(3) 功利型：一种以自我为中心的功利主义，对于道义和人情这类价值不甚注意，认为金钱至关重要，追求个人利益，而不是公益。

(4) 冷漠型：不在乎社会规范，回避人际交往，也不注意他人的价值，所持态度是"人不犯我，我不犯人"。

青少年价值观的形成是与自我同一性的确立过程同时进行并相互制约的。价值观决定着自我意识的发展水平，自我意识的发展又决定着价值观。价值观一旦形成或达到成熟状态之后，就可以促进人格的整合，从而保证人的行为的一贯性和连续性。

埃里克森提出，青少年期的发展课题就是确立自我同一性，青少年必须摄取明确的价值观并使之成为自己的东西。然而，自我同一性确立的问题，在传统社会比较容易解决，因为传统社会是一个"同质性"很高的稳定延续的社会，而现代社会是一个"异质性"社会，与传统之间的断裂，使得青少年想要迅速地建立起自我同一性并不那么容易，必须有一个"心理社会的合法延缓期"。

（三）青少年价值观的发展特点

个体的价值观，是通过社会化的过程而形成的。每个社会都有一定的社会文化，通过法律条例、风俗习惯、大众传播、社会舆论的禁忌与支持作用于每个人，从而使他们在成长过程中获得某种价值观。

个体的价值观相对稳定，但又随年龄增长、社会地位的变化、生活变迁、不同文化影响等因素而发生变化。

1949年以来，我国青少年的价值观也在不断变化着。根据相关研究，可以划分为以下三个时期。

1. **中华人民共和国成立初期**（1949—1965年）

这一时期我国青少年人生价值观的发展特点是，认为人的价值就在于对社会的贡献，“无私奉献”便是人生的最大价值。他们把绝对服从社会的最高利益当作自己义不容辞的神圣义务；把自我克制看成自我修养的美德，把献身于社会公共事业看成人生价值的全部。一句话，就是把自己的存在和利益直接消融于社会整体之中，并在为社会的奋斗中获得自己存在的最高价值。当时青年人的口号是“一生交给党安排”“我是一块砖，东西南北任党搬”“到基层去，到边疆去，到祖国最需要的地方去”等，根本不计较个人的得失和私利，认为个人主义、利己主义是卑鄙的，社会和集体的利益高于一切，个人利益应该无条件服从集体利益。

这一时代的青年，出生在旧社会，他们实际地感受到了那个支离破碎、战乱不断、人民生活贫困痛苦的时代和半殖民地的社会。这一切相对于中华人民共和国成立后社会稳定、经济发展繁荣的新社会来说，对比鲜明，因此，在这种思想感情的支配下，在党的宣传教育下，集体主义的价值观念更加深入人心。

2. **改革开放前的一段时期**（1966—1976年）

这十年是我国青少年思想意识和人生价值观念开始发生重大转变的一个时期。

这一时期将政治标准作为评价一切的首要和唯一标准。对个人利益和个人价值的否定，对集体利益和社会利益的绝对肯定，都被推向了极端。“狠斗私字一闪念”等时髦口号成为当时否定个人利益和个人价值的时代利器，每个人都丧失了自我，个人似乎与社会熔铸为一体。

从1968年下半年开始的知识青年上山下乡运动，以及大学生到农村、工厂、部队接受“再教育”的运动，使青年学生们一下子变成了接受“再教育”的对象。严峻的现实生活、繁重的体力劳动和微薄的收入，使他们顷刻间陷入了困境，并且促成了他们对原先追求的理想、信仰的极大迷惑和怀疑。而与家庭的离散，则加速了他们的独立化，使他们过早地成熟和自立，促使他们开始独立地思考许多问题。

3. **改革开放时期**（1977年及以后）

在党的十一届三中全会提出的解放思想、实事求是的号召下，广大青少年开始认真、系统、深入地思考和讨论人生价值观问题，从而促成了我国青少年人生价值观的一次重大的转折性变化，即把个人对社会的责任和贡献，与社会对个人的尊重与满足有机地结合起来。这一时期人生价值观的主要特点是：①人生价值目标积极向上；②人生评价标准多元化；③关注自我和倡导个人奋斗。

20世纪90年代以来，在以上三个特点的基础上，又有了以下新的变化：①注重功利，讲求实惠；②个人本位观念更加突出；③人生价值取向的困惑与迷茫；④随着市场经济的发展，经济型的价值观愈加突出。

这一时期青少年人生价值观念总的特点是将原先的以社会利益作为最高价值评价标准，转变为兼顾社会利益和个人利益，认为人的价值既包括个人对社会的责任和贡献，包括社会对个人的尊重和满足。他们不仅要问“我为社会提供了什么”，而且更关心“社会为我提供了什么”。也就是说不仅要站在社会的立场评价个人，而且要站在自我的立场评价社会。

他们对自身价值的认识,已从单一的对社会贡献转移到社会利益与个人利益的有机结合与和谐统一上。

不过,这种人生价值观随着我国政治经济制度的改革和时代的发展又表现出一定的差异性和阶段性,这种差异首先表现在不同个性特征的青少年可能会逐渐形成有所差异的价值观,而持不同价值观的青少年对事物的兴趣、意志品质及归因方式上也会表现得各不相同。此外,青少年的价值观还与性别因素、学业成绩等因素有关。

不可否认的是,在确立与调整价值观的过程中,自我与社会的冲突和调适仍将是未来青少年人生价值观走向的主流。青少年的价值冲突具有引导青少年重新思考本身价值体系的功能,但太多的价值冲突则容易导致青少年思想和行为上的混乱,如果青少年缺乏良好的价值榜样或情感上的支持,则容易形成负向的价值观念。在这个阶段,青少年的价值体系主要围绕着"人生价值"的问题。在父母、教师的帮助下,他们逐步学习该如何把个人的生活目标与社会的发展方向相联系。这时,他们不仅考虑着自己对社会的价值,同时也期盼着社会对自身的尊重,希望找到自己在社会中的价值。

第三节 青少年品德的形成及培养

一、道德认知的形成及培养

道德认知的形成包括道德知识的掌握和道德评价的发展。道德认知的结果是形成有关的道德观念。道德认知就其内容来说,包括对道德规范的内容和执行道德规范意义这两方面的认知,其中后一个方面的认知涉及价值问题,因此,形成道德观念实际上是形成道德价值观念。道德评价是运用一定的道德标准对自己和他人的社会行为做出善恶、是非判断的过程。但这种判断就其性质来说主要不是事实判断,而是价值判断。而一种社会行为是否有价值,是否重要,是否适当,是否应该区分出善恶,实际上是作为客体的社会行为是否满足主体的道德需要的问题,故品德形成的关键就是道德需要的形成,这就决定了道德观念的形成与科学概念的形成既有相同点又存在差异。形成一种道德观念,不仅意味着掌握一套关于行为规范的知识,更重要的是对道德规范的认可和接受,承认按照道德规范去行动是值得的、高尚的、有价值的。

为了促进学生道德观念的形成,在德育过程中应注意:将抽象道理与具体事例相结合;在列举道德实例时要运用变式,使学生更好地理解道德观念的实质;通过提供榜样,提高学生的道德判断和推理水平;运用强化手段促进道德认知的发展;运用假想的或真实的道德两难情景,或组织学生针对社会上发生的道德事件进行讨论和辩论,提高道德推理水平。

当社会道德规范内化为个人行动的指南时,就成为个人的道德信念。道德信念的确立是道德品质形成的心理实质。道德信念的特点是其原则性、动力性、坚定性和情绪色彩。有了道德信念的人,对道德规范及其意义具有概括的认识,会赋予社会道德规范以价值,坚信其正确性,并愿意在行动上加以贯彻,甚至当社会反馈(奖励与惩罚)与其道德信念不一致时，仍能按照道德信念行事。

道德认知转化成道德信念有赖于多种条件。

(1) 教育者的言行一致。教育者的行为就是其向学生讲解道德规范的意义的最好例证。教育者言行一致，使学生认识到，按照道德规范去行动是值得的，是正当的；反之，教育者言行不一致，就会使学生对道德规范产生怀疑。

(2) 在道德实践中获得与道德规范要求相符合的道德经验。学生在道德实践中可以加深对道德规范及其意义的认识；亲眼看到自己的道德行为带来有益于他人或集体的积极后果，不仅能获得生动的道德情感体验，而且因道德知识一再被道德实践所证实，从而更加相信道德规范的正确性，这就为道德信念的建立打下了经验基础。

(3) 培养学生道德判断能力，引导学生对自己和他人的行为做出道德评价。结合具体的道德情景，按照道德准则的要求，对自己和他人的行为做出评价和反思，有利于道德经验的概括和整合，从而增强道德观念对自己今后行为的支配力。

(4) 获得社会反馈。学生在集体中的行为经常会受到舆论的褒贬和教育者的奖惩，这种社会反馈一方面激发了学生按道德准则行动的动机，另一方面又不断向学生传递了关于道德行为价值的信息。当学生看到自己因做出利他行为而赢得全班的尊重时，他就会对执行道德规范的必要性深信不疑。为了形成道德信念，社会反馈的一致性非常重要。如果对待学生的同一行为社会反馈信息不一致，诸如学校的看法与家长的看法不一致，教师的观点与某些学生的观点不一致，就会给学生对道德知识的确认带来困难。

二、道德情感的形成及培养

道德情感不但是维持道德行为的重要动力之一，而且对道德行为也有直接的定向作用。例如，我们有时仅仅依靠突然产生的羞愧感就能抑制自己的某种不道德动机。由于道德情感是人的道德需要是否得到满足而产生的内心体验，所以道德情感的形成实质上是道德需要的形成和发展问题。

道德情感不但是维持道德行为的重要动力之一，道德教育中，教师可以采取多种措施来丰富学生的道德情感。

(1) 将学生的道德观念与一定的情绪体验结合起来。这就要求教师在讲解道德知识时，要注意运用具体、典型的实例，以生动的、带有情绪色彩的言语表述，使学生在领会道德要求的同时，产生情绪体验。

(2) 引导学生将道德认知付诸行动，从事道德实践。如帮助社区的孤寡老人解决生活困难问题，与贫困地区学校学生开展心连心协作活动，从中获得直接的道德情感体验。

(3) 利用优秀文艺作品，如故事、小说、戏剧和影视作品等引起学生情感的共鸣。

(4) 引导学生对道德情景做出正确评价。现代情绪心理学的研究表明，情绪是通过对刺激因素、认知因素和生理因素三方面信息的整合而产生的。因此，在道德教育中，提供有关的背景信息，帮助学生对道德情景、人物、事件做出解释和评价，可以影响其道德情绪体验。

(5) 重视教师的情绪感化作用。教师对学生的爱是学生获得积极情感体验的源泉。如一位教师对一名后进生的错误行为进行严厉批评的同时，又能对该学生在生活上给予关心，在学习上进行切实的帮助，对他所表现出的微小进步感到由衷的喜悦，那么，当学生认识到教师的善良愿望后，就会产生温暖、感激、信任等积极情感体验。

（6）开展移情训练，增强道德敏感性。有研究采用“移情训练系列法”（包括情绪追忆、情感换位、作品深化和作品评析四个方法）对初二和高一年级学生实施移情训练，结果表明，该项训练能明显提高青少年学生的移情能力，青少年移情能力与其亲社会行为呈显著的正相关。

三、道德意志和道德行为的形成及培养

道德行为的形成涉及特定情景中行为动机的产生、道德行为方式的掌握以及道德习惯的养成等多方面内容。

个人所具有的稳定的道德价值观念，并不随时都处于激活状态而成为当前活动的主要动机。按照社会学理论的看法，个体在一定社会情景中能否表现出符合社会规范的行为，取决于人的内在特征、行为和环境之间的交互作用。这里涉及的因素有：个体有无道德推理能力，情景事件的性质，个人如何解释情景事件，如何判断自己的责任，有无做出道德行动的能力，以及自己如何评估自己的能力，有无社会监督，有无榜样示范等。社会心理学家拉塔奈（1981 年）曾就人在紧急情况下决定是否干预的问题，提出了一个五阶段的助人行为模式。包括：①注意发生的事件；②解释事件是否为紧急状况；③确定采取行动是否为个人责任；④选择所要给予的援助方式；⑤履行助人行为。其中关键的是形成采取助人行动的意图。

道德行为方式指的是完成道德行为所需要的社会技能，是实现道德动机的手段。未掌握适宜的道德行为方式的学生，常常会好心办坏事，或由于不当的行为方式造成不良后果，给自己带来负面的反馈信息，反过来会削弱道德动机。教师指导学生掌握道德行为的途径主要包括：讲解道德行为的基本要求；阅读课内外读物并分析在不同道德情景中典范人物行为方式的合理性；组织学生讨论完成某项道德行动的步骤；指导学生概括出不同情景下采取不同的合理行为的一般依据；引导学生对正确的和不当的行为方式进行对比；创设多样化社会情景，给学生提供练习的机会等。

如果个体无须思考或无须做出特别的努力就能够按照惯常的方式自然而然地完成道德行为，这就形成了道德行为习惯。道德行为习惯一旦养成，道德行为受阻反而会引起消极体验。故习惯的形成实际上强化了道德需要，增强了道德动机。教师在培养学生道德行为习惯时应注意：深化学生对道德行为的后果及其社会意义的认识，形成自觉练习的愿望；提供反复练习的情景；运用格言警句督促学生坚持练习；注意克服不良行为习惯；借用行为矫正方法，消除不良行为等。

道德行为在各种有利的、不利的情景中的坚定实行，有赖于道德意志。促进学生道德意志锻炼的措施有：培养坚定的道德信念，为道德意志的锻炼提供观念上的支持；鼓励学生将历史上、现实中或文艺作品中的优秀人物作为自己道德意志的榜样，形成意志锻炼的意向；创造适中的困难情景，让学生在克服困难的实践活动中磨炼道德意志；指导学生通过自我教育，用自我保证、自我监督和自我强化的办法进行意志锻炼。另外，培养儿童延迟满足和抗拒诱惑的能力都是提高道德意志的重要手段。

第四节 青少年品德不良行为与教育

青少年经常会产生一些不符合道德要求的行为，这种行为称为问题行为。经常违反道德或犯有严重的道德过错行为，我们称为品德不良行为。青少年的问题行为通常表现为恶作剧、故意违反纪律、无礼貌、骂人、打架、撒谎、考试作弊、小偷小摸、损坏公物等。青少年中出现的偷窃、流氓习性、打架斗殴、惹是生非等属于品德不良行为。

问题行为是品德不良行为的开端和前奏，而品德不良行为是问题行为的继续和发展。其区别是：①问题行为的目的性、有意性差，而品德不良行为受不良道德认知和错误思想支配，动机是有意的，目的是明确的。②问题行为具有情绪和不稳定性的特点，而品德不良行为出现的频率高、次数多，具有相对的稳定性。③问题行为的后果具有扰乱性，而品德不良行为的后果直接损害他人利益和集体利益，而且有较严重的扰乱性和破坏性。

一、青少年品德不良与问题行为的表现

1. 青少年吸烟、酗酒

我国《中学生守则》第六条规定："生活俭朴，讲究卫生。不吸烟，不喝酒。"但是，依然有不少青少年不断加入吸烟、喝酒者的行列。当今青少年的吸烟、酗酒行为还呈现多样化的发展趋势。这种现象不能不引起教育工作者的深思和警醒。

综观今日青少年吸烟、酗酒行为的现状，可以发现以下一些显著特点。

(1) 青少年接触烟、酒的年龄越来越呈低龄化趋势。

(2) 由隐秘走向公开。

(3) 青少年的吸烟、酗酒行为还常常和追求高档消费品联系在一起。

(4) 青少年的吸烟、酗酒行为还常和其他品德不良相联系。

不少青少年由于染上吸烟、酗酒的坏习惯而自己又没有固定收入，为了满足自己的欲望，往往去偷、骗、赌甚至勒索小同学，以致坠入犯罪的深渊。

此外，不仅有其他品德不良的青少年有这种行为，还有许多被人们视为"保险系数很大"的学习优秀的青少年也卷进了这一漩涡。因此，我们对青少年吸烟、酗酒行为的现象还要及时地把握住新特点，有针对性地进行研究，从而为设计相应的教育方法提供依据。

2. 青少年吸毒

根据上海有关部门的统计，上海目前累计登记在册的吸毒人员1.7万人，其中青少年占54%。如果根据惯例，按"每发现1例显性吸毒者，实际上就有10例隐性吸毒者"计算，数量更加惊人。青少年吸毒呈现以下一些特点。

(1) 青少年吸毒人数有一定增长，目前已波及几乎全国所有的省、直辖市、自治区，尤以西南、东南、西北各地为多。

(2) 吸毒者中女性所占比例在不断上升。据统计，全国女性吸毒者占吸毒总人数的20%，在广东、深圳等沿海地区，这个数字甚至达到40%以上。

（3）青少年吸毒多为结伙吸食。据统计，深圳市1993年查获的吸毒青少年中，属于团伙性吸毒的占到82.6%。

吸毒不仅损害人的身体，而且消磨人的意志，久而久之，吸毒者体质下降、精神颓废，会被彻底毁掉。更为严重的是，为了获取维持吸毒的高额费用，许多人还走上了犯罪的道路。

3. 青少年网络成瘾

在当今的网络潮流中，年青一代无疑是互联网上的主力军。许多资料表明，青少年对互联网持欢迎态度，绝大多数的中小学生已经把网络看作影响个人发展的重要因素。一项预测互联网发展前景的调查报告显示，63.9%的上网学生认为，网络已经对他们的生活、学习方式产生了重大影响。在没有上网的学生中，有81.4%的人明确表示最近会开始接触网络，因为他们认为互联网将会对他们今后的生活、学习和就业产生重大影响。

克劳特等（Kraut、Lundmark，2000年）对169名上网1～2年的对象进行追踪研究，结果显示，上网时间过多会使人的社会交往减少，尤其是与家庭成员的沟通明显减少，而且人的孤独感、沮丧情绪日益增加。美国心理学家杨格提出诊断网络综合征的十条标准。

（1）下网后总念念不忘网事。

（2）总嫌上网的时间少而不满足。

（3）无法控制上网时间。

（4）一旦减少上网的时间就会焦躁不安。

（5）一上网就能消除种种不愉快。

（6）上网比上学、做功课更重要。

（7）为上网宁愿失去重要的人际交往和工作。

（8）不惜支付巨额上网费。

（9）对亲友掩盖频频上网的行为。

（10）下网后有疏离感、失落感。

只要有上述四种以上的症状，便可以判断有网络综合征。

青少年沉溺于上网有其一定的内在原因。儿童、青少年有天生的、自发的探索外部世界的心理倾向，当然这还与儿童、青少年本身的自我控制能力有关。迷恋上网的另一个原因，是由于中小学生在这一时期非常需要同伴交往，希望结交朋友，并与之沟通，求得同伴的理解和支持。这就是通常所说的中小学生对自己的亚文化有一种归属感。有些学生由于在学校学习、社会交往与生活等方面不很成功，比如，学习失败、同学之间人缘不好、缺少亲人的温暖和关心等，他们在现实生活中实现不了的东西，可以在网络世界得以实现。为此，有的学生通过上网聊天、网上交友和网络游戏来满足自己的这些心理需求。

4. 青少年犯罪

大多数儿童和青少年在其生活中的某个时候都做过出格的事或者是给自己、他人带来伤害、麻烦的事。如果这些行为发生在儿童期或者青少年早期，精神科医生就把它们看成行为障碍，但是如果青少年的这些行为引起了违法的后果，社会就把它们认定为青少年犯罪。

青少年犯罪的预测变量包括自我认同（消极的）、自我控制（低水平的）、年龄（开始得早)、性别(男性)、教育期望(低期望、少承诺)、学业成绩(在低年级时成绩就很差)、同伴影响(影响深、抵抗力弱)、社会经济地位(低)、父母的角色(缺乏监控、支持少、管教措施无效)、街区特点(城区、高犯罪率、高流动性)。

对这些与青少年犯罪有关的因素可以做更为深入的分析。结合我国近年来对青少年违法犯罪问题的研究,可以看出青少年犯罪行为所具有的一些特征。

(1) 低龄化趋势增强。

(2) 类型比较广泛但又较为集中。

(3) 团伙作案多。

(4) 突发性强。

(5) 凶狠残忍。

(6) 在校生犯罪增加。

青少年犯罪的原因不外乎两个方面:一是导致青少年犯罪行为产生的自身因素,即内因;二是导致青少年犯罪行为产生的外界因素,即外因,主要包括家庭、学校、社会三方面的因素。针对青少年时期容易产生犯罪行为,我们有必要采取适当的措施,为及早发现和预防青少年犯罪而做出努力。

5. 青少年自杀

当今社会,自杀是青少年死亡的第三个主因(排在意外事故和他杀之后)。据估计,有6%~13%的青少年在青少年期至少尝试过一次自杀。

自杀者中最为常见的是抑郁心理障碍。大量文献已经表明,就个体水平而言,有几个风险因素与自杀观念和自杀企图有关。这些因素包括:做不寻常的事情的倾向,比如,酗酒和滥用药物;绝望感,有些自杀的青少年被认为个性不成熟及控制冲动的能力差,他们缺乏积极的自我认同,所以难以有自我价值感、意义感和目的感。另外一些自杀的青少年受暗示性很强,容易听从他人的指使或者模仿他人。如果我们警觉到这一点,给予足够的关注来改变这一状况,青少年自杀是可以避免的。

二、青少年品德不良与问题行为的成因

(一) 学生品德不良的客观原因

造成学生品德不良的客观原因,可归纳为以下几个方面。

1. 家庭方面的原因

(1) 家庭结构不良。家庭缺乏正常的生活秩序和健全的生活方式,如父母不全,家庭成员之间不和睦,父母两地分居,对孩子缺乏关心和照顾。当前,留守儿童的教育问题已经引起全社会的关注。

(2) 家庭教育功能不良,父母教育不当,缺乏管教子女的方法。如有的家长对子女要求过高,经常训斥和打骂;有的家长对子女溺爱,一味迁就、放任和纵容;有的父母双方对子女的要求不一致,有松有严;有的父母则养而不教,对子女出现的品德问题采取放任、默许、庇护的态度。家庭教养方式对子女心理发展的影响,已经有大量的研究成果。对于许多家长来说,当前的首要问题是要学习教育科学知识,树立新的教子观念,不断提高自身素质,

实现家庭教育科学化。

(3) 家风不正。家长缺乏表率作用，无视或忽视自己的一言一行所产生的不良后果，使孩子在不知不觉中受到了不良影响。家庭成员行为不检点，有不良的恶习，使孩子通过耳濡目染而误入歧途等。强调身教重于言教，重视家庭成员的榜样作用，一直是品德教育所提倡的重要而有效的方法。

2. 学校方面的原因

从学校方面来说，一个学校的校风、班风、学风，学校教育工作者的教育理念和教育方式方法，学校里同伴之间的关系状况以及学生在学校里的地位等，都会影响儿童、青少年品德的成长。

学校教育工作者在教育观点上的偏颇或方法上的不当，也会在一定程度上间接造成或助长学生的不良品德。如有的教师管教不管导，忽视了对学生思想品德的教育；有的教师对学生缺乏感情，不了解学生，教育工作不深入；有的教师对学生要求过高或过低，使学生产生厌烦情绪；有的教师不能正确对待品德不良学生的"反复"过程，对矫正品德不良问题缺乏信心、恒心和毅力；有的教师对品德不良学生，在教育方法上搞处罚主义，未能将对学生的"严"和"爱"正确地结合起来，处理学生问题偏私不公等。

3. 社会方面的原因

广义的社会环境指整个社会关系和社会风尚；狭义的社会环境则指学校和家庭以外的学生的朋友、邻居、社区，以及影响个体的各种社会活动等。从总体上看，我们的社会环境是有利于学生品德健康成长的，但是，社会上存在的一些不正之风及腐败现象对青少年的健康发展也有着极为不利的影响，各种低级、庸俗的色情文学对青少年具有侵蚀作用，各种刑事犯罪分子及形形色色的教唆犯对青少年具有毒害作用。

(二) 学生品德不良的主观原因

除了上述客观原因外，造成学生品德不良还有种种主观因素。

1. 青少年学生的心理内部矛盾

正在成长的青少年，他们内部心理因素的发展是不平衡的，因此，往往会产生各种各样的心理矛盾。青少年认知与行为之间的脱节是经常存在的，即使口头能说某些抽象的道德概念名词，若不理解其正确的含义，当然也就不能在实践中正确运用。在某些情景下，如果没有监督，他们有时就经受不起不良情景的诱惑，特别是在涉及他们的切身利益而产生内心冲突时，容易产生错误行动；青少年学生往往带有认知的盲目性和情感的冲动性，常常是怎么想就怎么做，做错了也不知道为什么错。

情感与意志的矛盾在青少年身上也特别明显。青少年的情绪、情感是丰富而强烈的，但不稳定，易变化，也易走极端。他们的行动往往不能由理智来控制，而多受情绪驱使。控制与调节能力薄弱，当受到某些外界不良诱因的刺激而陷入情绪冲动状态时，就容易铤而走险。

2. 缺乏正确的道德观念和道德信念

不良品德的形成与学生的道德认知上的错误有密切的联系。有的学生不理解或不能正确理解有关的道德要求和道德标准，如把违反纪律视为“英雄行为”，把敢打群架等同于“勇敢”。有的学生虽知道什么能做、什么不能做，但这种认知没有转化为指导行为的信念，一旦在富有诱惑力的不良环境因素影响下，就有可能走上邪路。

3. 道德意志薄弱

在不少情况下，有些学生在道德观念与个人欲望发生矛盾时，由于意志力薄弱，正确的观念不能战胜不合理的需要，从而产生不道德的行为。另外，由于意志力薄弱，往往经不住外界的诱惑，不能始终如一地履行道德义务而产生不道德行为。

4. 不良行为习惯

不良行为习惯是在用不符合道德要求的行为方式来满足个人欲求，并在多次侥幸得逞的情况下养成的。坏的行为习惯一经养成，形成心理定式，就会使人不知不觉地采取不道德的行动，再加上由于坏习惯的维持所产生的愉快的情绪经验，又会使类似的不良习惯得到强化，从而增加了矫正这些坏习惯的难度。

5. 性格上的某些缺陷

学生已形成的不良性格特征制约着他们的行为。例如，执拗、任性、骄傲、自私等消极的性格特点很容易使学生无视他人和集体的利益，一心维护个人私利，甚至做出破坏集体纪律和有损社会公德的行为。

三、青少年品德不良与问题行为的矫正

(一) 消除疑惧心理与对立情绪，加强社会规范教育

犯有严重过错的青少年由于担心受到或曾经受到人们的严厉指责与嘲笑，往往比较“心虚”“敏感”“有戒心”“有敌意”，常常主观地认为教师也轻视自己、厌弃自己，甚至会“迫害”自己，以致对真正关心他们的教师也不愿接近，采取回避、沉默甚至对抗的态度。在这种情况下，教育者的教诲多半成为耳旁风。当这种教诲被他们曲解时，还会使师生关系进一步恶化。

为了消除上述心理障碍，教师应当怀着深厚的情感，从多方面关心和帮助犯错误的学生，同时热情而严肃地对他们提出希望，使他们在生活实践中亲身体会到教师的善意，相信教师的真心，把教师当成知心人。有时可以告诉犯错误的学生：“一切从头做起，好坏看今后的实际表现!”教师的这种明朗态度也能消除学生的顾虑，引起态度的转变，甚至是爆发式的转变。有时运用一些感人肺腑的事迹启发学生的觉悟，打动他们的心，也可激起他们上进的欲望。在再教育过程中，针对实际情况，依靠教师来消除犯错误学生的心理障碍，这是矫正青少年品德不良和问题行为的首要环节。

(二) 注意教育方法，尊重青少年的自尊心

自尊心是青少年在集体生活中发展起来的一种心理状态或个性特点，它是个人在一定

的群体中希望受到别人尊重并取得合格成员资格与地位的一种意识表现。自尊心人人有之，而青少年的自尊心较一般成年人更强，他们总期望自己的形象受到别人的注意。

尊重青少年的自尊心和上进心，就应该是当他们取得成绩时，给予恰如其分的评价与鼓励。当他们犯了错误时，一方面，不姑息，不放任；另一方面，要帮助他们认识错误，动之以情，晓之以理。还应该尊重他们的人格，尽量满足他们合理的需求，尽一切力量减少他们的挫折感，从而抑制和减少青少年的问题行为，矫正不良品德。

（三）提高青少年辨别是非的能力，形成是非观念与是非感

欠缺是非观念与是非感，辨别是非能力差，是一些青少年常犯错误的原因之一，同时也是品德不良青少年的一种心理特点。形成是非观念与是非感，是使青少年自愿改正错误行为与坚持正确行为的重要心理因素。

培养是非观念与是非感是道德动机教育的一部分，两者是结合在一起的。为了帮助犯有过错的青少年迅速形成是非观念与是非感，应特别注意要严格要求，适当组织舆论，赏罚要分明等。

（四）培养青少年的移情能力和抗诱惑能力，巩固新的行为习惯

错误行动一方面受到内部错误观念因素的支持，另一方面也总是由一定的外部诱因所引起的。社会心理学研究表明，移情能力越高，抗诱惑能力越强，发生问题行为就越少。根据这种规律，我们应该努力培养青少年的移情能力和抗诱惑能力，激发他们的同情心，从而抑制和矫正他们的品德不良与问题行为。培养移情能力可以用情景描绘和角色扮演等方法，通过让他们充分认识自己的错误行为，从而改掉不良的行为习惯，建立新的行为习惯。另外在形成新的动机与新的行为习惯的基础上，通过一定的考验方式，使他们得到锻炼的机会，达到巩固行为习惯的效果。

（五）考虑学生的个别差异，运用良好的教育方法

青少年的问题行为和不良品德由于年龄、个性以及事情的性质与严重程度不同，其行动的表现方式是不相同的。为了有效地解决具体对象的具体问题，应该采取多样而灵活的教育措施。

对于不同青少年的不同情况，或采用正面诱导法（如肯定他们的钻研精神，指导他们应该用什么方法来实现目的等）、活动矫正法（如负担某些不容再犯错误的工作）及信任法（如相信他们能勇敢地承认错误与改正错误）等，或采取比较严厉的教育方法（但也必须根据问题的严重程度与他们的性格特点选择不同的教育方式），甚至有时也可以采用曲折迂回的方法，审时度势并不失时机地解决不同学生的不同问题行为。

思考题

1. 什么是品德？品德与道德的区别与联系有哪些？
2. 品德的心理结构有哪些方面？

3. 如何培养青少年的道德认知？
4. 如何培养青少年的道德情感？
5. 如何培养青少年的道德意志和道德行为？
6. 青少年的价值观发展特点是什么？
7. 青少年经常发生的不良行为有哪些？这些不良行为产生的原因有哪些？

第七章　青少年的同伴关系发展与教育

本章要点

- 同伴关系及其功能
- 同伴团体的结构和同伴接纳
- 青少年的友谊观的发展及其特点
- 青少年的异性交往

随着年龄的增长和活动范围的扩大，青少年从家庭走向学校并参与其他社会生活，逐渐减少与父母的交往，更多地生活在同伴世界里。个体在与同伴的交往中会学到很多关于社会的知识和技能，这是其他人际关系所无法取代的。重视青少年的同伴关系，将对其成年后社会交往能力的良好发展产生深远影响。

第一节　同伴关系概述

一、同伴关系的定义及其性质

同伴(peer)是指与个体年龄或社会认知能力相当的人。同伴之间在交往过程中建立起来的共同活动、相互协作的关系就是同伴关系(peer relationship)。

同伴关系具有平等、互惠、自由的性质，这就和与父母、师长之间的关系形成对比——后者的性质是服从与被服从、教导与被教导的。《韦氏新大学词典》将同伴定义为“彼此间地位平等的人”，即体现了这层含义。

二、同伴关系的价值与功能

哈吐普(Hartup)将儿童在发展过程中形成的人际关系分为以下两种，它们对儿童的社会化具有不同的意义：①儿童与父母、师长等具有更多知识和更大权利的成人之间的关系称作“垂直关系”(vertical relationship)，其特点是成人控制性和互补性，为儿童提供安全和保护。②儿童与具有相同社会权利的同伴之间关系称作“水平关系”(horizontal relationship)，其特点是平等性、互惠性。它为儿童提供学习和交流社会经验与技能的机会，这种机会是垂直关系所不能给予的。哈吐普认为，在一定意义上，“水平关系”比“垂直关系”对儿童社会化过程来说更为重要，前者可实现属于后者的功能。有这样一个典型的实例：第二次世界大战期间，六个 3 岁左右幼儿的父母在纳粹德国集中营被杀害，这些孩子靠相互照顾生存了下来。战后他们被转移至英国的治疗中心接受康复治疗，而他们却对中心的职员不感兴趣甚至怀有敌意。但是这六个儿童之间的依恋非常强烈，彼此表现出明显的利社会行为。这种紧密的同伴关系使他们顺利地社会化，很快就与成人照料者形成了积极的关系，后来均成长为身心健康的正常人，由此可以看出同伴关系在个体社会化发展过程中的价值所在。

具体地讲，同伴关系的功能表现在以下几个方面。

（一）强化作用

同伴在交往过程中的表现和反应可成为彼此行为的强化物。帕特森等（Patterson G.R.、Littman R.A.，1967）曾以儿童作为被测试者研究同伴的反应对幼儿攻击性行为所起的作用。研究发现，当发动攻击的儿童抢夺受害者的玩具时，若后者表现出退缩或沉默，攻击行为将会受到强化；反之，若后者予以反击，攻击行为就会得到抑制，但这种抑制又可能会增加受害者主动发起攻击的概率。这种强化作用同样可以在青少年群体中得到体现。

（二）榜样作用

古语云："近朱者赤，近墨者黑。"根据班杜拉的社会学理论，同伴是一种社会榜样，其行为结果可作为间接强化物对青少年行为的发展产生影响。当儿童还不具备完备的自我认知能力时，常常把同伴的行为作为衡量自己的标准，儿童的自我形象和自我尊重便建立在这种社会比较的过程中。

（三）稳定感和归属感的重要来源

根据马斯洛的需要层次理论，个体对爱与归属的需要的渴求程度仅次于生理的需要和安全的需要，是一种重要的基本需要。儿童和青少年与同伴的相处过程使这种需要得到满足——情绪获得宣泄、得到安慰和理解，缓解成长过程中产生的紧张和焦虑情绪。

（四）帮助"去自我中心"

皮亚杰认为，处于前运算阶段的儿童在社会认知过程中带有"自我中心"的特点，他们只能从自我的角度去解释世界，不能从多方面考虑问题，无法认识到别人的需要、想法与自己并不相同（比如，幼儿很难正确辨认对面的人的左右）。通过与同伴交往、互动，儿童才能逐渐学会了解别人并约束自己，改变自己不合理的想法，更好地与他人相处。

（五）社会化动因

哈洛（Harlow）在以恒河猴为研究对象的实验中发现，自幼与同伴隔离的幼猴（只与母猴在一起）形成了异常的社会行为模式，当它们与同龄猴子在一起时倾向于回避，或表现出很强的攻击性。但是若再次将其与更年幼的正常幼猴放在一起生活一段时间后，它们又恢复了常态，这充分反映了同伴关系对个体社会化所起到的促进作用。

三、同伴关系的类型

（一）友谊

友谊是两个个体之间形成的以信任为基础、以亲密支持为情感特征、较持久的双向关系。友谊为个体体验情绪、学习社会技能和自我控制提供了机会，对儿童和青少年的社会性发展起着至关重要的作用。弗曼和比尔米斯认为友谊有八种功能：友爱、亲密、可以依赖的同盟、友谊的帮助、安抚、陪伴、肯定价值和归属感。

（二）同伴群体关系

同伴群体是指两个以上儿童之间的具有共同目标、共同行为规范、相同兴趣爱好和情感联系的群体。同伴群体存在一定的组织结构，其中的成员有着不同的角色与地位，有的是支配者，有的是追随者。儿童在同伴群体中通过扮演不同的角色，与不同个性的人打交道，逐步学会接受个体间的差异，学会应对人际冲突及发展各种对未来有用的社会技能，因此，同伴群体对儿童和青少年的社会性的健康发展具有极重要的作用。

影响同伴群体的形成除了地缘因素（如在同一个班级就读）外，心理因素更为重要。社会心理学家谢里夫(Sherif)在其一项经典性研究中发现，一个能够使儿童产生交往行为，具备一致的目标、共同完成的任务，并有利于同伴之间合作的活动情景是同伴群体形成的基本条件。

第二节　青少年的同伴群体

当今时代，信息现代化的成果冲击着家庭作为政治、经济单位的重要性，完全拘囿于家庭环境中的社会化过程已经全然没有意义。个体的社会化历程不仅需要家庭背景下的动力源，更为重要的是要走入同伴经历中，儿童的社会化主要是在同伴团体中完成的。加入现行的年龄分组教育模式，同伴团体成为儿童青少年社会性组织的重要特征，是青少年首要的生活背景。青少年期，同伴团体的结构、功能均发生重大的变化。

一、同伴团体的一般结构

所谓同伴团体，是一个特定的社会—心理团体，是指在社会化过程中尚未成熟的个体联合而成的团体，在年龄上没有严格的界限。一般的同伴团体结构，主要有友伴群和群体两种类型。

（一）友伴群

友伴群(clique)人数较少，一般为 2～12 人，即三五一伙、七八一群。友伴群一般在自发交往中，在共同活动或亲密友谊关系的基础上建立起来。友伴群属于非正式团体，有以下特征。

(1) 心理倾向的一致性。在友伴群内部，其成员具有相近的心理结构，包括相近的个性心理特征等。

(2) 结构变化性与功能特征的稳定性。由于青少年本身是一个处于成长发展中的群体，友伴群的结构具有中等程度的稳定性，随后会有成员的加入或退出，但其主要的功能特征以及彼此的亲密情感联系没有大的变化。

(3) 行为的从众性。在以情感、友谊为基础的友伴群中，成员一般具有较强的群体意识，可以承受较强的群体压力，群体内成员自然也受到群体规范的约束，因此成员的从众行为更为明显。

(4) 核心人物的权威性。友伴群通常有一定的组织层次，有自然形成的“领袖”人物，他们虽非选举产生，却有较高的威信和影响力。青少年友伴群的同龄现象在很大程度上源于当前的学校制度，学校中的年级、班级划分将他们的交往范围局限于同龄人之中。

友伴群这一特定的群体结构作为青少年的生活背景，其发展功能主要体现在：①通过小范围、个体间的亲密互动，青少年可以积累丰富的人际交往经验，习得并实践诸多社会技能，此社会技能在成人期的发展中极为重要；朋友间亲密的情感经历还能够为二元友谊关系、男女恋慕关系的发展提供一个基础模式——社会能力和亲密感是友伴群最重要的发展功能。②作为群体，它可以同时满足青少年诸多的心理需要——归属感、安全感、自我同一性、自尊等。③群体成员间日常的工具性支持也有助于个体形成开朗的性格和乐观的生活态度。

（二）群体

群体(crowd)是一个总括结构，是基于共同声誉之上的集合体，比非正式的友伴群规模要大，成员之间并非有亲密的情感联系与互动。群体不是基于友谊关系或共同活动而建立的，而是由于外界对某些个体具有相似的定见(认为他们有共同的态度或活动)而形成。群体中往往有较大的社会性活动，有更广阔的社会化人际交往。

青少年并非刻意归属于某一特定的群体，也无须与其他所有成员都建立直接友好的联系。但他们对群体的印象是刻板的，青少年往往过分炫耀所属群体的积极特征，而夸大其他群体的消极特征。青少年的亲密朋友大多来自同一友伴群，但他们却可能属于不同的群体。群体不是友伴群的简单集合。

群体对于青少年发展有以下功能。

(1) 群体提供更广泛的社会交往与社会信息。更为广泛的社会化交往使青少年得以利用一个新的、巨大的信息来源，这些信息包括价值观、可供考虑的选择、性别作用、学业可能性等。

(2) 群体是一个无须依从的支持网，使青少年可以获得工具性支持，满足青少年归属感等心理需求。

(3) 群体是青少年自我同一性发展的源泉，这是最为重要的发展功能。群体建构的基础是成员共同的声誉，早期青少年尚未形成有关自我的完整统一认识，群体是其认识自己的重要背景。青少年将群体作为一个参照系，积极、主动地建构自我，群体压力在一定程度上也强制“塑造”着“自我”。

二、青少年同伴团体的发展变化

（一）性质变化

在青少年期以前，儿童的同伴团体一般体现为同学或邻里间的游戏团体和同性别的小团体，没有一定的组织形式，团体成员也极不稳定。随着儿童年龄的增长，这些团体逐渐有了一定的组织形式，例如，成员的地位有所分化，并有了团体聚会等。但团体本身的维持时间仍非常短暂，且主要是单一性别形式。

步入青少年期，个体的同伴关系有了不同性质的划分，也有了组织上的分化，发展了更为密切的友谊，在此基础上形成友伴群。随着认知能力从具体到抽象的发展，青少年开始明确认识自己隶属的群体环境以及在其中的相应地位，对群体的界定不再仅仅根据具体的行为表现等外在表象，而注意从中抽取典型特征，群体特征更加抽象。从友谊到友伴群，再发展到群体，使青少年有了各种不同水平的同伴经历，这些经历相互交叉，而青少年也以极其复杂的形式参与其中。同时，发展中的青少年也能够逐渐消除刻板印象，克服群体影响，自由地转换群体，努力提高自己的地位。

（二）结构变化

随着青少年的发展，同伴团体还发生着结构上的变化，即性别的混合，接下来会出现二元性别友谊，即爱慕。

青少年初期，个体的活动大都围绕单一性别的友伴群，青少年还没有涉入更广泛的社会活动，只是与有限的几个朋友进行日常的交谈和游戏。随着个体的发展，异性之间开始了交往，但这种交往不是在紧密友伴群内部，而是在更大的群体背景下。群体范围内两性参与的互动促进了异性关系的发展，从而使异性关系逐渐发展到友伴群内部，这时友伴群的结构发生了彻底的变化，即性别混合。到青少年期末，男女关系发展到一对一的朋友，最终出现男女之间的爱慕。宽泛的团体结构开始瓦解，友伴群内部的密切联系逐渐减少，取而代之的是二元男女关系。不过，友伴群内部的联系仍然维持在特定水平上，并一直延续至成人生活中。

三、同伴接纳及其影响

青少年在与同伴交往中会形成两种关系：二元关系和同伴团体关系。二元关系是指以个体为指向的双向结构，反映的是个体与个体之间的情感联系，是一种特殊类型的同伴关系和依恋关系；同伴团体关系是一种群体指向的单向结构，反映的是不同结构团体对个体的态度，喜欢与否，是接纳还是排斥，其中，同伴接纳水平是同伴团体关系的一个重要指标，反映了个体在同伴团体中的社交地位。

（一）同伴接纳类型

纽科姆等通过社会测量法确定的同伴接纳类型是当今最为流行的。

1. 受欢迎的儿童

受欢迎的儿童（popular children）一般能获得许多同伴积极的提名或评定，即被大多数同伴喜欢。他们通常都是友好的、令人愉快的、温厚的、幽默的。他们对待别人很和善，对于别人的需求也很敏感。他们乐于倾听（不是仅仅关注与自己有利害关系的话题），并且能清晰地表达自己的观点。他们通常都会是活动的组织者，并且邀请别人加入。他们很有自信，但并不狂妄自大。

2. 被拒绝的儿童

被拒绝的儿童（rejected children）几乎没有获得积极提名或评定，即被大多数同伴回避甚至厌恶。无论是儿童时期或青春期被拒绝的个体，他们均缺乏一定的社会技能，反映出两种不同类型的社会技能缺失。他们很不招人喜欢，其原因通常是别人觉得他们的侵略性太强，具有分裂性，喜欢争论。他们总是忽略别人的感受，总是不分青红皂白地反对别人的意见。

3. 被忽视的儿童

被忽视的儿童(neglected children)被同伴提名(包括积极和消极)的次数很少。他们并不像被拒绝的儿童那样树敌，但是他们也同样没有朋友。他们是被忽视的人，很少被自己的同伴们注意到。他们很难交到朋友或有正常的同伴关系，通常是因为他们太害羞或者性格太内向，并且拒绝参加集体活动。在社会人际学的评价中，他们既不是别人喜欢的人，也不是别人不喜欢的人，别人根本就很难记得他们是谁。他们也缺乏被他人接受和建立持久关系所必需的社会技能。

4. 矛盾的儿童

矛盾的儿童(controversial children)被某些同伴喜爱，同时又被其他一些同伴看作具有破坏性的人而被厌恶、回避。因为对于他们，人们会有完全不同的反应。对于他们，不同的人在不同的场合不是非常喜欢他们，就是非常讨厌他们，人们的看法不像受欢迎的或被拒绝的儿童那样一致。一项最新的研究发现，这样的儿童比受欢迎的儿童更有可能成为一些不寻常的同伴群体的领袖人物。

5. 一般的儿童

一般的儿童(average children)被同伴接纳的程度处于一般情况，在同伴提名中没有获得极端的分数(最喜欢或最不喜欢)，他们受欢迎的或被拒绝的程度均趋于中等。

总体而言，同伴拒绝这一类别最为稳定，而被忽视和矛盾身份的个体稳定性很差。随着年龄的增大，他们总会被部分同伴接受。考察青少年这一特定时期的同伴关系，我们主要关注受欢迎的和被拒绝的个体。

(二) 同伴接纳的影响因素与干预策略

研究者一般认为，行为特征和社会认知是影响同伴接纳的主要因素。近年来，个体的情感层面和其他社会关系(家庭经历以及社会环境)对同伴接纳的影响作用受到了越来越多的关注。

1. 行为特征

所有研究证实，青少年期普遍受欢迎的决定因素是社会能力。行为特征是个体社会能力的重要体现。受欢迎的青少年快乐、率真、热情、自信，给同伴以积极的肯定、适时的关注与帮助，能够悉心地倾听倾诉，彼此开诚布公地交流。

被拒绝的青少年霸道、冲动、不明智，具有攻击性、破坏性，总是希望主导活动和强制别人服从，不能够很好地与别人协作。但不是所有被拒绝的青少年都是攻击破坏类型的，有10%～20%属于退缩型，他们胆怯、害羞、抑郁，这在很大程度上阻碍着正常的人际交往。

2. 认知能力

很长一段时间内，同伴关系影响因素的研究主要集中在个体的行为特征方面。近年来，研究者开始关注社会认知的重要作用。社会认知是社会能力的重要方面，上述诸多行为表现，如适时地关注同伴并给予帮助，有效地吸引并维系同伴的注意等，大多取决于青少年的社会认知能力的发展。

解决社交问题的策略是个体社会认知能力的一种综合反映。同伴关系不良的青少年往往缺乏适当的社会策略。受欢迎的青少年能够更清楚地认识到要维系友谊关系、让大多数同伴喜爱，就需要做事情，知道给同伴以肯定，具有更多的交往技能与策略。被拒绝的青少年往往把别人的无意损害行为理解为敌意的，不能够很好地认识自己的行为可能会造成的消极影响。

3. **干预策略**

针对被拒绝的攻击型青少年，干预的重点通常是帮助他们学会去注意同伴。作为一个悉心的倾听者，不要试图控制别人，强制性地主导整个互动过程。同时应训练他们在不干扰同伴团体活动的情况下友好地加入其中。而对于退缩型的青少年，重要的是帮助他们学会以积极的方式适时引起同伴的注意，并通过有技巧地询问，悉心地倾听，讲述一些有关自己的可能会使同伴感兴趣的事情等方式，保持别人对自己的关注；同时帮助他们有效地融入同伴团体。

具体干预策略通常有以下三类。

（1）直接教授青少年缺失的社会技能，即更高水平的观点采择能力、倾听技巧、言语交流技巧等。

（2）帮助他们参加受欢迎同伴团体的活动，逐渐使他们为同伴接受，同时帮助他们改变消极的自我意象。

（3）综合运用多种技术手段来改善被拒绝的青少年的社会能力，包括教授并具体展示特定情景下适当的社会技能，并就此展开讨论、推理，同时对个体真实情景中的适当表现予以强化等。

第三节　青少年的友谊关系

友谊关系是以个体为指向的双向结构，反映的是个体与个体之间亲密的情感联系。在青少年期，友谊双方注重亲密的情感联系和自我表露。青少年普遍认为朋友之间需要相互理解和支持，对朋友的要求已经涉及彼此在深层次个性心理特征上的一致性，由此产生了真正的“互惠”意识——思想、情感甚至是人格上的共享。与年幼儿童相比，青少年在友谊方面报告了更高水平的亲密感。亲密的自我表露也是青少年友谊的显著特征，它有助于青少年理解自己以及自己与他人的重要关系。另外，青少年期的友谊不再局限于同性之间，异性之间也建立了新型的友好、亲密的互动关系。但需要指出的是，亲密的异性互动可能还会涉及另外一种关系——男女爱慕。青少年中后期，少数个体开始涉入这一类型的关系。

一、儿童及青少年友谊观的发展

友谊观是指个体对人与人之间感情上的亲密关系的认识和理解。美国学者塞尔曼(1980年)认为友谊的发展经历了以下几个阶段。

阶段0(3～7岁):这一阶段的儿童还没有形成明确的友谊概念,他们之间的关系尚不能确切地称为友谊,只是暂时的游戏伙伴关系,具有偶然性和不稳定性。朋友往往与实惠及邻近性有关。例如,儿童可能有这样的想法:"他是我的朋友,因为他让我玩他的玩具。"

阶段1(4～9岁):单向帮助阶段。即如果对方是"朋友",就应该做自己要求的事情。例如,儿童可能有这样的想法:"你不听我的话,我就不跟你是朋友了。"

阶段2(6～12岁):双向帮助阶段。这时儿童对友谊的双向互惠性质有了初步了解,但是还做不到"共患难"。

阶段3(9～15岁):亲密的关系共享阶段。这个时期的儿童出于共享和双方利益而与他人建立友谊。朋友之间相互袒露、倾诉秘密,协商解决问题。

阶段4(12岁开始):自主的共存阶段。这是友谊发展的最高阶段,这时青少年已认识到友谊既是一种需要,又是一种义务,友谊建立在相互信任和尊敬的基础上。此时朋友间的友谊质量大大提高。

由此可见,随着年龄的增长,儿童对友谊的理解是不断变化的:最初只是根据表面的行为(如共同的游戏活动)和关系(如邻近)来定义朋友,到后来慢慢发展为将友谊视为更抽象的相互关心、分享感受、相互安慰等内在的关系。到青少年时期,他们将友谊看作可以进行自我表露和倾吐彼此秘密的特殊亲密关系。在青少年初期,个体对友谊的理解还比较肤浅,他们注重表面现象,注重共同的活动而非内心感情和观念的交流,对他们而言,友谊的中心任务是"彼此要好、互相帮助"。青少年中期的友谊强调亲密感、自我表露和情感支持,忠诚和信任则是维持友谊的最基本保证。青少年后期的个体仍然强调友谊的信任和忠诚,但他们更注重的是对方的人格和才能,能够相互容忍并欣赏彼此的差异。随着男孩和女孩步入青少年期,他们开始重新考虑并修改自己的"友谊哲学"——他们关于友谊的信念、价值观和期望,以及这些"友谊哲学"与实际友谊经验间的相互作用。而这些互动的过程可能会导致有关友谊和自我的或积极或消极的评论(Azmitia、Ittel、Radmacher,2005年)。

二、友谊的测量

(一) 友谊的模型

巴库斯基等(1989年)提出了友谊研究的层次模型,它已成为评价友谊的基本框架。

第一层次:两个个体之间是否存在双向选择的积极情感关系——友谊。采用的研究方法是提名法和量表评定法,只是使用上与传统的测量同伴群体关系的方法不同。它要求儿童、青少年相互提名和相互评定,只有相互提名为好朋友或评定量表上相互给高分的儿童、青少年才能说明他们之间存在友谊关系。

第二层次:友谊的范围,即儿童拥有的相互认可的朋友数量。这可以由相互提名和相互积极评定的数量对数确定。

第三层次:友谊的质量,即朋友之间提供的支持、陪伴或冲突水平。这可以通过对被测试者实施有关友谊关系的问卷或在访谈中让儿童在评定量表上评价他们友谊的特点来完成。

（二）友谊的测量

(1) 识别儿童、青少年的朋友。识别儿童、青少年的朋友最常用的方法是社会测量法。一般使用最好朋友限定提名法，让被测试者根据亲密关系的程度，按顺序写出三个最好朋友的名字，不足三个或没有的按实际情况写。研究者将互选为第一最好朋友的情况视为首互选友谊。也有研究者把在三个朋友提名中相互选择为最好朋友的都视为互选朋友。还有研究者采用非限定提名法，要求被测试者根据自己的实际情况将班上的朋友有几个写几个，然后计算每个被测试者的互选朋友数。

有时候研究者也会用其他方法识别儿童、青少年的朋友以及确定他们的友谊特征。常用的方法有行为观察法，即考察被测试者之间活动的频次、稳定性以及情感质量(Bukowski，et al.，1988 年)。从儿童青少年与其他同伴发生的自然互动中，评估他们的谈话、接近、相互强化、自我袒露、控制与支配、共同的情感、合作、攻击、冲突与冲突解决，以及他们之间的其他关系指标，然后将观察得来的互动加以比较，以决定哪些特征可以将朋友与非朋友区分开。研究者有时候也要求教师或家长识别儿童、青少年的朋友。研究者还常通过对儿童、青少年进行访谈或让他们做问卷以识别他们的朋友，同时也让他们报告自己的友谊特征和质量。

(2) 友谊质量的测量。研究者通常是基于自己的实证工作或以往其他研究者得出的重要结论来编制友谊质量问卷，因此，在友谊质量问卷具体维度上存在争议。例如，Furman 和 Bierman(1984 年)编制的友谊关系问卷从三个维度测查了友谊的特点：①热情/亲密。由友爱、亲密、亲社会行为、接纳、忠诚、相似和相互欣赏分量表构成。②冲突。包括争吵、对手、竞争三个分量表。③关系的排他性。用两个分量表评价被测试者和其朋友在多大程度上只愿和对方做朋友。Berndt 和 Perry(1900 年)认为可以从积极特征(如利社会行为、亲密、信任)和消极特征(如竞争、冲突)以及交往频率等方面评价友谊质量。Parker 和 Asher(1993 年)在 Bukowski 等(1987 年)原有问卷的基础上编制了友谊质量问卷(FQQ)，由 40 个题目构成，测试结果表明，儿童友谊质量的结构包括六个维度：亲密交流；冲突解决；陪伴与娱乐；帮助与指导；肯定与关心；冲突与背叛。有研究者指出，FQQ 是儿童友谊质量测查中较为认可的工具。从已有的友谊质量问卷来看，虽各具特色，但可以发现编制者都考虑到了 Weiss 提出的友谊的心理功能，主要涉及积极属性和消极属性两个方面。因为积极友谊特征的存在并不等于消极特征的消失，朋友之间的冲突特征应该得到进一步的研究，特别是攻击性儿童的友谊特征。所以，从友谊中获得帮助和关心，承认友谊冲突，以及迅速、有效地解决冲突，都是友谊质量的维度。

观察法和访谈法通常被用来研究现实情景中的友谊质量。例如，使用观察法研究朋友之间互动的频率、稳定性和情感质量(Gottman，1983 年；Hartup，et al.，1988 年)。儿童之间的交谈、亲近、相互强化、自我袒露、控制、情感共享、合作、攻击、冲突与冲突解决等指标都可以在自然情景中进行观察和记录。访谈法也可以用来确定朋友的数量，报告友谊关系的特点和质量。由于这两种方法受研究者素质和客观条件的限制，同时，并不是所有的友谊质量维度都能采用观察和访谈的方法，因而在应用上的广泛性不如问卷法。但这种方法给研究者提供了许多问卷法无法提供的信息,一定程度上克服了儿童和青少年自我报告中的偏差和局限。

三、青少年期的友谊特点

随着青少年身心的发展,他们对友谊的理解和要求也进一步提高。李淑湘等(1997年)的研究发现,6~8岁儿童只能认识到友谊特性中一些外在的、行为的特征,以后才能逐渐认识到那些内在的、情感性的特征。但是,原来那些外在的特征并没有随着儿童年龄的增长而被取代,而是与内在的、情感性的特性结合在一起,在认识中逐渐深化。朱瑜(2006年)的研究发现,青少年开始用一些社会心理概念来对友谊进行描述,如自我袒露、信任、相似的价值观念等。

亲密性是青少年友谊的特点之一,青少年将亲密性看作友谊关系的核心。当问及青少年想从朋友那里得到什么或者为什么说一个人是他们最好的朋友时,他们常常会说好朋友将会与他们分担问题,理解他们,并且在他们说起自己的想法和感觉时好朋友会认真倾听。在一项调查中发现,友谊的亲密感对13~16岁的个体比对10~13岁的个体更重要,青少年也说他们更多地依靠朋友而不是父母来满足他们对陪伴、价值观确认和亲密感的需求。

青少年的友谊亲密性存在着性别差异。女孩对亲密友谊的需要比男孩要早一年半到两年,并且女孩的友谊比同龄男孩的友谊更亲密。女孩在描述好朋友时更多地强调亲密的交谈和彼此的忠诚,她们的友谊标准更细腻,她们在友谊关系上表现出更多的依恋色彩和相互依赖。尽管青少年男孩和女孩都重视友谊中的亲密性,但是女孩往往是通过自我表露来达到亲密性,而男孩则倾向于通过共同的活动增进友谊中的亲密性。女孩自我表露的倾向可能会增进友谊中的亲密感,获得朋友的帮助,但是这也可能使女孩在面对朋友的背叛或泄密时更容易受到伤害,并且这也会限制或终止友谊。对男孩来说,他们可能会因为自我表露而受到嘲笑,因为自我表露被认为是缺乏男子汉气概。所以,男孩的恋人最可能成为自己的好朋友,并且为自己不便于在同性友谊中进行的自我表露提供了机会。

姚福涛(2008年)以农村文化背景下的青少年作为被测试者,研究了他们的友谊特点。结果表明,父母外出打工家庭的青少年的亲密感和排他性显著高于父母都未外出打工家庭的青少年。这是因为在农村地区,如果父母一方或双方外出打工,家庭成员可能会因为繁重的农业生产或家庭生计的压力而较少与孩子互动,这样家庭中的青少年的交往对象只能是朋友或其他同龄人,这使得他们把更多的期待寄予朋友身上,更希望朋友能"专注""专心"地对待自己,而极不情愿看到自己的朋友与别人在一起,不和自己玩,他们极希望自己能够"占有"朋友的所有时间。他们十分不愿意他人或陌生人加入自己与朋友的活动中。另外,家长出去打工,必然造成与孩子沟通交流减少,青少年更多地与朋友待在一起,朋友是他们敞开心扉及解答疑惑的对象,他们在与朋友间的互助同盟和亲密感方面有更高的期待。

相似性是青少年促进友谊关系发展的心理因素,他们在结交朋友时更为注重彼此一致的兴趣、态度、价值观、个性特征等。女孩们更可能描述她们最好的朋友为"像我一样敏感"或"和我一样值得信任"。相似性是青少年选择朋友的重要原则。例如,那些在较大的同伴群体中处于较低社交地位的个体(如被拒绝)可能会成为朋友。

随着认知发展水平和相应的社交技能的提高，青少年的友谊也具有相对的稳定性。Barry 和 Wentze(2006 年)以高中生作为被测试者，对他们互选友谊的稳定性进行了两年的追踪研究。结果表明，第 1 年是互选友谊，而第 2 年仍然是互选友谊的被测试者占 58.4%；第 1 年是互选友谊，而第 2 年指出不再是互选友谊的被测试者仅占 9.8%。长期稳定的友谊关系为青少年探索自我、锻炼社会能力乃至健康人格的发展都提供了一个必需的平台。

总之，从青少年早期到晚期，友谊在亲密性、互惠性以及异性关系方面经历了重要的变化。青少年的认知发展逐渐增强了他们对自己和他人的行为、情绪和意图的反思，并且对友谊以及对友谊经验的解释更为深刻。浪漫关系也变得重要起来，但是它具有挑战性，并成为青少年与朋友谈论的话题。

四、友谊对青少年健康发展的促进作用

友谊是一种相互充满深情的友好关系。在友谊中被一个人所爱与在同伴接纳中被许多人所喜欢的体验有着质的不同。青少年在生理和心理方面都会发生剧烈的变化，而这些变化可能会给他们带来焦躁和迷惘，在此过程中，拥有亲密的、支持性的友谊便具有了特殊的意义。

(一) 友谊为青少年提供了亲密交往的机会和情感支持

青少年早期，随着自身的成长，个体亲密感的需求日益强烈，这促使他们寻求关系亲密的朋友。这一时期的友谊成为感情共鸣和体验分享的基础，只有亲密的朋友间才能做到"心有灵犀"。青少年愿意与亲密的朋友分享个人的秘密，因此，"信任"和"忠诚"在择友中非常重要。青少年拥有信赖的亲密朋友，体验到信任、被接纳感和相互理解。没有亲密朋友的青少年缺少了重要的情感依托对象，他们会体验到更多的孤独感，更容易沮丧、焦虑，自尊水平也相对较低。青少年期友谊与主观幸福感有显著的相关，并对主观幸福感的相关指标有一定的预测力。

另外，朋友之间的交流本身就是青少年很好的情绪调节方式之一。朋友间的交流为他们提供了充分地分享情感、释放压力、获得共鸣与认同的平台，分享朋友愉悦的情绪体验会令自己感到高兴，朋友的倾听也会令自己原本苦恼的心情获得宣泄并感到轻松快乐。黄敏儿和郭德俊的研究表明：正性情绪调节方式中，重视和宣泄较多，忽视和抑制较少；负性情绪调节方式中，忽视和抑制较多，重视和宣泄较少。据此可以推断，友谊给青少年提供的情感支持中，更多的成分是共同分享积极的情感体验，这体现了青少年期友谊积极的情感支持功能，而不是消极的逃避压力。

(二) 友谊可以促进青少年社会能力的发展

青少年期的友谊是一种"互惠均衡的亲密关系模式"，这需要个体具备更强的社会能力——如何进行恰当的自我表露，如何适时地为朋友提供情感慰藉和支持，如何有效地协调与朋友的分歧，有时甚至要面对朋友的背叛和泄密。以上行为势必需要青少年发展起更为复杂的观点采择、移情能力以及其他的问题解决策略。有研究发现(万晶晶，2002 年)：处于较高质量友谊关系中的青少年，其社会技能的发展水平也相对较高，即友谊经验在青

少年社会技能的发展过程中起到了推动作用。朋友的陪伴则有可能促使青少年首先在小范围内形成协调的人际关系，不断增强自己在人际交往方面的自信心，从而产生满意、快乐、积极的情绪，而这会增强青少年的个人魅力，从而会进一步影响他们的交友以及与朋友间的友谊质量。沙利文(1953年)认为友谊促进了人际敏感性的发展并为以后恋爱、婚姻和亲子关系的建立提供了原型。

（三）亲密的友谊关系对青少年定义自我有重要作用

亲密的朋友是青少年建构自我同一性的伙伴。青少年大多处于寻求自我的迷惘之中，亲密的朋友彼此袒露隐秘的感受和信念。例如，我是谁？我要成为什么样的人？等等。来自朋友的欣赏和肯定既可以使他们更好地认识自己，还可以增强青少年对自我的肯定。

五、青少年与异性的关系

青春期是性心理萌芽期，表现为开始注意自己的形象，特别是异性同学对自己的评价。异性之间交往的愿望日益强烈，但由于其既缺乏异性交往的心理准备，又缺乏相应的经验和技巧，难免产生心理和行为问题。他们一方面渴望接近对方，另一方面又很害怕被别人发现，结果交往过程神神秘秘、羞羞答答，反而显得很别扭。一般情况下，这并不是真正意义上的恋爱，只是彼此有共同的语言，喜欢一起交流和彼此欣赏。但是，这种交往很容易成为同学们的谈资，被教师和家长夸大处理，令当事人非常尴尬。由异性同学交往而引发严重的心理负担，直接影响到学习和心理健康的为数不少。因此，指导青少年正确地看待与异性交往，培养他们与异性交往的能力，就显得十分必要。

（一）青少年与异性交往的发展过程

青少年的同伴关系通常会经历由同性友伴群到异性友伴群，再到男女恋爱关系的发展模式。青少年的异性关系具有以下不同的形式：同伴群体内的异性互动、异性友谊关系和异性恋爱关系。针对异性友谊已经进行了较为全面的研究，以说明年龄和性别在青少年异性友谊的性质、构成以及适当性方面的差异。

(1) 在10～11岁的儿童群体中，同性友谊仍然比较普遍，只有少数个体形成了不太亲密的异性友谊，这时个体对异性的兴趣似乎还是单方面的，并带有偏见。在某些情景下，还存在着与异性在一起合适与否的问题。

(2) 在12～13岁的儿童群体中，儿童对于在什么情景下与异性同伴在一起合适的允许程度有所降低。这时个体进行跨性别的选择时，女孩倾向于选择年龄较大的男孩，而男孩往往选择比自己小的女孩。

(3) 14～15岁的儿童明显打破了性别障碍。男孩和女孩都有异性朋友，而女孩的更多些。他们在友伴群中明显地偏好与异性同伴在一起，比如出去约会、散步；但在大群体情景下，比如在学校食堂里，仍然愿意与同性伙伴在一起。

(4) 16～17岁的儿童对基本友谊模式进行了重组，这时青少年对异性的消极情感几乎全部消失了。大约50%的男孩和75%的女孩与异性建立了友谊关系。信任和安全感似乎是这类异性友谊的重要特征。一般来说，这与成年期的异性友谊很相似。沃建中等对11743名中学生的调查发现，不同年级中学生与异性同伴的交往水平存在着非常显著的差异，总体呈上升趋势，并且与异性同伴的关系要好于与同性同伴的关系，各年级女生与异性同伴的关系要好于男生，年级与性别之间的交互作用显著。女生和男生与异性同伴的交往水平分别于初三和高二年级以后保持稳定。张景焕等的研究表明，中学生与异性交往的愿望随年级升高有上升趋势，初中女生的异性交往水平显著高于男生，高中男生的异性交往水平略高于女生。对影响中学生的异性交往水平的因素分析发现，自我认知是影响异性交往水平的关键因素，并且自我认识和对交往重要性认识的交互作用也在异性交往水平上产生效应。蒋有慧（1991 年）对初中生异性交往心理发展特点的研究发现，初二年级是学生异性交往心理发生显著变化的时期。这些有关青少年异性交往的发展特点的研究为我们研究青少年异性交往心理问题提供了有益启示。

（二）青少年与异性交往的心理功能

尽管单一性别的同伴关系在青少年的社交网络中仍然占据着相当重要的地位，但随着年龄的增长，异性关系的作用日益增强。异性友谊关系不但具有友谊的特定功能，而且有助于青少年对异性进行深入的了解，帮助青少年获得怎样与各种各样的人相处的社会经验。群体背景下的男女互动对个体的心理健康和个性的发展有着积极的影响。

1. 促进青少年同一感的发展

异性交往在青少年的同一感发展中主要通过两种作用方式产生影响。第一，异性交往有利于他们建立清晰、丰富、全面的自我感知。青少年对自我的感知或自我概念是有多个层面的，它们是在与一般的同伴群体、亲密朋友和异性同伴之间的相互作用中形成的。所以，青少年要在多层次自我概念的基础上形成自我同一感，离不开与异性同伴的交往经验。与异性交往比较积极、健康（水平高）的青少年，相对于那些与异性交往不成功（水平低）的青少年，对于自身的交往能力有更清晰的感知，并且具有更强的自信，会认为自己具备较强的吸引力或魅力。反过来，学生的自尊水平和自信程度对青春期学生异性交往行为水平有很大的影响，自尊水平越高、自信心越强的学生越容易受异性学生的欢迎。第二，异性交往及其自我概念能够影响个体的自我价值感。因为在与异性交往过程中形成的不同方面的自我概念（如身体外表及同伴接纳）综合作用决定了个体的自我价值感，这对促进青少年的健康发展极为重要。

2. 促进青少年的心理健康发展

青少年由于身体和心理的发展而产生了与异性交往的需要，如果这种正常的需要得到满足，就可以促进心理平衡，反之，青少年若一味地压抑与异性交往的需要，往往会导致适应不良，引起性心理扭曲、性变态等问题。因为如果与异性同伴接触过少，进入青春期后，就很可能出现对异性的特殊敏感，在与异性交往中也容易遇到困难，这样他们很容易走向只关注自己、封闭自己的极端。当他们发现自己有某些不如他人之处，便产生自卑、嫉妒、自暴自弃的心理，这会更加妨碍其与异性的交往，还可能因此而患上“异性恐惧症”或成为性心理变态的隐患。因此，正常的异性交往不仅可以满足交往需要，而且在交往中有助于青少年增进对异性的了解，从而帮助自己理清思想观念，不健康的心理自然就会消除。

3. 促进青少年友谊在广度和深度上发展，为日后获得成熟的爱情奠定基础

沙利文认为友谊促进了人际敏感性的发展并为以后恋爱、婚姻和亲子关系的建立提供了原型。健康的异性交往，扩大了青少年的交友范围，使他们友谊的发展不再局限于同性同伴。另外，青少年通过与异性交往，增进了对异性同伴的了解，获得熟练、成功的社交技巧，从而使他们的友谊更加和谐、亲密。因此，与异性同伴的交往对于发展青少年友谊的广度和深度有着十分重要的作用。通过与异性同学的交往，积累与异性合理交往的经验，并且逐渐学会比较与鉴别，掌握友谊与爱情的区别，从而才能更稳妥地把握自己的情感。这样也会促使他们将来更认真地择偶，为以后美满的婚姻生活做好准备。

青少年中后期重要的发展任务就是要建立与异性同伴的亲密关系。适当的异性关系的建立往往与青少年积极的自我感知相联系，有较多异性同伴的青少年往往被更多的朋友所接纳，他们的自我评价也更为积极。但是，过早的、不适当的男女恋爱关系会极大地阻碍青少年的健康发展，如会导致诸多不良行为和适应困难。这种恋情往往会阻碍女孩的社会性发展，致使她们想象力匮乏、课业落后、人生态度消极。因此，异性之间的交往是值得教育工作者认真对待的问题。

第四节　青少年的同伴影响

同伴关系对青少年的重要作用主要在于青少年特别愿意接受来自同伴的影响。一方面，青少年独特的同伴文化影响着个体的价值观、态度、行为习惯等的形成与发展，起到同伴导向的作用；另一方面，同伴影响与父母影响共同作用于青少年心理的发展。

一、青少年文化

“青少年文化”是青少年心理和社会意识、社会行为或表现的总括，它反映着青少年这一特定发展群体总的心理特征、价值观念、态度、行为习惯以及兴趣和追求等。由于青少年的社会网络是多层次、多维度的，不能将之视为一套完全固定统一的体系，它和成人文化一样，具有异质性，虽然其基本的心理、行为要素是相同的，但表现模式却不尽相同。

对于青少年文化，有两种截然不同的认识。一种观点认为，青少年文化的核心在于对同伴的遵从和对父母价值观念、准则要求的拮抗，这一现象在中学阶段尤其显著。青少年在学校中远离成人的监控，同时有更多的时间参加同伴之间平等互惠的课外活动，他们逐渐构建了专属的团体——置身其中，彼此相互影响，却很少发生与成人世界的交流互动。加之这一时期的叛逆心理，青少年逐渐有了特定的行为模式、言语风格，最为重要的是形成了迥异于成人的价值观念。由此，青少年隶属于特定同伴团体，形成了独特的同伴文化，他们只是片面关注同伴的要求和认可，却并不为成人所赞同。另一种观点则认为，青少年文化是成人文化的缩影，他们沿袭着成人的行为模式、价值观念，代际间的冲突只限于日常生活中一些浅显的问题，而深层的价值观念并不存在矛盾。

二、青少年的“同伴导向”

青少年时期存在显著的“同伴导向”——青少年对同伴有着很强的感受性，同时寻找同伴支持、指导，同伴一致性水平很高。首先，青少年同伴文化一经形成，便具有排他性，拒绝与自身共性不相容的特性，以维护自身的独特性和统一性。其次，任何团体都具有群体一致性要求，同伴团体要求青少年对其文化达成认同。最后，团体成员自身也有追求一致性的期望。同伴团体的存在使得青少年获得归属感，青少年以同伴文化作为自己个人特性的象征，依次构成并反映自我概念。而要归属特定的同伴团体，获得其中的同伴文化对青少年具有较大的意义。从众行为是青少年期“同伴导向”的突出表现。

三、父母影响与同伴影响

亲子关系和同伴关系是影响青少年健康发展的两种重要的基本关系。青少年和同伴与和父母的活动类型及互动方式是不同的，由此所引起的社会化内容也不尽相同，即对个体的发展来说，父母影响不同于同伴影响，但这两种关系之间并不是孤立的。下面将详细探讨二者之间的关系。

（一）基本观点

当前亲子关系与同伴关系在个体特定时期人际关系网络中的地位、相互关系及其发展意义等问题日益受到研究者的广泛关注。目前，对这些问题的观点主要有三种，即主从式观点、独立式观点和整合式观点。

一般而言，主从式观点重在强调其中某一关系对其他关系的影响和决定性作用，如有研究强调亲子关系的质量决定着同伴关系的质量。亲子关系是个体，尤其是儿童青少年阶段最为重要、等级最高的人际关系。以群体社会发展理论为基础的研究认为，同伴关系居于决定性位置(Harris，1994 年)。独立式观点重视不同关系在个体发展中的独特作用，二者不存在主从地位的差别或此决定彼的关系，而是相对独立的，构成其人际关系网络的独立模式。这种所谓的“独立”涉及三层含义：一是彼此没有必然的联系，如不少研究发现亲子关系不良的青少年仍然可能形成积极的同伴关系；二是指亲子关系、同伴关系对个体发展的不同方面有不同的影响，如一些研究发现，相对而言，亲子关系对青少年安全感、对外界事物的探究心等的影响更大，而同伴关系则是影响个体交往能力与攻击行为的重要因素；三是两种关系的作用是相对独立的，任何关系对个体发展影响力的大小与其他关系没有太大关联，而主要受其本身在个体发展中参与程度的影响。另外，整合式观点则更看重两种关系之间的相互影响对儿童、青少年发展的系统作用。这一观点受社会生态学、系统论等理论流派的影响较大，他们认为个体发展是与所在环境相互作用的结果。父母、同伴以及亲子关系、同伴关系是影响个体发展的直接因素，诸因素彼此联系、相互影响，并构成一个有机的整体，以合力的形式对个体发展施加系统、全面的影响。不少研究发现，儿童、青少年与家长、同伴之间的关系在很大程度上存在一致性。

近年来，一些研究者开始尝试对个体人际关系网络中各关系相互作用的机制进行进一步的研究，以期对上述问题有更深入的认识。首先，在亲子关系和同伴关系中，由于交往双方角色、地位不同，在关系的性质上也有其各自不同的特点。亲子关系是父母与孩子间的代际血缘关系，它既是个体最早的人际关系，也是交往时间最长、最频繁、最为稳定的一种关系，因此影响也较为深远。而同伴关系则是年龄、心理发展水平相当的个体之间的关系，相对亲子关系具有明显的互惠平等性，因此儿童、青少年更容易也更乐意接受其影响。其次，在不同的年龄阶段，亲子关系、同伴关系对个体发展的影响程度也不尽相同。最后，社会学跨文化的研究发现，东方的家庭关系模式与西方不同，东方家庭中两代人之间的关系更为亲密。在西方，父母较早地鼓励孩子独立，因此同伴关系的作用和影响相对更为突出和重要。此外，任何人际关系都是双边的、互动的，都会受到个体及其与之交往的人双方特征的影响。在考虑儿童、青少年亲子关系、同伴关系的相互关系时，要特别注意充分重视个体的自身特征，结合各关系的特殊性和独特作用全面进行分析。

（二）青少年期的父母—同伴互动影响模式

青少年的人际关系网络是极具特殊性的。一方面，青少年与父母之间保持着亲密的情感联系；另一方面，他们有了一定的独立意识，不再完全荫庇于父母的保护之下，在情感上有了其他的依恋对象，发展起了亲密的同伴关系，在同伴团体组织中获得了特定的地位。

传统观点认为，父母和同伴是青少年发展中重要的却彼此分离、甚至相互对立的两大影响源。父母多认为同伴影响是消极的，而青少年对同伴影响有更强的感受性，更多地朝向、遵从同伴，这大大削弱了父母的权威，恶化了亲子关系，同时更多地诱使孩子涉入违规行为。但青少年并非完全消极、被动地接受同伴影响，他们确实表现出从接受父母权威影响定向到接受同伴影响定向的转变趋势，但由此认为这种同伴定向、独立性的发展与良好的亲子关系完全背离却是不正确的。父母、同伴在青少年发展中是紧密相关的。

首先，父母选择居住环境，发展自己的交际网络，为孩子选择学校等，这些方面都在很大程度上决定了青少年择友的范围。青少年的同伴交往策略相当一部分是源自父母的指导。有研究证实，父母为了帮助子女发展更为积极的同伴关系，往往会提供相应的策略和指导(Rbuin & Sloma，1984 年)。父母可能会和子女讨论如何协调与同伴之间的矛盾，如何克服羞怯等问题。但青少年更多地与母亲谈论同伴关系的相应问题。良好的亲子依恋关系有助于青少年期同伴之间积极情感的发展。积极的亲子关系会使个体感到爱与被尊重，对自己、他人和周围环境有积极乐观的认识和期望，乐于与父母以外的人交往，形成积极的同伴关系；而亲子关系不良的个体，则容易对自己、他人和周围环境产生不良认识和消极体验，从而影响到青少年期的同伴交往。

更为重要的是，青少年在相当大的程度上传承着成人的价值观念和日常准则，因此父母与同伴的影响在一些方面极为相似，很多时候，同伴影响是强化而非背离父母的期望。当然，不同年龄、性别的青少年对父母影响、同伴影响的感受性也是存在差异的。

父母、同伴分别在不同的活动领域给予青少年重要的影响，在休闲、娱乐、自由交往、消费方面，可以看到青少年极力摆脱父母而自主或采纳同伴意见的现象，但在遇到复杂的生活情景和进行未来重大事件的计划、决策时，父母的意见要重要得多。有关初中学生的一项研究中，被测试者报告父母在自己学校适应方面的影响远远大于同伴。西伯尔德(Sebald，1989 年)有关高中生的研究也表明，青少年在经济、教育、职业选择等重大问题上仍然是以父母为导向的。有关衣着、习惯用语、音乐欣赏、日常行为表现等方面，青少年往往遵从于同伴的影响，同时也可能与父母要求发生抵触。

此外，性别、社会文化背景的影响作用也是不容忽视的。尽管随着年龄的增长，同伴的影响作用大大增强，但男生比女生更可能过分接近同伴而与父母发生冲突，女生在过分接受同伴影响而与父母出现不一致的发生期大都早于男生。

综上所述，同伴影响是青少年生活中的重要议题，它几乎在青少年的所有行为维度上发生作用——衣着、言语、休闲活动甚至价值观念等。因此，父母要注意有效帮助青少年应对不良同伴压力，给予彼此交流的机会，使他们更多地体验成功与温馨以及支持性的情感氛围，由此获得安全感和自我控制能力。

思考题

1. 青少年同伴关系的功能有哪些？
2. 影响青少年同伴接纳的因素有哪些？如何干预？
3. 青少年发展异性关系的作用有哪些？
4. 阐述同伴关系对青少年健康发展的意义。

第八章　家庭与青少年心理发展

本章要点

- 亲子关系的内涵与特征
- 特殊家庭的亲子关系类型
- 良好亲子关系的建立
- 亲子冲突的含义及特征
- 亲子冲突的应对与干预
- 家庭系统及其对青少年心理发展的影响

家庭是社会的基本结构，是个体成长与社会化的主要场所之一。家庭结构与功能不同，对于青少年发展的影响就不同，结构与功能完善的家庭是青少年健康成长的重要保证。青少年进入“青春期危机”或“自我危机”时期与父母进入“中年危机”时期部分重叠，会对青少年健康成长带来诸多不利的影响。亲子关系质量在某种意义上决定了家庭教育的质量，亲子关系的质量主要体现在亲子冲突与亲子亲和上。如果青少年在亲子冲突增加的情况下仍然能保持较高的亲子亲和，对青少年的健康成长是十分重要的。

第一节　青少年与亲子关系

一、亲子关系的内涵

亲子关系原意是指亲代与子代之间的生物血缘关系，为遗传学专用术语，在心理学中亲子关系特指父母与子女之间的相互关系。相对于其他人际关系而言，亲子关系具有不可选择性、永久性、亲密性和权利义务的特殊性。亲子关系是以血缘关系为基础建立起来的，从子女孕育于母体的那一刻起就存在，无论是谁都无法主动选择自己的父母，这是不可选择性。而任何人从出生到死亡，亲子关系便贯穿其生命的全程，是任何事物所无法改变的，甚至是法律也无法解除的，这是永久性。父母与子女之间具有天然的、本能的联系，这不仅包括由生物遗传所决定的对下一代的抚育责任，还包括血浓于水的骨肉亲情及在交往过程中双方深刻而紧密的依恋与依存，这是亲密性。最后，父母对年幼孩子的抚养教育以及子女成年后对父母的关怀照料，这些关系不仅受到社会道德的约束，还要受到法律的约束，这是亲子间权利与义务的特殊性（李燕，2005年）。由于父母是孩子最早接触的人，父母又往往长期相伴于孩子的人生岁月中，因而亲子关系对孩子的影响是极其重要的。

二、亲子关系的类别

不同的学者对于亲子关系的类别有着不同的划分,根据父母对子女的态度及双方的互动性质,可将亲子关系笼统地分为积极型与消极型两种。其中,消极的亲子关系又可以根据拒绝、支配、保护、服从与矛盾五个维度,划分出消极拒绝型、积极拒绝型、严格型、期待型、干涉型、不安型、溺爱型、盲从型、矛盾型及不一致型十种。有研究表明,80%以上的家庭存在一种以上的不良亲子关系。此外,还有学者根据家庭教养方式对亲子关系进行划分,但从严格意义上说,亲子关系并不等同于父母教养方式,两者之间存在区别。

对亲子关系质量的判断方法也是多种多样,但其共同点是都需要由亲子双方共同给出判定,研究中一般采用量表法或访谈法对亲子关系的质量进行评定。

亲子亲和与亲子冲突是判断亲子关系质量的两个重要维度。其中,亲子亲和体现的是父母与子女之间感情联结的亲密度,而这种联结不仅仅包括亲子双方在心理与情感上的依恋与亲密,还包括在行为上、互动上紧密且积极地联系。简单来说,亲子亲和体现的是父母与子女间在行为及心理上的亲密性。相对而言,亲子冲突反映的是父母与子女间的对抗或是冲突,同样也存在行为上的冲突与心理、情感上的对立两个层面。亲子关系的亲和度越高,且亲子冲突越少或越弱,则亲子关系的质量越高,越有利于亲子双方的身心愉悦与健康。

三、青春期亲子关系的表现、原因与现状

父母们往往会发现,孩子到了青春期的时候会表现得敏感又狂躁,即便是以往稳定平和的亲子关系,到了青春期也会变得脆弱,而原本就不佳的亲子关系此时会更加紧张和不可调和。父母看到的是孩子们开始用一种从未有过的粗野、反抗、胡闹甚至是攻击与破坏的方式对待自己。

青春期亲子关系发生变化的原因,首先在于孩子的生理变化与发展。许多心理学家认为,性成熟是亲子关系发生变化的重要原因,特别是激素水平的改变会极大影响青少年的情绪表现与认知。随着孩子年龄的增长,与早年的自己相比,他们在青春期的时候更容易与父母在讨论与决断中产生争论与分歧。比如,Steinberg曾发现,处于青春期的男孩与早年的时候相比,在与母亲讨论时更少地表示顺从,更多的是经常干涉母亲的决定,相互之间更难接受彼此的意见,冲突也更为频繁。而Hill(1995年)曾研究女孩经期与父母的关系,发现刚经历月经的女生更易违反家庭规范与家庭标准,与父母的交往更为困难。

另一个导致青少年与父母间关系发生变化的原因在于青少年的社会认知能力发生了实质性的改变。青春期是青少年认知与思维蓬勃发展的时期,其中青少年对于周围人际关系,包括对亲子关系的理解能力也发生了极大的变化。Selman(1980年)曾将儿童对于亲子关系的理解划分为五种水平(见表8-1)。

从表8-1中可以看到,从水平3之后,孩子已经理解自己与父母之间并不是一种单向的关系,亲子关系的建立有赖于亲子双方共同的努力。这种双向性体现在两个方面,首先是青少年需要父母的养育、支持与帮助,同样地,父母也有赖于从与孩子的互动交往中获得满足与支持;其次,随着自我意识高涨,当青少年开始理解自己的行为也一样可以对父

表 8-1　Selman 亲子关系五种水平

水　平	亲子关系
0	儿童把父母看作老板
1	儿童把父母当作自己的看护人和帮助者
2	儿童把父母作为监督咨询员和需要满足者
3	父母和儿童之间能够做到相互容忍和尊重
4	亲子关系能随环境、双方能力及个人改变的需要而发生变化

母与亲子关系产生影响的时候，他们也开始希望可以自己做决定，而不是像幼年时将父母的意见与决定视为唯一可行的道路。因而，从这个角度出发，青春期的亲子冲突增多，是青少年成长道路上脱离以父母意识为中心、探索自我发展的一条必经之路，对青少年的发展有着重要意义。

当然，青少年与父母间的关系虽有改变，但这种改变并不是完全消极的，更不是亲子关系的彻底破裂，相反，绝大多数人能够安然度过那段“叛逆期”，并且很多家庭的亲子关系在孩子进入青春期晚期后，可以逐步改善，甚至变得比孩子进入青春期之前更亲密。针对中国青少年的研究也显示，当下中国青少年的亲子关系现状基本良好。对北京、上海、天津、武汉等 14 座城市的调查显示，青少年认为自己与父亲和母亲的关系“较好”或“很好”的比例均占到了 70％以上（罗凌云、风笑天，2005 年）；针对广州市内中学生的调查也显示，90％以上的青少年能够感受到来自父母的关心与爱护（涂敏霞，2008 年）；在山东省的调研结果同样显示，“几乎总是感到跟父母较为亲密”的青少年占到了 86.7％（宫秀丽等，2008 年）。结论表明，中国青少年与父母间的亲子亲和状况基本良好。然而值得注意的是，调查中也显示青少年半年内与父母发生过冲突的占到了 80％，其中半年内冲突数目六次以上的达到了 30％，而许多青少年认为“父母不能明白子女的想法”；另有许多研究表明，父母在与青春期孩子的沟通的质与量上均存在许多不足，并且许多父母的教养方式存在着不少问题。青春期的亲子关系对亲子双方而言确实是一个挑战。

综上所述，青少年与父母的分歧冲突增多，亲子关系在形式上有所改变，但是亲子亲密感、情感联结与之前相比还是具有一致性，亲子关系依然十分紧密。因而，青春期并非是亲子关系的破裂期，而是一个与之前的亲子关系一脉相承的但具有可变性的时期，父母应当正确看待和处理。

四、当代亲子关系的新特征

随着时代的变迁，经济环境的提升，科技改革日新月异，政府政策的逐年变化，在宏观大环境因素改变的同时，当前的亲子关系也有着新的表现与特征。

（1）家庭结构改变，核心家庭增多。随着计划生育政策的执行，独生子女的数量剧增，亲子互动关系由此在大多数家庭中发生了改变。由以前的非独生子女家庭中父母一对多的互动关系变成了现今独生子女与父母间的单一关系。由于子女数目减少，现代父母在经济上的负担也有所减轻，在对独生子女的抚养照料、教育培养上所花费的时间增多，相应的独生子女在父母面前的表现机会也随之增多，这显然有利于父母与独生子女之间进行更频繁、更深入的了解与感情交流。然而其弊端也是显而易见的，在只有一个子女的情况下，父母往往将自己所有的精力与期望都投注于唯一的孩子身上，孩子的压力随之增大。另外，家中的独生子女一般集家中宠爱甚至是溺爱于一身，由于感知到自己在家中的地位及长辈们对自己的态度，许多独生子女在家中"有恃无恐"，这样不仅会影响孩子的自我意识及人格的发展，反过来也会阻碍他们与父母间的交往，许多家长反映独生子女自私、不顾及家人感受、不听话，这多与现今诸多家庭倒金字塔形的教育模式以及过分溺爱孩子有关。

(2) 由于经济环境的改变，亲子间的互动在数量上有所减少。随着近年来经济的快速发展，人们的生活节奏也在逐步加快。尤其对于有孩子的家庭而言，如何能让家庭更好地生活，如何给孩子提供更好的学习及生活环境，这是萦绕在每位父母心头的一大难题。在现今社会中，父母往往为了生计与事业疲于奔波，而孩子也忙于学业与各种课外活动，孩子早上上学父母尚未起床，晚上孩子入睡了父母刚刚到家，这在很多家庭中是常见的情形。甚至在一些极端案例中，孩子从小就与祖辈甚至是保姆生活在一起，父母常年在外地工作。亲子互动的减少，亲子交流的缺失，不仅不利于亲子亲和，甚至有可能让孩子心生抱怨，更易发生亲子冲突。

(3) 亲子交往中双向性的倾向与影响加深。在传统的家庭关系中，尤其是中国的传统文化中，最大的孝道是对父母的顺从。而父母与子女之间，多是教育与被教育的关系，孩子在其中多是被教育者，处于被动接受的一方。现在随着社会信息化的普及，人们的知识得到更新的同时，人们的价值观、人生观也发生着改变，养育观念亦是如此。一些先进的教育理念逐步得到推崇——如人本主义的教育理念就认为，孩子不能是被动接受教育的一方，他们有自己选择学习内容与方式的权利——在潜移默化中，现有家庭中的教育方式都倾向于在父母与子女间建立一种更公平、更平等的关系，父母也开始以更开放的态度对待孩子。子女可以有自主发言、自主选择的权利，父母也会在这个过程中学习如何做合格的父母。并且由于处在信息时代，孩子通过网络也会受到许多提倡亲子平等的信息的潜移默化的影响，这都会使得孩子在亲子关系中主动性增强，而这一点在青少年群体中表现得更为突出。

五、亲子关系的影响因素

许多因素都会影响亲子关系的形成及变化，这些因素概括起来可以分为三大类：与父母有关的因素、与子女有关的因素、与家庭背景有关的因素。

(1) 不同的父母教养方式会促成不同的亲子关系。教养方式可以根据父母给予孩子的爱、关注及控制程度分为不同的类型。其中，权威型教养方式(父母给予孩子足够的爱与理解，并提出适当的要求与控制)下的父母与孩子间的冲突更少，且冲突的强度也比较弱；而专制型教养方式(父母控制度极高，要求孩子无条件服从自己)一般可导致较多的且较激烈的冲突。教养方式对于亲子关系的影响渠道包含两种：①父母教养方式影响着青少年的权威观，可导致他们对父母不同的认知及态度，并且这会影响孩子的行为的自主期望，即不同教养方式下，孩子对于自主、自由的态度会有差异，其追求自由的行为也会有所不同。②不同的教养方式自身就会直接导致亲子之间不同的亲和程度与亲密感。通常认为，在权威型教养方式下，孩子与父母之间可形成较为亲密的且开放公平的亲子关系。

(2) 性别可成为影响亲子关系的因素。这里所说的性别不仅指父母的性别，还包括孩子的性别。诸多研究发现，父亲、母亲与青少年期子女的关系存在显著差异。母亲往往对孩子的照顾较多，与孩子接触也较多，因而与孩子间会有更高的亲密性，同时也会有更高的冲突性。相比之下，父亲与青少年子女的关系更平等，冲突较少。同时，在青少年群体中，男生较少与母亲共同活动或外出，而女生则较少与父亲共同参与活动。男生无论是与父亲还是与母亲的冲突都要多于女生。

(3) 年龄是影响青少年期亲子关系的一个重要因素。在有关年龄如何影响青少年期亲子关系这一问题上，学界并未达成一致意见。有学者认为青少年期的亲子关系中，冲突的发展趋势呈倒U形，即青少年早期冲突开始上升，而到了中期尤其是晚期后，冲突呈显著下降的趋势。但是也有研究认为，即便是在青少年晚期，冲突强度与频率也并未减少，依然存在较高水平的亲子冲突。但现在学者基本达成一致的观点是，亲子关系在整个青少年期并不是一成不变的。相反，由于青少年期的特殊性，亲子关系更容易发生改变，这种改变可发生在量上，比如，亲密感的减少，孩子与父母共同参加活动的量或频率的减少；也可发生在质上，如在亲子关系类型上发生改变。这两种情况都很常见。

(4) 不同的家庭经济地位对亲子关系有着不同的作用。与经济较好的家庭相比，贫困家庭中青少年子女与父母的冲突更多。而从家庭自身的纵向比较而言，父母事业上的挫折及家庭收入的减少或丧失，都有可能使得亲子冲突增多，亲子关系更为紧张。这或许是由于当经济困难时，父母会更多地考虑如何增加家庭收入，甚至会因此感到挫败、沮丧，这些都会分散父母对青少年子女的精力投入，使得他们的交流沟通变少。如针对农业地区的研究发现，那里的父母很少关心或照料青少年，在遇到冲突的时候往往采用排斥性的惩罚方式。而这些家庭中的青少年也表现出了更高的抑郁与孤独水平，更易出现吸毒、犯罪等问题行为。

(5) 父母工作状况会间接影响亲子关系。已有研究表明，青少年的父母尤其是母亲的工作状况、工作原因、工作满意度等相关因素，都会影响家庭中的亲子关系。其中，对自己工作较为满意的母亲与对工作不满意的母亲相比，与青少年子女的关系更为密切、积极；而与有工作的母亲相比，没有工作的母亲往往觉得更难控制自己的孩子，并且对做母亲更没有信心（Hoffman，1989年）。此外，父母的职业类型也会对亲子关系产生一定作用，有研究发现，与从事体力劳动的父母相比，从事脑力劳动的父母更能与孩子间形成良好的关系，孩子也会在社交与学业方面表现得更好。

(6) 父母的婚姻状况是影响亲子关系的重要因素。父母感情失和，经常争吵、冷战，也会大大影响亲子关系。夫妻间的争吵不仅影响夫妻感情，使得家庭氛围变差，而且会分散父母原本该投入在孩子身上的精力，最重要的是，可能会导致孩子对父母感到歉疚、愤怒甚至是失望。研究显示，青少年对父母的争吵有厌烦、恐惧以及抵触等消极情绪，且有青少年报告说父母不和甚至是争吵会让他们对父母的满意度下降，消极情感上升。而那些对家庭状态较满意的青少年家庭往往是比较和睦的。与父母感情失和相比，父母婚姻破裂也会对亲子关系造成影响，易形成具有某些特殊点的亲子关系，这部分在下面的“特殊家庭的亲子关系”中将予以详述。

(7) 父母受教育水平会影响亲子关系的形成。一般而言，受教育水平越高、文化素养越高，父母就越会主动去搜寻、学习有关教育子女及经营家庭的知识，其价值观会比文化水平低的父母更开明，也会以更开放的态度对待孩子，以学习的心态扮演父母角色。

(8) 父母的情绪情感会对亲子关系产生影响。正确地处理及表达情绪是社会适应良好的重要标志，而父母情绪情感的表现自然也会影响亲子关系的形成。如有研究发现(Cox,et al.,1987 年)，存在抑郁情绪或状态的母亲会更多地在与孩子的互动当中使用控制的手段，其他关于抑郁母亲的研究也多支持此结论，即抑郁的母亲与孩子的互动不良，沟通缺乏且低效能，亲子冲突多。父母情绪处理不当，不仅会直接导致亲子互动的质量下降，破坏子女对父母的认知，而且孩子很可能从与父母的不良互动中习得了错误的社交技能或策略，从而导致各种外化的问题行为。

(9) 父母的人格会影响亲子关系。父母的人格不仅会在与子女的互动中以直接接触的方式影响儿童及亲子关系，还会作用于家庭或更大的范围，形成不同的氛围，从而影响亲子关系。有研究发现，社交网络大(即社交面较广)的母亲会在亲子互动中表现出更多正确的、适宜的母亲行为，他们与孩子间的冲突较少，彼此间满意度也会更高。而一旦出现亲子冲突，外向型的母亲往往更乐于也更善于表达与沟通，积极性更强，从而促进亲子冲突的顺利解决。而且当母亲可以从与他人交往的过程中学会更好的教育孩子的方法的同时，孩子也可以从更广的交际网络中学会正确的社会技能，从而亲子双方的人际技巧都得以提高，促进良好的亲子关系形成。

(10) 孩子的特点会作用于亲子关系。亲子关系的建立不仅会因父母、家庭的各个因素的不同而不同，孩子自身的特点也会影响亲子关系的形成与改变。除了孩子的性别与年龄会对亲子关系有所影响外，青少年自身的个性特征也会影响亲子关系。比如，有的孩子从小就比较易怒、冲动，常常哭闹，生活无规律，难以适应新环境，这样的孩子属于困难型气质。困难型气质的儿童常常表现出拒绝、反抗，较其他气质类型的儿童更多地出现与父母对抗和抵触的情绪或行为，这类儿童的父母也更多地采用强制的控制策略。气质在人的一生发展中具有稳定性的特性，不同气质的儿童与父母间的亲子关系也会有所差异。近来也有研究关注青少年期亲子关系与亲子性格匹配的关系，发现亲子双方均情绪稳定的家庭类型，亲子冲突显著少于亲子一方或双方均不稳定的家庭(龚银清,2009 年)；而亲子双方外向性均高的家庭，其亲子冲突较少(万晶晶等,2007 年)。

六、特殊家庭的亲子关系

随着时代的发展，当今社会涌现出了许多不同于传统家庭的特殊结构的家庭，比如，单亲家庭、再婚家庭、留守家庭、寄养家庭、空巢家庭等，这些家庭中的亲子关系也相应地呈现出与一般家庭不同的特点。下面针对与青少年关系密切的几种特殊家庭类型进行论述。

(一) 单亲家庭

青春期本就如暴风骤雨，青少年自身已面临诸多的成长烦恼，倘若这个时候碰到父母不和、争吵甚至是离婚，无疑是雪上加霜，将会使青少年遭遇更多的困难与消极情绪。父母离婚不仅会给青少年带来许多现实压力，如搬家、转学、经济状况的改变等，而且会对青少年造成心理上的压力。在许多情况下，青少年选择生气、冷漠的态度对待父母；在一些极端案例中，青少年甚至会因为无法忍受在父母中二择一的痛苦而选择离家出走甚至自杀。这背后的实质是青少年通过这种方式表达自己对这场家庭巨变的抗议与愤怒。此外，在一些父母早已离异的例子中，或许青春期之前孩子都没有特殊表现，但到了青春期他们会变得比一般青少年更难以管教，即父母离异的影响还具有延迟性。以往的研究也揭示：与完整家庭相比，单亲家庭的青少年与父（母）的交流更少也更困难，冲突更多。

（二）再婚家庭

相比于单亲家庭而言，再婚家庭的问题更为复杂，亲子关系会面临更多的挑战。①面对新的家庭成员与家庭氛围，许多孩子会本能地对陌生的新环境产生排斥，不愿意接受包括继父（母）在内的新成员，甚至会因此迁怒于亲生父母，进而拒绝与新家庭中任何人交流互动。②这种排斥性的发展极端就是孩子希望干涉甚至是破坏新家庭，这不仅会破坏新家庭关系的建立，甚至会破坏青少年与亲生父母的感情。各地这种因继子（女）的直接干涉而影响家庭关系的案例数不胜数。③在再婚夫妻双方均带有孩子的情况下，子代之间，即再婚家庭的继子（女）之间，也常常容易发生矛盾，而这很容易激化夫妻之间、继父（母）与子（女）间的矛盾，使家庭关系进一步紧张。④在某些虽没有公开矛盾的再婚家庭中，却依然存在着继父（母）与继子（女）间的沟通不足或是低效，继父（母）与继子（女）间感情生疏、淡漠等突出问题，而这也会成为亲生父（母）与子女间的一个心结或隔阂，进而对整个家庭关系产生消极影响。

（三）留守家庭

留守儿童指的是父母一方或双方到外地务工，子女被留在户籍所在地，无法与父母双方共同生活的18周岁以下的儿童。由于家庭生活中父母的缺失，留守家庭的亲子关系往往具有以下特点。①家庭教育在数量上减少甚至是缺失。这种缺失是多方面的，如生活技能教育方面、学业监控方面、道德教育方面、情感教育方面等，都会有所缺失。尤其是在情感方面，许多父母不仅不能给予孩子现实中的陪伴，甚至都不能及时地与孩子交流，了解孩子的近况。②父母教育观念及方式不当。许多外出务工的农村父母往往由于本身的教育程度受限，或是由于来自父辈的不正确观念，从而无法掌握恰当的教育观念或方式。③离开孩子的父母往往存在补偿心理。由于不在孩子身边，父母往往会格外希望对孩子好，然而事与愿违的是，许多父母往往采用的是经济补偿甚至是溺爱，对孩子百依百顺的方式弥补心理的内疚感。这会对留守儿童的心理与行为各方面发展带来消极影响。

（四）特殊青少年群体的亲子关系

某些特殊青少年群体的家庭关系也会与一般家庭有所不同。许多研究显示，具有某种缺陷的青少年在亲子问题上会较多地出现紧张关系，而这种“缺陷性”不仅包括在生理上存在缺陷的群体，还包括心理发展迟滞群体。曾有人针对缺陷儿童与正常儿童在不同情景下与母亲间的关系及情绪表现进行研究，发现无论在什么情景下，注意缺陷组的母子均会呈现更多的消极情绪及更多的亲子冲突；另一项研究也发现，与一般少年组相比，多动症青少年及其父母会对亲子冲突采用更多的消极处理与攻击策略（Edwards，et al.，2001年）。而在心理方面，以最常见的学业不佳群体为例，研究发现，学习不良的青少年在亲子沟通中的消极问题显著高于一般少年，而学习不良的青少年及其父母在对亲子关系的满意度上得分更低(周雪梅，2005年)。

需要指出的是，虽然几种典型的特殊家庭在关系建立的背景中存在着不足，但是并不意味着这种条件下的亲子关系质量必定会低。比如，许多单亲家庭中亲子关系好的仍然很多，许多再婚家庭也一样和睦美满。研究结果启示我们，若处于这样的情况下，良好的亲子关系的建立与青少年健康发展的实现，需要亲子双方尤其是父母的加倍努力，以克服不利影响。

七、良好亲子关系的建立

亲密和谐的亲子关系的建立不仅有利于青少年以后的学习、心理等各个方面的良好发展和适应，而且对父母自身也一样具有积极意义(如可提高生活满意度、维持自尊等)。毫无疑问，在与青少年子女的关系建立与调适当中，父母起到的作用最为关键。因而，为了建立良好的亲子关系，父母应当做到以下几点。

(一) 建立正确的子女观，尊重孩子

孩子不是父母的附属品，而是有自己的思想、个性的独特个体，父母应当把他们当作独立于自己之外的人来尊重。这种尊重包含两层含义：①尊重他们自身的意见与选择，即对于孩子内心的真正想法、孩子的愿望、孩子的行为，父母都要学会倾听、尊重，而不是一味地把自己的意愿或是未完成的心愿强加到孩子身上，希望把孩子复制成自己想要的样子，而是应该让孩子成为一个他想要成为的人。②要把孩子当成一个整体来尊重，无论孩子的好与坏，家长都要试着去理解与接纳。青春期的孩子由于尚未成熟，对于许多事情尚难以判断，且由于处于特殊时期，容易冲动，情绪起伏大，作为家长，要理解孩子的缺点或犯下的错误。一旦觉察到孩子的不当行为，不要一味地责怪孩子，要首先扪心自问：孩子为什么会犯这样的错误？除了孩子自身的原因，会不会也有家长的原因？

(二) 树立正确的教育观

“望子成龙，望女成凤”是大多数为人父母的良好愿望，也是可以理解的人之常情。然而有的父母却只顾着将子女培养成才，却忽略了真正的教育包含的很重要的一层含义——要让孩子在教育中得到快乐，要让孩子在受教育的过程中感到幸福。父母只盼着孩子成才，让孩子上各种各样的培训班，却无暇顾及孩子的感受，慢慢地，孩子对父母的安排与意见只剩下埋怨与愤恨，却没有理解与感恩。这样的例子在生活中屡见不鲜，这都是因为父母误认为所谓的成才与成功才是教育的唯一目的，他们判断孩子是否成长及是否健康发展的标准，也变成了功利性的“成绩”与“分数”。尤其是对于敏感时期的青少年，父母过高的期望与过严的要求往往也会成为亲子冲突的导火索。因而作为父母，要树立正确的教育观，不能只盯着即时性的功利目标，要以孩子的全面发展、身心健康愉悦为教育的目的。

(三) 深入了解子女身心发展的特点

前面提到，青春期是一个特殊时期，这个时候的孩子尤为敏感、情绪化，这是许多父母

都知道的事情。但是很多父母却并不知道该如何处理青少年突然的变化，一味地害怕、回避或使用暴力是不能解决问题的。因而，作为父母首先要做的就是要充分理解并尊重青少年在这个时期的身心特征，多查阅资料，多请教有经验的父母，了解这个时期青少年特殊的心理诉求；要试着走进孩子的心里，倾听他们的烦恼，给予他们自主发声的权利，必要时留给他们独处与保留秘密的空间。只有了解了他们的内在需要，理解了他们的外在表现，关注了青春期特征，才能够打好建立良好亲子关系的基础。

（四）改善教养方式，建立有效沟通

父母应当有意识地建立科学的教养方式，不溺爱、不粗暴、不冷漠，以一种公平、民主、平等的态度对待、接纳孩子，要与孩子之间建立足够有效的交流。在沟通形式上，应避免训斥，要学会倾听与正确表达，耐心而真诚地表达自己的感受。在沟通的目的方面，父母必须明白，沟通的意义不在于观念灌输或是使一方屈服，而是要通过沟通使得双方更理解对方的立场与观点，以谋求更好的解决办法。此外，敏感而自尊心强的青少年缺乏交流的主动性，这时父母更应该积极地同孩子交流。有效的交流沟通不仅可以让父母了解孩子的近况与烦恼，而且可以让亲子双方更贴近彼此，有利于换位思考，还能帮助孩子学会更多的社交技能，有利于其形成良好的人际关系。

（五）培养自身素质，与孩子一同成长

所谓的“父母意识”即如何做父母，这一概念包括两个层面：一是针对孩子的，即前面提到的子女观；二是针对父母的，即如何做更称职的父母，这种意识如今越来越受到父母们的重视，家长们纷纷看书、上网甚至参加培训班，这体现了父母的积极态度，是令人鼓舞的。然而值得注意的是，在教育过程中，除了要多接受新知识、新理念的熏陶，以理论为指导外，更重要的是要在实践中提升自己——在与孩子的互动中学习，从孩子的反馈中反省自己，一步步地改善自己的观念并调适自己的行为。如果在教育过程中遇到了问题或困惑，并不能说明自己是失败的父母，相反，没有谁天生知道该如何做父母，好的父母都是在教育孩子的过程中与孩子一同成长起来的。

（六）孩子应学会理解，学会感恩

亲子关系是一个双向的发展过程，孩子的个性特质、行为特征等方面也会对父母产生影响，且随着年龄的增长，孩子的身心变化也会不断地改变他们与父母间交往的模式，从而改变亲子关系。因此，良好亲子关系的建立不仅有赖于父母的努力，孩子的作用也不可忽视。青少年在亲子互动中要学会换位思考，要理解与尊重父母。平时多想想父母对自己的好，给予自己的爱，理解父母也会有自己的难处。父母要学会平等对待孩子，孩子也要学会平静、真诚、主动地与父母交流沟通，而不是一味地选择逃避、退缩。同时，青少年已经具备了一定的认知与社会技能，有了一定的处理事务的能力，可以相应地帮父母承担一定的家庭责任，在帮父母减轻负担的同时，还可以发挥孩子的自主性，增进亲子间的情感。

（七）学校与社会共同建立良好的教育环境

学校与社会应努力建立良好的教育环境。学校方面，一是应积极开办“家长学校”，努力倡导正确的教育理念，帮助家长树立正确的子女观、父母观，并应教育孩子理解尊重父母；二是在加大宣传教育外，还应协助有需要的家庭，尤其是一些问题家庭，进行相应的访谈或提供解决意见，尽到育人的义务。在社会方面，应重视亲子关系的建立与改善，因为家庭是构成社会的细胞，家庭的和睦关系到社会的安定、国家的繁荣。研究人员，如心理学、教育学、社会学等学科的专家学者应加大相关研究，给出更多具体的建议，提供相应的理论支持。而媒体等应加大对亲子关系主题的宣传，通过提供相应的书籍、讲座等予以支持。

第二节　青少年期的亲子冲突

青少年期的亲子冲突具有其自身的特点，可分为不同的类型。父母应学会正确应对亲子间的冲突。

一、亲子冲突的含义

亲子冲突指的是亲子之间由于某方面的原因而导致的观点和行为的不一致，这种不一致，既可以表现在心理层面上，如观念或情绪的对立，又可以表现在言语层面上，如争执或辱骂，还可以表现在行为层面上，如踢打、退缩或逃避等。亲子冲突是家庭生活中极普遍的现象，而当孩子进入青春期后，随着自主意识与社会认知的提高，其渴望独立的意识增强，亲子间的冲突会显著增加。相关研究表明，青少年期亲子冲突的特点与发展随着家庭环境各个条件的不同而有所差别，而亲子冲突的作用也会因处理方式的不同而不同。

二、亲子冲突的分类

根据亲子冲突表现形式的不同，可将其分为显性冲突与隐性冲突。

（一）显性冲突

显性冲突指的是父母与子女间由于各种原因导致的分歧而引起的激烈的外在表现，显性冲突又可分为言语冲突与肢体冲突。言语冲突即采用语言方式与父母进行对抗，比如，争执、争吵甚至是言语攻击。研究表明，虽然在亲子冲突中的主动发起者往往是母亲，即往往是由母亲发起的谈话最后演变成为矛盾与冲突，但是在言语冲突上，子女往往是言语冲突与言语攻击的发起者。原因可能在于虽然两者交谈是母亲发起的，但是青少年作为身心发展尚未成熟的个体，他们的自我控制能力较差，不能有效地控制自己的情绪。而与之相对，肢体冲突是在争执或言语冲突升级恶化的时候，父母与子女间发生在肢体上的攻击或是打斗，是一种更为激烈的冲突形式。这通常发生于原生家庭的父亲与子女之间，而在寄养家庭中，子女在其中往往是被动承受的一方。在我国，由于一些传统观念，如“棍棒底下出孝子”“子不打不成器”，许多父母在教育孩子时会选择打骂的方式，认为“谁家都会打孩子，打一打孩子也没什么”。在这样的环境下成长起来的少年，在青春期乃至成人以后，都会倾向于采用暴力激烈的手段处理分歧与争端，而不是采用理性的方式解决。

（二）隐性冲突

隐性冲突即父母或子女中的一方或双方，采用一种隐匿的、非外在的冲突形式对待彼此，通常包括沉默、冷漠、回避、退缩、拖沓等，即俗称的“冷暴力”。平日里彼此相互不理会，长期缺乏互动，没有交流与沟通。这在部分青少年与父母的交往当中较为常见，然而其危险性却常常为人们所忽略或低估。首先，显性冲突的消极影响是显而易见的，也是为父母所熟知的，因为与隐性冲突相比，显性冲突有外在形式，可以让冲突双方明确找到冲突的原因与焦点，在下次交往互动中予以注意及避免。而隐性冲突更多的是一种内在的情绪涌动与抵抗，在给人造成烦躁、压抑的同时，让人无法预知何时爆发，也无法对这种情绪冲突给予控制。其次，由于隐性冲突的隐匿性，其潜伏期可以很长，使得亲子关系在无声无息中持续恶化。最后，由于隐性冲突缺乏一个宣泄的出口，最后承受压力的还是青少年自己，他们有时会选择自己作为攻击的对象，如任性、拖沓、离家出走，甚至是抑郁、自伤和自杀。其实这是青少年在以这种方式对抗父母的回避与冷漠，这背后潜藏的是青少年渴望被接纳、渴望被鼓励、渴望被爱的心理需求。需要注意的是，当青少年表现出类似的行为时，即家中出现隐性冲突的时候，往往提示父母对孩子的关注与关爱不够，至少是父母的行为让孩子认定他得不到关注，自己是缺乏关爱的孩子。

三、亲子冲突的特征

（一）冲突内容

青少年与父母冲突所涉及的范围，主要在学习、家务、日常安排、交朋友、消费、家庭关系等方面。值得注意的是，无论是国内还是国外，调查的结果都显示，亲子冲突均集中于一些日常生活琐事上，尤其是学习、日常安排及家务安排上，而冲突较少涉及隐私或基本价值观，如性等。但是国内与国外的研究所揭示的不同点在于，国外研究中亲子冲突的首要话题是日常安排，而国内的父母在学业方面与孩子发生的冲突最多，体现了东西方在文化、教育上的观念差异。青春期的亲子冲突只涉及一般性生活问题的原因可能是此时的青少年具有内心封闭的特点，与父母的交流减少且主要集中在与日常生活相关的一般性话题中，不愿意深层地暴露自己内心的一些想法或是自己在外的行为，因而冲突的内容也只集中于一般性话题。

（二）冲突频次

就亲子冲突在频次上的特征与变化，国内外研究者大多持有相似观点：一般而言，整个青春期中，亲子冲突的频次与强度的变化呈倒U形，即从进入青春期开始，亲子冲突开始增长，顶峰值一般出现在初二、初三阶段，随后便开始逐渐下降。父母双方与子女发生冲突的频次也略有不同：母亲与子女间的冲突较多且在强度上也高于父亲。这与母亲在家中扮演的角色有关——在大多数家庭中，日常生活主要是由母亲来安排并执行，随着接触的增多，冲突的可能性也随之增大。

冲突主动性指的是由谁发起的冲突。对此，国内外的研究大多支持母亲通常是亲子冲突的发起者，由母亲引发的与青少年的冲突要显著多于由父亲引发的冲突。原因可能在于：第一，与前面谈到的原因类似，母亲一般是家庭事务的管理者，当子女出现不符合家庭生活规律的事情时，多是由母亲出面进行协调或纠正，这增加了其与子女冲突的可能性；第二，女性的做事风格异于男性，在教育子女尤其是反复教育无效的时候，母亲常常采用唠叨的方式，这更易引起青少年的反感与反抗；第三，与父亲相比，母亲在家中的权威性稍弱，与母亲起冲突的代价较小，因而子女更易与母亲发生不和或冲突。

四、亲子冲突的理论

为何在青春期亲子冲突会剧增？这个问题吸引了诸多学者的关注。在美国的早期“儿童研究运动”中，心理学家霍尔就提出了青春期是个“暴风骤雨”的时期，这个时期青少年的躁动、反复、反抗是对人类种系进化过程中曾有的充满冲突、激情与进取的时代的再次重演。发展至今，亲子冲突的研究领域中已形成了许多理论，可供我们更好地理解冲突的原因与青少年的心理发展。

（一）精神分析理论

精神分析学派认为，进入青春期使得青少年的俄狄浦斯情结得以苏醒，与父母发生争执、冲突是青少年释放内心焦虑的一种方式，是他们试图挣脱与父母的完全性联合的标志，他们开始意识到自己是独立于父母之外的，父母并非是全能的，即对父母进行“去理想化”，是青少年的独立之路的开始。心理学家埃里克森也认为，青少年容易出现焦虑、困扰，源于此时他们的中心发展任务在于建立自我同一性，正处于探寻真实自我的关键时期，且面临着诸多的外部压力，因而这个时候更易出现混乱的状态与情绪。在这种状态下，青少年就更易与父母发生冲突。

（二）强化论

强化的含义是给予对方一个刺激，以使对方的某种行为增加。在亲子关系中持有该观点的学者认为，孩子听话与否其实都是强化的结果。青少年与父母发生冲突很大的一个原因在于他们企图通过这种方式实现对父母的掌控，以实现自己的愿望，并且一旦成功，这种行为模式就会固定下来。如果子女与父母起冲突或是争执可以使父母放弃自己的立场而满足他们的要求，那么子女今后与父母冲突的可能性就会增加。比如，当青少年忍受不了父母的唠叨时跟父母发生冲突，他意识到这会使父母在接下来几天中对自己的唠叨减少，那么以后在遇到类似情况的时候，他就不会寻求沟通等办法解决，而是直接采用冲突的方式，因为在他看来这是有效的解决方式。

（三）社会生物学理论

与人类似，许多灵长类动物在处于青春期发育的时候也都会表现出与父母的冲突，而这种与父母的关系紧张会促使灵长类动物向外谋求发展，从而实现与群体中其他个体的互动或交配。据此，社会生物学家提出，人类之所以会在青春期与父母发生冲突，也是在寻求一种向外发展的空间，即寻求与家庭以外的人进行交往、建立感情以及寻求自己的独立发展，这对于人类的繁衍与发展而言具有重要意义。与动物不同的是，青少年即便是开始独立发展，其与父母、家庭的联系依然非常紧密，他们之间的感情联结不会因此中断。该理论还提出，一旦这种独立发展得以完成，那么亲子冲突就会下降，这也与前面提到的现象一致，即冲突频率会在整个青少年阶段呈现出先升后降的趋势。

（四）社会认知论

社会认知学派致力于研究人的认知、看法是如何影响人的心理行为的，在亲子关系方面，社会认知理论试图了解父母与子女双方是如何认识家庭整体及他们个人的角色，并了解这种认识是如何影响家庭关系的。该理论认为，进入青春期之后，孩子的自我意识高涨，并且对自己与周围人的人际关系的认识与理解逐步加深，从而会对人际关系提出新要求。子女要求独立的愿望不断增强，他们渴望在家中有发言权，自己能享有自主与自由。但是在父母一方，大多数还是希望家庭规则不要改变，并且希望青少年能够妥协，维持以前的状态，由此，双方的认知看法发生分歧，亲子冲突就在所难免。

（五）家庭功能系统理论

有学者认为，亲子冲突的发生并不是父母或子女单方面的原因，而是一个多人系统的问题，即整个家庭的功能出现了状况。亲子冲突的来源是家庭系统功能的缺失或是失调，譬如人际界限不清——父母往往倾向于掌握孩子的一切信息包括隐私，认为这是爱，是保护，而孩子却把这当成了一种侵犯；再如经常性的、防御性的交流——双方倾向于相互指责、攻击与防御，在言语上进行斗争或进行消极情绪的宣泄，而不能真诚地表达自己的内心情感。作为一个整体的家庭一旦失衡，亲子冲突就有可能增加。

（六）社会剥夺理论

社会剥夺理论强调的是亲子双方心理满足感的缺失，即被剥夺感对亲子冲突的影响。当开始觉察到自己在家中与父母地位不平等的时候，青少年会认为自己的成人权利被剥夺，并希望能够重新协调与父母之间的关系，调整自己在家中的地位，而这一要求却会被父母认为是在剥夺自己作为家长的权利，是违反家庭规则且不可原谅的，而正是双方心中的被剥夺感导致了双方心中消极情绪尤其是愤怒的增长，这种消极情绪在这一特定阶段往往又是难以调和的，从而外化成为亲子冲突。

（七）社会学习理论

社会学习理论尤其适合解释一些问题家庭中的亲子冲突问题。在某些夫妻感情不和甚至冲突频繁的家庭中，父母对待彼此的攻击、冷漠、回绝等不良处理方式均会在孩子心中埋下一个“摹本”。当孩子成长过程中一旦遇到类似情形，他们会直接将小时候所观察到的“摹本”复制再现出来。而青春期身心巨变让孩子处于混乱与不安中，这时遇到的任何人际交往方面的问题（与父母间的矛盾是最常见的例子），都可以成为孩子复制不良方式的机会，亲子冲突由此产生。

此外，还有许多理论都从各自的视角对亲子冲突进行了解释，比如，强调亲子双方对彼此的接纳与依从的互惠理论，强调子女在认知上对冲突事件的理解与解释的归因理论等。总体而言，各个理论都是力求从青少年身心方面、社会文化方面及家庭人际关系三个方面寻找亲子冲突产生的原因及表现，而各个理论相应的支持性研究也证明，三个方面均会对亲子冲突产生影响，这也给我们理解与处理亲子冲突提供了很好的理论依据。

五、亲子冲突的利弊

亲子冲突是青少年自我意识高涨的伴随物，是其成长发展过程中不可避免的正常过程。最新的研究发现，低水平的亲子冲突具有积极意义：第一，亲子冲突有利于孩子的自我意识与独立人格的发展，有助于青少年形成自我同一感；第二，正是从亲子冲突中，孩子可以逐步学会如何应对冲突，如何顺利与人交往，如何处理人际挫折，有利于孩子的社会性发展。比如，Steinberg 曾明确提出，低水平的亲子冲突可以给孩子提供一个有效的人际关系处理模式，可以提高孩子的情绪控制能力与问题处理能力。

然而，过于频繁、激烈的亲子冲突也会对亲子双方产生消极影响。研究发现，随着亲子冲突频率的升高，青少年的学业成绩有所下降，而心理健康水平，如生活满意度、自我意识、人际交往及其他社会技能等，均会出现发展受阻的现象，而不良行为的发生则会增多，如抽烟、酗酒、吸毒、犯罪等。同时，激烈的亲子冲突会给父母带来压力，有青少年的家庭中有40%的父母报告称曾有自尊降低、生活满意度降低、抑郁、焦虑等不良情绪升高的体验，这些不良体验不仅会影响父母们的心理健康水平，严重者还会影响其工作及夫妻关系。

如何才能避免亲子冲突的消极作用，发挥其有利的一面，让父母与孩子双方都从中得到成长，取决于亲子双方是否能够正确地处理与控制亲子冲突，即掌握正确的冲突管理策略。

六、亲子冲突的应对与干预

（一）亲子冲突管理

如何正确地应对亲子冲突，是涉及冲突管理的问题。冲突管理是指从冲突的发生到结束的整个过程中，个人采用何种方式应对。整个过程中个人采取的策略称为冲突管理策略，而用于结束冲突的策略则是解决策略。

冲突管理策略可分为以下几点。

(1) 协商解决型。在冲突中，个体积极地寻找解决问题的方法，并且倾向于采取双方均可接受的解决策略。

(2) 对抗攻击型。在冲突中，个体直接反抗或攻击对方，倾向于以对方的屈服或妥协作为终结冲突的方式。

(3) 退缩屈服型。在冲突中，常迫于对方压力，选择妥协、屈服结束冲突，甚至是从冲突现场逃脱。

(4) 搁置漠视型。采取忽略的方式，无视冲突的存在，自己也不为冲突所动，依旧我行我素。

(5) 第三方介入型。借助冲突双方之外的人进行协调，以此缓和、调解冲突状况。

针对中国青少年的亲子冲突管理策略的调查发现，从纵向发展看，在小学、初中、高中三个年龄阶段中，初中生所使用的管理策略是最少的。从性别上看，女生使用冲突管理策略的频率要高于男生，这与男女个体在激素水平及自身性格上的差异有关。调查显示，对于青少年而言，在面临冲突的时候他们更多的是选择回避，即采取搁置漠视的策略，很少通过第三方介入解决。其原因可能在于青少年在情感上既敏感又脆弱，他们一方面认为自己说服不了父母，双方无法达成一致，另一方面也不希望通过外在冲突的激烈形式进行交流，因而选择回避与退缩，希望以此“息事宁人”。

协商解决与第三方介入的方式均属于积极管理策略，可能会顺利地解决冲突问题，并有效地减少冲突。体现在亲子冲突处理中，积极管理策略有利于建立良好的亲子关系，有利于青少年人格及社会性的发展，并且有利于父母的心理健康与生活满意度的提高。而对抗攻击、退缩屈服及搁置漠视均属于消极管理策略，采用该类型策略的实质是双方并未正视问题，也未能就此达成一致目标，这不仅无益于冲突的解决，还会引发更多的冲突或扩大冲突，并且对青少年与父母双方均有许多消极影响。

因此，亲子双方都应学会并有意识地运用合理的、有效的冲突管理策略，在面对冲突的时候不着急、不回避，共同面对，理性地解决问题。

（二）父母应把握的原则

总体而言，父母应当把握建立良好亲子关系的要点。

(1) 父母要理解孩子，尊重孩子。应给予孩子一定的空间，给予其发展自己独立人格的自由，不要过分干涉。理解青少年的青春期发展特征，尊重孩子并与其一同成长。此外，要给予孩子持续足够的关注与爱，不要因为与孩子的偶然分歧或冲突而不敢或是不再与孩子交流，要明白孩子与家长的冲突并非是质的冲突，即并不是根本性的对立，而是由于青少年发展过程中在认知行为等方方面面都有所改变所导致的。

(2) 父母要给孩子起到模范作用。社会学习理论认为，孩子会通过模仿身边的重要他人，以重要他人的处世待人方式指导自己以后的行为表现，其中，父母的影响作用尤为重要，因此，父母平日里要注重正确地处理与伴侣、与孩子以及与其他人的关系，采取合理的态度与方法处理矛盾与冲突，给孩子树立正确的榜样。

(3) 倘若是亲子关系处于隐性冲突中，作为认知更成熟的父母应当主动承担打破僵局的角色。父母要表现出自己对孩子的关注与爱，让孩子感受到自己是被关注、被接纳的，而不是让他们感觉自己的存在没有意义。在此基础上，父母再尽力建立与子女间的对话与交流，以改善亲子关系。

(4) 家长应正确理解亲子冲突。亲子冲突并不可怕，它是孩子成长过程中的必然产物，当然，家长也不要期望在孩子青春期的时候亲子冲突为零，或是总是期望将亲子冲突扼杀于萌芽状态，那是不现实的。相反，亲子冲突如果处理得当，不仅不会阻碍亲子关系，反而有利于孩子的发展，也有利于父母经验的增加。因而，要正视亲子冲突，把它当成对彼此的一个挑战与机遇。

（三）学校应做的努力

在亲子冲突的正确处理及亲子关系的改善上，学校起着重要而独特的作用。许多学者认为，学校组织的干预活动具有系统化、组织性、目的性与意识性明确的特点。另外由于参与人数众多，且均是相熟的朋友或同学，干预过程中气氛也较为热烈。由于学校组织干预时可把课程与集体活动结合起来，发挥教师的权威作用，干预活动的管理及效果均会更显著，因而在亲子冲突管理上，学校可以组织相应的主题活动，辅助家长对孩子的不良处理方式进行校正或预防。而一个强调要正确处理亲子冲突的学校，可为孩子提供一个更加和谐安定的氛围，给孩子带来潜移默化的影响。

首先，学校可以开展教孩子理解、尊重、感恩父母的活动。在对感恩意识的宣传、引导及普教活动中，青少年可以感受到父母的艰辛，会看到除了自己在为青春期困扰的同时，父母也在竭力帮助自己，并且父母自身也有许多压力与烦恼，也需要子女的理解与支持。

其次，开展部分社会实践活动非常必要。参加社会实践可以提高青少年的社会认知水平，让他们到真实社会中感受生活的压力、人与人之间的差异、相互理解的重要性。提高青少年的社会认知水平有助于提高他们理解他人及体恤他人的能力。

最后，学校教师应对于亲子冲突严重的学生进行筛查，与亲子双方谈话并了解情况，给予他们正确的意见与建议，有必要时可为其推荐心理辅导教师，让专业人士帮助其解决家庭问题。

总之，如何正确处理亲子冲突，让父母与青少年均可从这个特殊时期中平稳过渡并得到成长，这需要亲子双方、学校、社会等多方面配合与努力。

第三节　家庭对青少年心理发展的影响

家庭是由几个人构成的群体，家庭成员之间关系亲密，为儿童、青少年的成长提供了基本的保证。家庭有其基本的内部规范，为儿童、青少年提供了基本的行为准则。家庭的每一个成员都有抚养教育儿童、青少年的责任。

一、家庭的结构、功能及其对青少年发展的影响

（一）家庭系统

家庭是一个系统，每个家庭存在其特定的、相对稳定的交往与情感模式，具有相应的内在规则，这些内在规则规定了每个家庭成员的角色、地位、行为准则、与外界交往的基本原则，各家庭成员的行为特点和交往方式都是对家庭整体交往与情感模式的适应与保持，家庭系统按照其内在规则不断运行。

家庭系统与其他系统一样，总在力图保持平衡。一旦发生变动时，如家庭成员数目发生增减、家庭成员自身的变化、与社会联系的变化等，家庭原有的运行模式就会受到挑战，家庭运行系统就必须调整以适应这些变化。家庭成员自身的变化是影响家庭系统的最重要因素之一，因为这可能导致先前建立的系统平衡完全被打破，为达到新的平衡，家庭系统必定会发生变化。青少年期是人生中一个充满发展与动荡的时期，这一时期的家庭内部各种因素和互动关系呈现出独有的特征。

（二）家庭结构

家庭按照其组成方式可划分为不同的家庭结构。

1. 按照成员结构划分

（1）单亲家庭（single-parent family）。由父亲或母亲单方和孩子组成的家庭。单亲家庭往往在许多方面存在功能缺陷。

（2）核心家庭（nucleus family）。由父母和孩子两代人组成的家庭。这是最典型的家庭结构，一般情况下这种家庭结构能够对儿童、青少年成长提供有利的条件。

（3）扩展家庭（extended family）。由父母、孩子和祖父母等几代人组成的家庭。

2. 按照家庭的权力分配划分

(1) 男家长型家庭。父亲被认为是一家之长，且对孩子采取控制的态度。

(2) 女家长型家庭。母亲被认为是一家之长，且对孩子采取控制的态度。

(3) 平等型家庭。家庭成员分享权力，平等对孩子是相对的。

3. 按照家庭的亲密度与适应性划分

按照家庭的亲密度与适应性，奥尔森(Olson，1993 年)等将家庭结构分为极端型家庭、平衡型家庭与中间型家庭。家庭的亲密度是指家庭的成员之间相互情感关系；家庭的适应性是指家庭系统为了应对外界环境压力或家庭发展的需要而改变其权力地位、角色分配与联系方式的能力。当家庭的亲密度与适应性都处于极端水平即最高或最低水平时，这样的家庭属于极端型家庭；当家庭的亲密度与适应性都处于中间水平时，这样的家庭属于平衡型家庭；其余的组合属于中间型家庭。

（三）家庭功能

家庭作为一个不断运行的动态系统，具有其相应的功能。家庭功能是影响家庭成员心理发展的深层变量。

霍罗克(Horrock，1969 年)等认为家庭具有“身份定义”(status-defining)和“经验定义”(experience-defining)的功能。“身份定义”是指家庭中个体确认自己的身份和明了自己将要扮演的社会角色；“经验定义”是指家庭为个体步入社会提供经验支持和学习的机会。爱德华(Edward，1984 年)等也提出家庭具有对儿童进行社会化并培养儿童独特人格的功能。为实现家庭的基本功能，家庭必须完成一系列的任务，如满足个体在衣、食、住、行等方面的物质需要，适应并促进家庭及其成员的发育与发展，应对和处理各种家庭突发事件等。

家庭实现其基本功能及完成其基本任务的能力主要表现在六个方面。

(1) 问题解决能力。问题解决能力即家庭为有效维持其基本功能而解决各种问题的能力。家庭所面临的问题通常来自物质和情感两个方面，解决问题能力高的家庭能够顺利地解决家庭所遇到的各种问题。

(2) 沟通。沟通主要指家庭成员间用言语进行的信息交流，交流的内容也通常包括物质和情感两个方面。效果较好的沟通方式是内容清楚明白；效果较差的沟通方式是谈话内容模糊不清，让听者不知所云。

(3) 家庭角色分工。家庭角色分工指家庭成员在家庭中的相对地位，所承担的责任和相应的行为模式。根据家庭基本功能，家庭成员应当承担的角色任务包括为家庭成员的日常生活提供必需的物质材料，为家庭成员提供支持、安慰、温暖，并排忧解难，满足家庭成员个性发展的需要，维护家庭正常运作、管理家庭事务、维护家庭成员身体健康等。角色分工较好的家庭能够充分发挥每个家庭成员的作用，角色分工较差的家庭容易发生角色冲突。

(4) 情感反应能力。情感反应能力即对特定刺激做出适宜而适度的情绪情感反应的能力。具体表现为家庭成员能否在应该产生积极情感的情景下，依照具体情景状况体验不同程度不同性质的积极情绪情感，如爱、温暖、支持、亲密、快乐等；同时，对引发消极情绪的情景产生强度和性质适宜的愤怒、恐惧、悲伤、失望、抑郁等体验。较高的情感反应能力能产生与各种刺激相对应的适度的情绪情感体验；情感反应能力较低则表现为情感体验在性质上，或在程度上经常与情景、刺激不相适应。

(5) 情感介入程度。情感介入程度指家庭成员之间的情感距离，家庭对各成员个性、兴趣、爱好的尊重和对个体需要的满足程度。家庭成员间的情感介入方式主要有六种：第一种是缺乏介入，对家人漠不关心，缺乏了解家人兴趣、爱好、行为的兴趣和愿望；第二种是缺乏情感的介入，对家人的关心主要出于理智驱使，只是由于意识到"应该关心家人"才关心家人；第三种是自恋式的介入，对家人的关心侧重于与自己有关的方面，只关注与自己切实相关、可能给自己造成影响的家人行为或情绪反应；第四种是移情式介入，即出于对对方的考虑和为了对方的利益而关心家人的行为和情感，并参与其他家庭成员的活动；第五种是过分介入，与家人之间缺少应有的距离，过分关注和干涉其他家庭成员的生活；第六种是"共生"式介入，这是一种极端而带有病态特征的情感介入方式，在以这种介入方式为典型特征的家庭中，从表面看所有家庭成员在价值取向和兴趣爱好方面都保持一致，就像是"同一个人"，实际上各成员很难保留自己的独特兴趣和爱好，也很少尝试和体验独立自主的行动。最积极的情感介入方式是移情式介入，最消极的情感介入方式是缺乏介入或"共生"式介入。

(6) 行为控制。行为控制是指家庭在对各种环境压力进行反应时，对其成员行为方式的限制和容许程度。家庭对其成员的行为控制方式主要有四种：一是刻板的控制方式，指家庭主要依据社会和文化传统要求，对家庭成员应该或不应该做什么做出明确而严格的规定，这些规定一经制定就很难更改，很少随环境需要而进行调整或妥协；二是灵活的控制方式，即在合理规范的基础上，能够根据环境条件的变化而进行相应调整，能接受和容许家庭成员在特殊情况下表现出一定的违规行为；三是放任的控制方式，缺少规则和限制，容许家庭成员尝试多种行为方式；四是混乱的控制方式，有时严格要求成员按照一定的要求行为，违规即重罚，有时又完全放弃要求，任由家庭成员任意行为，常使家庭成员产生困惑，不清楚自己应该做什么，不了解自己在什么样的情况下可以做或不能做什么。最积极的行为控制方式是灵活的控制，最消极的行为控制方式是混乱的控制。

家庭结构与功能不同，对于青少年发展的影响就不同，例如，问题青少年往往都生活在不完整的家庭中；同样，家庭功能缺失、家庭成员角色混乱、沟通受阻、情感冷漠等对青少年健康成长所带来的负面影响也是巨大的。

二、青春期家庭系统变化对青少年发展的影响

进入青春期的青少年，对于家庭来说也是一个重要事件，会对家庭系统带来巨大的变化。在子女青春期家庭所表现出来的特征与变化不仅仅是青少年引起的，还涉及青少年父母和整个家庭系统的结构与功能变化。

(一) 家庭成员身体与地位的变化

当孩子进入青春期，父母年龄在40岁左右，这一段时间也可能是人生进入"中年危机"的时期，也是青少年进入"青春期危机"或"自我危机"的时期。

(1) 在生理方面，父母与孩子都对自己的身体表现出极大的关注。子女身体达到健康、力量和对异性吸引力的高峰，父母对自己不再自信。

（2）父母与孩子都开始对自己的未来重新进行思考。青少年开始有能力思考自己的未来，父母开始回顾自己的过去，大多数父母对未来的期待降低。

（3）青少年与父母的社会地位和身份发生了微妙的变化。青少年开始获得某些身份，尤其是青少年晚期；而青少年的父母必须面对自己年轻时选择的结果，有的人成功登上了事业的巅峰，有的与自己的理想相距较远。

青少年进入“青春期危机”或“自我危机”时期与父母进入“中年危机”时期部分重叠，会对青少年成长带来许多不利的影响，而这种不利的影响更多的是由于父母对“中年危机”不适应所造成的。“中年危机”时期的青少年父母不能够很好地调整自己的事业、家庭甚至是个人的身体健康，会把许多生活与工作问题暴露在青少年的面前，加之青少年“青春期危机”带来的压力，导致父母难以应对。许多问题处理不当都会导致亲子冲突的增加、教育方法的失当或教育上的无助感。

（二）家庭功能的变化

在青少年期，不仅家庭成员个体发生了变化，家庭功能也发生了很大变化。对于幼儿期与儿童期的孩子来讲，家庭功能主要表现为教养、保护、社会化。进入青少年期这些功能仍然非常重要，但养育功能逐渐被支持功能取代，保护功能被引导功能所代替。青少年期，孩子对父母有强烈的逆反心理，父母的角色效能感下降，家庭成员的亲密度与适应性都会受到影响，家庭功能也要随之而调整。如果家庭功能不能够适时地发生改变，以适应青少年成长的需要，则会对青少年的健康成长带来不利的影响。

三、青少年期亲子关系变化对青少年发展的影响

（一）青少年亲子关系的变化

在亲子关系中最为主要的表现是亲子冲突和亲子亲和，亲子冲突与亲子亲和会给青少年的发展带来不同的影响。

1. 亲子冲突

亲子冲突是指青少年公开的与父母的行为对抗与对立。在青少年早期，亲子冲突大量增加，青少年晚期逐渐降低。文化背景不同，这种趋势可能会有所不同。比如，在荷兰，青少年晚期的亲子冲突要多于青少年早期；而在印度，青少年亲子冲突发生的概率较低，似乎不存在青春期孩子与父母开始疏离的现象；在我国青少年中，初中阶段亲子冲突一直在增长，初三是亲子冲突最严重的阶段，升入高中后亲子冲突有所缓和，这一趋势符合一般的亲子冲突发展规律。

冲突的内容基本上是日常事务，诸如是否按时起床，是否按时回家，作业是否完成，学习成绩是否理想，着装是否合适，行为方式是否恰当等，都是引起亲子冲突的事件。

亲子冲突对青少年的影响有消极的一面，也有积极的一面。消极的方面主要体现在亲子冲突构成青少年重要的心理压力源，与青少年心理健康如一般心理适应、生活满意度、生活目标、无助感、自尊等各个方面都有关系。亲子冲突会导致青少年的各种问题行为，如离家出走、犯罪、辍学、早婚早育、药物滥用等；长期的、激烈的亲子冲突还可能导致自杀行为等。亲子冲突对青少年造成的不利影响取决于冲突的频率与强度。

积极的方面主要体现为亲子冲突有利于青少年独立人格的形成、自我同一性获得。研究表明，青少年早期亲子冲突的增长是亲子逐渐获得同等交往地位的一种手段，亲子冲突对于对青少年与父母关系的协调、双方各自特征与需要的改变起着很大的作用，亲子冲突能够促使父母与青少年孩子去重新构想或改变对彼此行为的期望。合理地处理亲子冲突是青少年逐渐获得今后成人关系中所需要的社会与认知技能的一种有效途径。

2. 亲子亲和

父母传给子女的最为重要的方面有两样：一样是翅膀，一样是亲情。青少年的心中涌动着独自闯荡世界的期望，即使亲子冲突增多，但父母还是他们重要的依恋对象与支持系统，他们与父母仍然保持着亲密的情感连接。亲子亲和是指父母与子女之间亲密的情感联结，既可以表现在亲子互动行为中，也可以表现在父母与子女心理的亲密感受上。青少年期，亲子冲突增加的同时，亲子亲和水平在降低。我国的研究者研究发现，与亲子冲突相比，初一、初三、高二学生与父母的亲和程度发展比较稳定（王美芳，2001 年）。研究也发现，青少年与母亲的亲子冲突更多，同时与母亲的亲和也更高。亲子冲突与亲子亲和是相对独立的，亲子冲突也不一定完全损害亲子亲和关系。青少年在亲子冲突增加的情况下依然能够保持较高的亲子亲和，这对青少年的健康成长非常重要。

（二）青少年亲子关系变化的原因

青少年的亲子冲突增多，尽管他们与父母仍然保持着亲密的情感连接，但亲子关系产生了一定程度的疏离。青少年亲子关系变化的原因主要有以下方面。

1. 生理变化对青少年亲子关系的影响

生理成熟，身体力量增强，具有独立行动的能力。青少年敢对父母说“不”，公开表达自己的意见，亲子冲突增加与其体能的增加与生理成熟密切关联。

2. 认知变化对青少年亲子关系的影响

青少年的认知发展成熟，有了自己独立的观点。进入青春期后，青少年不再认为父母做的每件事情都是正确的。他们对父母的去理想化，使得他们把父母与理想的标准进行比较，从而产生不满意。青少年对父母的看法的改变影响到他们对父母的行为、态度和信念。青少年常对父母的建议和要求提出质疑和反对，认为自己在某些事情上与父母知道的一样多，甚至超过父母。即使父母的建议和要求是合理的，青少年往往也不相信，更相信自己做的决定，这就必然导致亲子冲突增加和亲子亲和水平降低。

3. 社会性发展变化对青少年亲子关系的影响

获得自主是青少年最重要的任务之一。随着青少年自主要求与独立性意识的迅速增强，他们对父母的权威的不满日益增强，对于父母在其生活中的权威的接受性也越来越低，变得越来越公开反对父母。而父母对孩子企图摆脱自己的控制感到不安，亲子间常常发生摩擦，这也是亲子冲突增加的重要原因。

四、父母的教养方式对青少年发展的影响

父母的教养方式（parenting style）是父母的教养态度、行为和非语言表达的集合，反映

了亲子互动的性质，具有跨情景与跨时间的一致性。

目前，研究提出教养方式主要四种类型：权威平等型父母、控制型父母、溺爱型父母、忽视型父母。

(1) 权威平等型父母。父母温暖而严厉，对子女有明确规定与要求并严格执行，对青少年的期望与青少年实际能力一致。他们既鼓励自主性发展和自我管理，又鼓励亲子间的双向交流，能倾听与接受青少年的意见并同时承担管教的责任。

(2) 控制型父母。父母高度重视青少年的服从意识，使用惩罚、专断与强硬的纪律措施管理子女。青少年应无条件接受父母所制定的规则与纪律，限制了青少年的自主性。

(3) 溺爱型父母。父母以一种接受、和蔼甚至有些顺从的方式对待青少年，他们较少对青少年做出要求，青少年有按照自己的意愿行动的自由。他们认为控制是对青少年的侵犯。

(4) 忽视型父母。父母尽可能少地与青少年在一起，甚至对青少年不理睬，对青少年的去向与活动知道的很少，很少与青少年谈心。

采用良好的教养方式的父母向孩子示范了关心他人与对社会负责的模式，青少年通过观察与模仿获得适应性的行为方式。良好的家庭氛围为青少年发展成熟的社会技能提供了支持，有助于青少年的认知与情感成熟。

五、多子女与独生子女对青少年发展的影响

多子女的家庭，青少年兄弟姐妹之间存在着相当程度的冲突，但也积累了深厚的感情。随着年龄的增长，他们之间分享、帮助、友谊等亲密温和的关系也在不断发展。那些与母亲关系亲密、与兄弟姐妹友好相处并且在家庭决策中有较大影响的青少年，其心理发展更健康，具有更高的自我能力感与自我价值感，具有更高的适应性。

独生子女是我国现阶段特有的社会现象。独生子女的地位导致他们缺乏与兄弟姐妹的联系，缺乏分享及共同参与的机会。独生子女有较多的发展问题，他们可能比较自我，观点采择的能力低，缺乏耐受挫折的能力等。独生子女也有许多非独生子女不具备的优点，如自主性强，有个性与主见，能力强。独生子女在家庭中由于得天独厚的物质条件，为其身心发展提供了充分的物质基础，家庭会对他们的成长与发展提供更好的条件，创造更多的机会，有利于他们的健康成长。尽管独生子女在家庭中的唯一性使他们在个性发展和智力成长上具有超越非独生子女的有利条件，但同时因没有兄弟姐妹，缺少同伴之间的交往，易受大人们的宠爱是他们不良个性产生的根源，所以独生子女在儿童时的人际关系及性格的发展极易受到父母的影响。

六、青少年家庭义务感的发展

家庭义务感是指个体对家庭及其成员应尽的义务与责任。家庭义务感增强是青少年心理社会发展的一项重要内容。青少年的家庭义务感主要体现在以下三个方面。

(1) 当前对家庭的支持。如帮助做家务、买食物、照顾家庭其他成员等。

(2) 对家人的尊敬。尊重祖父母、父母等长辈，重要的决定征求与采纳长辈的建议等。尊重长辈也包括努力学习为父母赢得荣誉等。

(3) 未来对家庭的支持。青少年对家庭的义务感不仅表现在当前,而且指向未来,在未来能够承担家庭重任,赡养老人,帮助兄弟姐妹等。

青少年期是家庭义务感发展的理想时期,他们具有了一定的能力,对家庭提供直接的支持,是成人的“演练期”,开始大量学习担任成人角色所需要的社会技能,对于将来在社会中承担怎样的角色也有了进一步的考虑。研究发现,我国青少年的家庭义务感较强,青少年认为自己应该尽己所能帮助与支持家庭,认为尊敬与支持家人比较重要。研究也发现,即使生活在美国的华裔家庭的青少年,他们也表现出较高的家庭义务感,这体现了中国与东方文化对于青少年家庭义务感的影响。

思考题

1. 特殊家庭亲子关系对青少年的心理有什么影响?
2. 亲子冲突的种类及其特征有哪些?
3. 家庭的结构、功能对青少年发展有什么影响?
4. 夫妻关系质量、父母教养方式、家庭应激等对于青少年发展有什么影响?

第九章　学校与青少年心理发展

本章要点

- 了解青少年学校生活的多重影响因素
- 性别与个体差异对学习的影响
- 学校适应问题的应对
- 学校教育与环境对青少年发展的影响
- 教师的教育方式与师生关系

进入学校接受中等教育可以说是青少年的义务和责任，青少年生活的大部分时间是在学校度过的，良好的学校适应生活是青少年身心健康发展的一个前提，因此，能否适应学校和班级的各项规范要求，特别是能否适应学业提出的要求和挑战，能否与教师建立良好的互动关系等，都影响着其学科知识和技能的获得，以及多方面的情绪适应。

第一节　青少年学校生活的影响因素

一、学校与班级规模

学校规模的变化对青少年发展存在正反两方面的影响：一方面，扩大学校规模会导致学生间关系的疏远，使学生觉得与同伴和教师的距离拉大；另一方面，学校规模扩大可以为学生提供更为丰富的资源。但是总的来看，学业成绩与学校规模并不存在必然联系。

小规模学校使学生更容易参与其中，发扬主人翁精神，管理自己的班级，这种参与会提高他们的信心和自尊。而大规模学校的学生更多是观察者而不是参与者，他们难以与他人或整个班级建立连接，这种情况在国内经济发展水平较低的小型城市，甚至乡镇比较普遍。一般认为，适宜的学校规模为500～1000人。

关于班级规模与学生学习成绩的关系，存在一种普遍但缺乏实证的认识：学业成绩与班级规模存在此消彼长的关系。国外学者认为，班级规模在20～40人为宜，但是这一规模对学业成绩的提高也不是很明显。之所以小班制会提高学习成绩，可能是小班教学使教师关注每个学生的精力增加，提高了教学和辅导效率，但小班制也同时加大了学校的资金投入。

二、青春期的开始

青少年从小学学习生活过渡到中学学习生活，一开始都会存在着适应上的困难，这种困难主要发生在青春期早期阶段，此时，青少年伴随生理上的显著变化带来的成人感，在心理上更加追求独立自主。在这一过渡阶段，大多数青少年的学习成绩、对学校的好感、自尊水平和学校参与都有明显下降。

青少年从小学过渡到中学的过程也伴随着学习环境的巨大变化。新的教师、新的同伴、新的学校和班级环境以及学习上的更高要求，都增加了他们的焦虑感，让他们体验到更高水平的学业压力。

三、学校风气

迈克尔·路特把学校风气界定为教师与学生的交流方式、对学生的期望和标准，以及课堂上使用的教学方法。路特对青少年学生的观察发现，教师越愿意帮助学生、与学生和谐相处，并对学生的学习和表现存在高期望，还能在必要时严格执行纪律，学生的表现就越好。与校风不良的学校学生相比，风气好的学校学生成绩好，出勤率较高，不良行为发生少。即使排除学生智商和经济背景存在的差异，校风对学生行为的影响依然明显。科尔曼对中学生的研究结论与路特类似。总之，良好的校风可以避免学生意志消沉和各种不良行为的发生，能增强学生的学习兴趣。

削弱学生对学校的好感，影响其学校适应的一个重要因素是学生在校受欺负的问题。如果青少年在学校时常受到其他同伴的欺负，他就会对学校环境产生恐惧，对班级生活产生焦虑，从而影响到学业发展。如果此时学校教育工作者不采取及时有效的措施制止欺负行为，学校生活对受欺负者来说便成为一种折磨。除了学校规章制度的约束外，教育工作者要引导青少年采取建设性途径来解决冲突，控制自己的不合理情绪和冲动行为，思考自己的行为后果，提高社会观点采择和共情能力；同时，对于那些容易受欺负的青少年，教师要引导他们学会合理应对。

四、班集体的影响

班集体是学校环境中教师展开教学活动的基本单位，它是学生在校内进行集体活动的主要场所，与学生的学习生活息息相关。班集体对学生发展的功能主要有：提供社会化的机会，加速个体发展，满足学生的归属感，对学生的表现实施评价。班风是一个班级的大多数成员的比较一致的行为倾向，从总体上反映一个班级的精神面貌，良好的班级风气对学生的行为具有导向和规范作用，使得班级成员的行为表现出一致性。班风对成员的规范作用是通过群体规范、舆论和集体内聚力等手段实现的。群体规范是有形的班级制度规定，明确约束群体成员的行为；舆论和集体内聚力对成员行为具有无形的约束力。良好的班风不仅是抵御不良风气的强大力量，而且能够起到协调青少年人际关系的作用。良好的班风创造出一种积极和谐的心理氛围，使学生一方面保持积极的情绪和进取精神；另一方面，可满足学生的群体归属感和认同感，对于学生的不良适应具有预防作用。

五、教师的影响

教师是教育活动的组织者和实施者，是学生行为的楷模。教师对学生的态度、期望及教师的教学风格会影响学生的学习态度、人格发展以及学习成绩和心理健康。

(1) 教师的期望效应属于“自我实现的预言”。这指的是教师对学生的积极期望会对学生的学习行为产生积极的影响；相反，教师对学生的消极期望会对学生的行为表现产生消极的影响。

(2) 教师的态度公正也会影响学生的学业表现。学生都希望教师特别是班主任能公正对待每个学生，希望获得教师的欣赏和认可，讨厌教师的偏袒等不公正行为。因此，教师要了解学生的人格特征与认知水平，对学生有恰当的期望水平。如果教师对学生持有偏见，不合理地区分对待学生，会导致师生关系紧张甚至恶化，长期发展下去就会造成恶性循环。

不同教师的风格会产生不同的师生关系，进而影响学生的学业成绩。教师风格一般包括专制型、民主型和放任型三种类型。专制型教师决定教学计划和内容并力图控制学生的学习行为，他们督促学生学习，在教学指导过程中有更多控制和命令行为，会使班级气氛沉闷；民主型教师和学生共同制订学习目标和教学计划，师生间更多探讨和交流，不论教师在场与否，学生都会严格要求自己，班级气氛友好愉悦，学生充满学习兴趣和信心，富有探索精神；放任型教师一般缺乏教学计划和要求，对学生缺乏指导，放任学生，学生由于缺乏指导，一般遇到困难便会停止学习上的探索，学生表面上很活泼，但缺乏纪律性，班级气氛混乱，缺乏正常的班级舆论。

(3) 教师的威信是影响学生学习行为的重要因素。教师威信对学生的影响表现在：教师的威信使学生信任教师的知识和能力水准，从而能够服从教师的指导和要求；使学生容易把教师的学习要求转化为自身的学习需要；使学生更容易接受教师的批评或表扬；有威信的教师是学生的榜样，自觉或不自觉地影响学生的言语行为；有威信的教师是学生效仿的榜样，通过这一效仿过程，教师的思想观念、做事风格潜移默化地对学生产生影响。

(4) 师生关系状况也影响着学生的学习行为。对于低年级儿童而言，师生关系是建立在教师的爱护和关心的基础上的。随着年级的升高，教师的学识和能力以及学生的理解和尊重在师生关系中的重要性不断提高。师生关系的稳定性和复杂性影响学生的学习行为。在小学阶段，师生关系最为稳定；到初中阶段，教师在青少年心目中的地位有所下降，学生自我意识和独立性的发展使他们开始疏远甚至反抗教师，师生关系稳定性下降；到高中和大学阶段，师生关系的稳定性逐步回升，学生有选择地与教师建立稳定关系。从复杂性来看，青少年与教师的关系开始变得复杂，他们对教师既要保持距离，又要保持接触，师生关系对青少年的影响受到同伴关系的削弱，但是特定的师生关系对青少年的个性发展的作用是巨大的。

六、家庭环境的影响

一般来讲，父母是通过自己的期望来影响青少年的学业表现的。父母如果对孩子寄予厚望，孩子的学业成就一般会受到积极影响，但是如果父母对孩子期望不足，孩子的表现就会相对不佳。期望高的父母会以建设性的方式参与到孩子的教育过程中，他们帮助孩子提供各种促进学习的材料，积极地与班主任和其他教师就孩子的在校表现等进行定期交流。

父母的养育方式影响到青少年的在校表现。权威型父母对孩子的在校表现一般会产生积极影响，他们责任心强，对孩子的情感投入更多，积极参与孩子的学习活动；他们的孩子在校学习更为积极主动，与同伴交往更为积极，适应良好。专制型和放纵型父母对孩子疏于管理，他们不关心孩子的在校表现，与班主任、任课教师等缺乏交流和沟通；他们的孩子一般对学校生活缺乏信心，不愿参与学校生活，学习成绩一般不理想。家长可能觉得提供给孩子物质生活就够了，但是青春期少年面临的种种挑战需要父母给予更多的情感支持，以帮助他们更好地适应在校生活。

家庭的经济状况是影响青少年在校表现的重要因素。多项研究表明，青少年的学习努力程度、考试成绩以及最终能达到的最高教育水平都与其家庭经济条件有关。国外研究表明，在学龄前，中产阶级家庭的孩子比工人阶级家庭的孩子的算术成绩优秀；到童年中期，这种家庭经济地位造成的差距更加明显，这种差距一直持续到高中阶段。而在进入高中之后，中产阶级家庭的孩子以后进入大学的可能性更高。之所以社会阶层会对青少年的学业产生如此大的影响，可能是由于中产阶级家庭的父母在智商水平上相对较高，从而影响孩子的智商，而且优越的经济条件可以让孩子从小得到更好的营养和其他教育服务。中产阶级家庭的生活压力相对较小，父母相应地有更多的时间关注孩子的成长过程。

七、同伴和朋友的影响

朋友间在穿衣、发型等外部形象以及兴趣爱好等方面对彼此的影响力很强。在某些方面，朋友的影响作用大大超越父母。研究发现，朋友对青少年的到校情况、作业时间、努力程度以及成绩等级的影响远远大于父母的说教。

同伴的影响并不都是消极的。“物以类聚，人以群分”，青少年往往选择和自己相似的人交朋友。青少年与成绩良好的同伴交朋友可以改善自己的学习态度，提高学习兴趣和学习成绩，从而增加自己进入大学的可能性。

而“同伴污染效应”表明，同伴间的互动过程导致彼此间的不良行为或情绪对彼此的发展产生不利影响，而且这种影响过程是无意识的。同伴污染的例子包括攻击行为、欺负行为、毒品使用和抑郁。由于同伴间的行为具有模仿性和相互促进性，同伴污染效应是普遍的。现在学校里的青少年小团体往往聚在一起做出一些具有破坏性的行为，例如，几个同伴结成小团伙专门欺负低年级学生，抢夺或骗取钱财。

第二节　青少年学业成就的影响因素

一、性别对学业成就的影响

虽然不同性别青少年的智力差异很小，但性别因素的确影响着学业成功。在多数方面，女性青少年超过男性。从小学到初中，教师一般评价女生学习热情更高，学习成绩更好；女生的留级和辍学情况更少。这些学业成就上的性别差异在非洲青少年中表现得尤为明显。

之所以会产生这种性别差异，是由多方面原因造成的。首先，女生对学校环境的态度更积极，她们与教师的交往更多，师生关系比男生好。调查显示，女生比男生更容易感觉到教师对自己的关心。其次，在校外，女生比男生从父母那里获得更多的关心与支持，更容易与其他家庭成员建立良好关系。到高中阶段，男女生学业成绩的差别主要表现在文科和理科差异上。特别是在我国，文理分科导致男女生的学科成绩差异更大。

二、个体差异对学业成就的影响

青少年的智力发展水平存在差异，势必对他们的学业成就产生影响。由于个体智力发展的速度也存在差异，在同样的年龄，个体的智力成熟度不同，智力早熟的青少年比同龄同伴有更优秀的学业表现。青少年在学习活动上的独立性程度有所不同，那些积极主动地解决问题，主动预习、复习和完成作业的学生一般有更优秀的学业成就。青少年在学习兴趣和学习动机上存在明显差异，那些对知识本身感兴趣，而不是争取外部奖励的学生更容易取得好成绩。对自己学习成败的归因也影响到他们学业成就的差异，那些把成败归因于自己的努力程度，而不是归因于运气或任务难度的青少年更容易保持学习动力，更易取得好的学习成就。

三、天才与学习障碍少年

天才少年的智商水平一般在130以上，他们一般具有如下特征：早熟、独立，具有控制欲，信息加工效率高。天才少年普遍存在早熟现象，其天分在很小的时候就开始显现，比如，在很小年龄，天才少年就开始读书识字，做一些简单的计算题等。有些儿童很小就在音乐、体育或者美术等特殊领域表现出天赋。天才少年能够独立解决任务，比一般少年更少需要他人的指导和支持。他们喜欢挑战难题，表现出强烈的控制欲；他们学得快，记得牢，善于应用一些突破传统的思路解决问题。

存在学习障碍的青少年难以取得学业成功。通常学习障碍都与学习成绩相关，这些障碍涉及言语障碍、情绪失调、反应迟钝和学习能力低。如果青少年智力水平正常，然而在某个或某几个学科中存在困难，而又无法把这种困难归于任何已知道的障碍时，就可以说存在学习障碍。男生存在学习障碍的概率是女生的2倍。在学习障碍青少年中有一半同时具有多动症，男生多动症的概率为女生的4倍。多动症一般发生在童年期，但会持续到青春期。行为治疗与药物治疗相结合是治疗多动症的有效方法。

第三节　青少年的学校适应问题与应对

一、学习动机

（一）缺乏学习情趣和学习动机

学习动机是推动青少年在学习活动中获得成功的内部动力。学习行为受到内驱力和外部诱因的影响。个体对知识本身的兴趣和爱好是学习活动的主要内驱力，而获得优异的成绩或者教师与家长的认可则是推动学习行为的外部诱因。

影响学习动机的内部因素有很多：个体的学习目标是否明确；对学习意义的认识和学习态度；学习成就动机的高低。外部影响因素主要是父母和教师的期望、升学要求、同伴的认可。

（二）如何激发青少年的学习动机

1. 树立明确的学习目标，端正学习态度

目标对学习活动具有激发、引导、调节和维持作用，它使得青少年即使遇到学习上的困难，也会为实现目标而不断努力。青少年可以为自己的学习设置不同层次的目标，包括短期目标、中期目标和长期目标。学习目标一般不要仅仅要求自己达到某种分数指标，而是具体掌握哪些知识技能。在父母和教师的期望作用下，有些青少年的学习目标仅仅是获得好成绩，不让父母失望，这种外部目标往往给青少年带来很大压力。在没有取得满意成绩的情况下，担心父母和教师失望使青少年在平时的学习中充满焦虑，不利于他们知识和技能的获得，阻碍了其身心的健康发展。因此，青少年要端正学习态度，对知识获得和技能培养产生内在的兴趣。

2. 及时了解学习成绩和其他学习结果

学习成绩作为一种反馈信息可以调节其学习过程，让他们了解哪些知识已经比较牢固，哪些知识还比较薄弱，需要进一步学习。但是当前普遍存在的按成绩排名的方式导致班级内部出现成绩上的两极分化。那些排在前面的学生通过成绩反馈不断提高自身的学习信心，而那些落伍的学生则渐渐丧失学习兴趣。笔者认为，青少年对待成绩的积极态度应当是：以掌握知识为目的，一次考试成绩并不能说明全部问题；认真分析试卷所反映的问题，通过试卷分数明确自己平时学习存在不足的地方；要和自己比较，只要自己不断获得进步，就是成功的表现，不要和同伴展开不良竞争。

3. 获得成功感，维持学习兴趣

根据操作性条件反射理论，某种行为在取得积极结果之后，这种行为再次出现的概率就会提高，而那些没有带来积极结果，甚至带来消极后果的行为将会受到抑制。那些在学习活动中经常获得教师表扬与肯定并取得满意成绩的青少年，往往会保持他们对学习的热情和动力；相反，如果在学习活动中屡次遭遇挫折，平时得不到教师关注，甚至遭遇家长和教师批评的青少年往往会渐渐失去学习兴趣，甚至最后放弃努力尝试。因此，教师对丁不同水平的学生，要采用适合他们水平的问题难度使其获得成功。对于优秀的学生，问题难度可以高一点，成绩稍差的学生可以解决一些简单问题，通过让他们享受成功带来的愉悦保持学习兴趣，是教师的教学艺术。

4. 学习动机最佳水平

根据耶克斯—道德森定律，人的动机强度影响着任务完成效果，作业效率与动机水平的关系呈倒 U 形曲线，即作业效率随着动机强度的提高而提高，而后在某一动机水平上作业效率达到最高值，然后作业效率随着动机强度的提高而下降。对于青少年而言，完成不同难度学业任务的最佳动机水平也是不一样的，难度越大的学习任务，需要的最佳动机水平越低，过高的动机水平反而会降低困难任务完成的效率。因此，教师要鼓励学生在解决简单问题时，集中精力，全身心投入以提高问题解决效率，而对于难度稍大的问题，要求他们不要急于求成，降低动机水平，以便找到全面、仔细地分析问题的解决思路。

二、考试焦虑及其应对

考试焦虑是指学生在考前或考试过程中由于担心消极的考试结果或者过于渴望获得好的成绩而导致的紧张和忧虑，它往往会导致学生在考试过程中出现暂时性遗忘，很多平时学得很牢的知识就是答不上来。

考试焦虑的原因既有内部的，也有外部的。外部压力一般是教师、家长和教育体制给学生施加的压力，父母的期望、教师对成绩的肯定和重视、同学间的比较等外部压力都会导致考试焦虑，而个体的气质特征、成就动机水平以及对考试的认识都是影响考试焦虑的内部因素。个体的心理承受能力影响着内部和外部压力对考试焦虑的影响。心理韧性强的个体会积极地应对各种内外压力因素，积极调整心态，从而在考试中能够正常发挥。

为在考场中正常发挥所学，从而取得令人满意的成绩，青少年需要了解如何克服考试焦虑。首先，正确认识考试焦虑的利与弊。一种普遍的看法是，焦虑情绪是一种消极情绪，它会破坏认知系统的信息加工，降低信息加工的效率。但事实上，低水平的焦虑会促使个体集中注意力，提高问题解决效率。但长时间的考前焦虑会对睡眠、食欲产生不良影响，影响身体健康。其次，青少年要正确认识失败，增强挫折承受力。青少年要学会以积极的心态接纳失败，意识到失败也是学习经历的一部分，失败不是完全消极的，不能用失败来否定自己以及他人的努力。失败指出了不足，点出了努力方向，它给个体带来的经验加快了成功的到来。所以，青少年不能被失败击倒，相反要分析自己失败的原因，继续努力，对成功充满信心。再次，要调整自己的抱负水平或者说期望值。有些失败是青少年自己造成的。如果对自己定下不符合实际或者超越自身能力的成绩目标，往往会给自己带来挫折。因此，对于考试成绩的提高，可以一步步来，提高的步伐不要定得太大。要调整自己期望达到的目标水平，要使期望达到的水平与当前的真实水平差距不能太大。现实合理的目标可以提高学习的方向和重点，使学习更有挑战性，还能使青少年更好地集中注意力，降低厌烦情绪和焦虑水平，提高自信心。然后要做好考前准备。考前准备包括多个方面，青少年不仅要在知识储备上为考试做好准备，积极总结、梳理、复习各门功课，还要通过分析以往考试题型和范围，了解考试趋势和风格。最后，了解考场环境。总之，从物质和心理上做好全面准备是降低考试焦虑的前提。

三、辍学现象

随着经济社会的发展，学历水平越来越影响到个体的就业状况。尽管如此，青少年中途辍学也并不罕见。青少年的辍学原因具有多样性：家庭经济状况、在校违反纪律、缺乏学习热情是大多数学生辍学的普遍原因。青少年的性格和行为倾向性也是影响青少年辍学的重要原因。那些不喜欢被束缚、缺乏纪律性和自我约束的学生更容易中途退学，因为他们经常遭遇学业上的挫折，对学业缺乏信心和热情，最后以辍学结束学业生涯。青少年的辍学现象受家庭因素影响，包括父母收入水平与受教育水平，父母文化水平低、家庭贫穷的青少年更容易中途退学。父母曾经辍学会导致他们的孩子辍学的可能性提高,因为他们对子女的期望值一般不高;单亲家庭的青少年辍学率较高;学校特征和班级环境也影响辍学率,学校和班级管理井然有序,教师关心学生,会大大降低辍学率。辍学影响个体的发展与适应,辍学的学生更容易患上各种心理疾病,而且职业前景受到限制。因此,教育工作者要联合起来,共同关心学生,防止学生辍学。

四、青少年的问题行为

青少年正处于世界观、价值观和个性发展形成的紧要时期,问题行为妨碍了青少年身心健康发展,给家庭、学校和社会带来种种不利的行为。青少年的问题行为包括学业不良、攻击行为、逃学、离家等。

(一) 问题行为的类型

根据魏克曼与20世纪20年代的二分法,问题行为包括扰乱性问题行为和心理性问题行为两类,前者如不守纪律和不道德的行为,后者如退缩和抑郁等情绪问题。加柯克伯格划分了外部性问题和内部性问题,前者包括多动症和犯罪行为等,后者包括退缩、羞怯和抑郁等内部性问题。根据奎伊的三分法,问题行为除了包括魏克曼的两类问题行为之外,还包括不成熟的情绪和社交行为,可以看作问题行为的第三类。我国学者左其沛根据问题行为发生的内因、外部环境、心境、个性、行为特点、行为结果、自我评价和自我体验等,把问题行为划分为攻击型、过失型、压抑型以及品德不良四类。过失型包括比较轻的品行纪律问题,如逃学、骂人和打人行为等,而压抑型与攻击型属于心理性问题行为。日本学者古泽赖雄将问题行为划分为五种: ①神经性问题行为,如抽搐; ②人格问题,如反抗、粗暴和谎言; ③智力行为,包括成绩不良和逃学、辍学等行为; ④精神异常行为; ⑤社会适应不良,如犯罪行为。我国学者刘守旗则把学生的问题行为划分为七个类别: ①神经性问题行为,包括强迫症、歇斯底里等; ②性格问题,如偏执、粗暴、急躁、退缩等; ③智能问题,由于智力低下而无法适应学习要求而引起的破坏纪律、厌学、逃学等; ④情感问题,包括学校恐怖、敏感焦虑、敌对情绪等; ⑤活动过度行为,包括好动、注意力不集中、冲动等; ⑥社会品行问题,包括盗窃、骂人等; ⑦习惯性问题,包括厌食症、睡眠问题、咬手指等。

(二) 问题行为的成因

1. 心理方面的因素

(1) 对行为规则的认识有意义障碍。青少年对行为规则的内容和意义缺乏认识,只有他们明确了行为规则的意义才愿意接受,否则难以实现由知到行的转变。当成人要求不符合他们的需要,或要求太多而缺乏执行力度,或青少年对规则意义的认识产生误解,或要求违逆青少年的个性时,就容易产生这些问题。

(2) 动机选择中的心理冲突。适应不良的青少年会在几种需要发生冲突时选择符合自己需要而可能与社会规则相背离的行为。

(3) 意志力薄弱和自制力差。青少年虽然明白应该遵守行为规则,但是当道德观念与个人欲望发生冲突时,如果不正当的观念占了上风,必然会产生不合规范的行为。

(4) 挫折承受力。青少年的问题行为往往与无法正确对待挫折有关。成绩不佳、同学关系或者师生关系紧张都容易使他们产生挫折。面对挫折，青少年会通过“外罚”和“内罚”的形式表现出来。外罚是指青少年通过攻击他人消除挫折给自己带来的紧张情绪；内罚是指把惩罚指向自己，包括自我孤立、轻生、自我安慰。

(5) 不良的行为习惯，如考试作弊等。对于不良行为，要及早采取教育措施加以纠正，使其消除在萌芽状态。

2. 社会环境方面的因素

社会环境方面的因素主要表现为社会环境的不良影响。由于青少年缺乏知识经验、阅历浅、辨别力差，容易受到社会环境的不良影响。调查显示，青少年的居住区域、父母的职业与文化水平以及学校环境，都与问题行为有关。

(1) 科学了解问题行为。问题行为与正常行为类似，它也是个体与环境之间相互作用的结果，个体与环境相适应，就能表现良好，否则容易出现问题行为。个体与环境间的相互作用如图 9-1 所示。

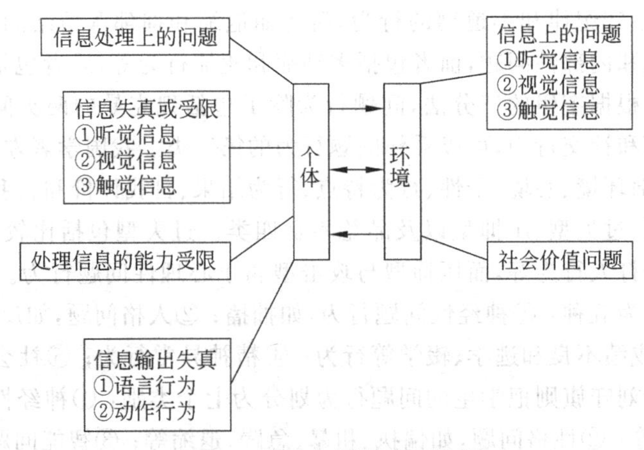

图 9-1　青少年问题行为模式

从图 9-1 可以看出，①导致青少年问题行为的主要原因在个体自身，它导致青少年可能以低级的方式与环境进行互动。②不良的环境因素也会诱导青少年出现问题行为。③如果青少年自身的不良因素与环境不利因素相互作用，则问题会更严重。

(2) 还要了解具体的问题行为，争取对青少年自然状态下的问题行为做详细而客观的观察和记录，再分析其特征和表现，最后弄清楚问题的症结所在。具体来说，包括以下步骤：①发现并确定存在的问题行为。分析问题行为的表现，如果不止一种，就需要分出主次。②分析问题行为发生的条件。分析问题行为发生的时间、地点以及原因等。③考察问题行为发生的频率与持续时间。④了解教师与父母对青少年问题行为的态度及应对措施。

(3) 要了解教育过程。可以从两个方面入手：一是了解家庭状况、家长的教育态度和教育手段；二是了解教师。了解内容具体包括：①指导内容。曾做过哪些方面的指导，程度如何？②指导效果。指导之后，问题行为是否发生了变化？③变化原因。要弄清楚引起变化的条件在哪里？

总之，青少年问题行为很多，要尽可能准确把握其特点、原因和模式，使指导与干预具有时效性和针对性。作为教师，必须深入青少年当中，与他们打成一片，借助科学的研究方法，集思广益，方能奏效。

五、学业不良问题

学业不良是学校中的普遍现象，表现为学生的学习结果没有达到基本的教学要求，离教学标准还有一段距离。成绩很差的学生，其学业显然属于不良范围，他们是我们常说的"差生"。但一般情况是，学生往往在某些学科上薄弱，而同时擅长个别学科，这为差生转化提供了契机。

学业不良的起因是复杂多样的，因人而异。因此，教育工作者要分析导致学生学业不良的主要因素，有针对性地加以干预和指导。

1. 饮食和作息规律影响学业成绩

罗斯特对东柏林一所小学的两组小学生的观察比较表明，学生的饮食、睡眠以及运动和自由游戏对学生的学业影响极大。获得充足营养的儿童，其智力水平、学习能力和品行表现都优于营养不良儿童。罗斯特的进一步研究证实，成绩优良的学生一般家庭居住条件好，家长的文化水平普遍高，家庭条件比较优裕。

表 9-1 的数据显示了饮食与学业的关系。吃早餐与否与成绩好坏关系很大，每天进餐次数与学业表现的关系更高(见表 9-2)。一般来说，如果过分重视午餐与晚餐，而不重视早餐，就可能导致学业成绩不良。

表 9-1　成绩好的学生和成绩的差学生早餐情况对比　　单位：%

早　　餐	成绩好的学生	成绩差的学生
每天都吃	77.6	58.0
有时吃	10.3	23.3
从不吃	12.1	18.7

表 9-2　成绩好的学生和成绩差的学生每天进餐次数对比

每天进餐次数/顿	成绩的好学生/%	成绩差的学生/%
1～3	17.8	48.6
4～6	82.2	51.4

学习需要消耗大量的能量。儿童由于身体发育快，因此，比成人更需要及时补充能量，越是年幼的儿童越容易饥饿，饮食次数应该多于成人。饮食与学业成绩的关系需要引起家长的重视。

2. 睡眠对学业表现的影响

睡眠显然影响青少年的学业成绩。表 9-3 显示了好学生和差学生在睡眠上的差异。难以入眠的好学生的比例显然少于差学生，半夜醒来的差生的比例高于好学生的比例，睡眠质量不高的青少年在差生中的比例更高。为了青少年的身心健康，父母务必合理安排孩子的睡眠。

表 9-3　成绩好的学生和成绩差的学生的睡眠情况对比　　单位：%

睡眠情况	成绩好的学生	成绩差的学生
难以入睡者	6.5	43.0
梦游者	0	7.5
半夜醒来者	4.3	22.0
一夜安眠者	19.6	11.2
有梦，或起来小便一次	50.4	25.2
睡不安席者	30.0	63.6

3. 运动和自由游戏的影响

活泼好动是青少年的天性，由于青少年处在成长发育的关键期，他们更需要运动和锻炼。运动是青少年的天然需要，能够促进他们的血液循环和组织的健康发展。抑制青少年的运动会导致他们容易疲劳，从而降低其学习效率。当然，物极必反，过多运动也会阻碍其身体发育，降低学习效率。

游戏不仅能促进青少年的成长发育，而且是他们学习的重要方式，与学业成绩关系密切。罗斯特的研究表明，青少年户外活动、带同学回家、自由游戏以及父母参加游戏，在成绩好的学生中的比例远远高于成绩差的学生。比如，差生中，允许带同学回家的家庭占72%，而好学生的同一比例为93.5%；好学生中，父母参加孩子游戏的比例为73%，而差生仅为5%。因此，自由游戏并非只会浪费学习时间，它也有利于提高孩子的学业成绩。

第四节　学校对青少年心理发展的影响

学校是青少年学习、成长的场所，学校教育对青少年的发展具有巨大和不可替代的作用。

一、学校环境对青少年发展的影响

（一）学校客观环境

学校的客观环境是指学校内外的条件与设施状况。学校外部环境状况如学校的校园周边环境是否安静，是否有商业店铺和娱乐场所的影响；学校内部环境状况如校园空间是否足够，学校的绿化及其格局，学校的操场等活动空间是否足够，教室是否宽敞明亮，布置是否合理，班额大小是否适当，教学条件是否充分等。校园客观环境是青少年学生学习的直接场所，校园客观环境的美观、宽敞与条件设施充分是青少年身心健康成长的重要支持。

（二）学校心理文化环境

学校心理文化环境是指学校所营造的心理文化氛围，包括校风、学风与班风，是各种条件与因素所形成的一个心理文化环境。例如，学校形成的文化氛围是否积极进取，师生是否精神饱满，人际关系是否和谐融洽，是否有追求卓越的氛围等。校园心理文化环境是浸润与滋养青少年学生心灵的气候与土壤，是其健康成长的动力源泉。

二、教育教学与学习活动对青少年发展的影响

学校的课程学习是青少年学生的根本任务，是学校促进青少年学生的发展与成长的根本途径，学校教育就是通过组织学生进行课程学习，学习文化知识，促进能力发展，养成习惯，培养人格。学校之所以重要，就是因为为青少年学生提供了系统学习的机会，并通过课堂教学组织学生系统地学习。青少年学生的成人与成才主要是通过课程学习实现的。

学校除了组织学生系统地学习文化知识外，还要组织多种学校教育活动和校园活动。学校的教育活动无处不在，无时不有。

三、教师的教育方式与教育态度对青少年发展的影响

教师的教育方式与教育态度对青少年学生成长具有重要性，罗森塔尔效应就充分证明了这一点。皮格马利翁是古希腊神话中的塞浦路斯国王，他对一尊少女塑像产生了爱慕之情。在他热烈的期望眼神的感化下，雕像变成了一个真人，最终两人相爱结合。美国心理学家罗伯特·罗森塔尔(Robelt Rosenthal)1968年做过一个著名的“课堂中的皮格马利翁”实验，他到加利福尼亚州旧金山市奥克学校(Oakschool)，在一至六年级各选三个班的儿童进行所谓的“预测未来发展的测验”。测验后，他给学校的教师提供了一份学生名单，并告诉他们，这份名单上的学生最有发展潜能。而实际上这个名单上的学生是随机抽取的，并不是根据测验结果确定的。8个月后，智力测验的结果发现，名单上的学生的成绩普遍提高，教师也给了他们良好的品行评语。这个实验取得了奇迹般的效果，“权威性的谎言”暗示教师，调动了教师对名单上的学生的心理期待，改变了教师的教育态度。人们把这种通过教师对学生心理的潜移默化的影响，从而使学生取得教师所期望的进步的现象，称为“罗森塔尔效应”。该测验结果表明，赞美、信任和期待是一种能量，它能改变学生的行为，当学生获得教师的信任、赞美时，他便感觉获得了社会支持，增强了自我价值，变得自信、自尊，获得一种积极向上的动力，并尽力达到对方的期待，以免对方失望，从而维持这种社会支持的连续性。也就是说，教师对学生传递积极的期望，就会使他进步得更快，发展得更好；反之，传递消极的期望，则会使学生自暴自弃，放弃努力。这就是著名的期望效应，又称皮格马利翁效应(Pygmalion effect)。

教师要系统地学习教育理论知识，包括青少年发展心理学，以便根据实际情况与时俱进地改变自己的教育方式与教育态度。

四、师生关系对青少年发展的影响

师生关系是教师和学生在教育、教学过程中结成的相互关系，包括彼此所处的地位、所起的作用和相互的态度等。学校中的教育活动是师生双方共同的活动，是在一定的师生关系维系下进行的。

教育关系是师生关系中最基本的表现形式，也是师生关系的核心。师生之间的教育关系是为完成一定的教育任务而产生的。这种关系是从教育过程本身出发，根据对教师与学生在教育活动中各自承担的不同任务和所处的不同地位的考察，对两者关系做出的教育学

意义上的解释。一般来说，在教育活动中，教师是促进者、组织者和研究者；而学生一般是参与者、学习者，同时又是学习的主人和自我教育的主体。

师生之间不仅有正式的教育关系，还有因交往和交流而形成的情感及心理关系。心理关系是师生为完成共同的教学任务而产生的心理交往和情感交流，这种关系能把师生双方联结在一定的情感氛围和体验中，实现情感信息的传递和交流。师生心理关系是伴随着教学活动的开展而自然形成的，是教学活动中一种客观而基本的师生关系，它受到教学过程和结果的直接影响。

教育作为一种特殊的社会活动，折射着社会的一般伦理规范，同时又反映着教育活动独特的伦理矛盾，因此，师生关系也表现为一种鲜明的伦理关系。师生之间的伦理关系是指在教育教学活动中，教师与学生构成一个特殊的道德共同体，各自承担一定的伦理责任，履行一定的伦理义务。这种关系处于师生关系体系中的最高层次，对其他关系形式具有约束和规范作用。学生的道德观念有很大一部分是从教师那里直接获得的，教师会潜移默化地对学生施以道德方面的影响。这就需要教师不仅要有广博的知识，还应该有高尚的人格和正确的道德思想，这是建立良好的师生伦理关系的关键。

和谐融洽的师生关系在教学过程中发挥着特殊、奇妙的作用，它像一根彩带拉近了师生心灵的距离，使学生学习动机由单纯的认知需要上升为情感需要，使教师工作动机由职业需要上升为职责需要。良好的师生关系并不复杂，一方面是教师对学生的关心和爱护，另一方面是学生对教师的尊敬和信赖。教师热爱学生，主要是受教师的理想、信念、教育观点、职业道德和事业心的支配，富有理智特征；而学生尊敬教师，则是对教师爱学生的回应，往往是根据个人的主观判断和情绪体验来决定的，更富有情绪色彩。因为尊敬和信赖，学生更多地表现出主动参与的激情。

教师和蔼的态度、亲切有神的目光、真诚的信任和鼓励是学生乐学的动力。由于师生之间不仅仅是教育者与被教育者的关系，同时也是管理者与被管理者、成熟者与未成熟者、先知者与后知者、长辈与晚辈等多重角色的关系，这就必然要求教师具有更大的吸引力、影响力和权威性。即教师要有渊博的学识和良好的教学艺术，有对学生始终如一的关怀和爱护、无私和没有偏见的品格，有庄重的仪表和举止等。只有当你真正成为充满人格魅力的教师，才会有和谐、融洽的师生关系，才会使你担当的教育角色发出耀眼的光芒。

实现师生关系的和谐不仅是发挥教师主导作用和学生主体作用的需要，也为教学过程中教与学之间信息的传递与反馈提供了有利条件。良好的师生关系应具备的三个基本条件是真实、接受和理解。教师要对学生进行全面的了解，对学生关心备至，尊重学生的人格，与学生建立良好的、真诚的人际关系；教师要尊重与接纳学生的观点、想法和感受。

爱心是和谐师生关系的基础。教师的爱来源于对学生深刻的认识和了解，知之深，才能爱之切。学生年龄虽小，但也有着同成年人一样的情感世界：懂得快乐与痛苦、羞愧与恐惧，有自尊心和荣誉感。教师对学生应多一点耐心，少一点急躁；多一些宽容，少一些指责。尊重和信任是沟通师生情感的桥梁，可以说，尊重是爱的别名。尊重学生，就是尊重学生的人格，允许学生在思想、感情和行为中表现出一定的独立性，给他们提供更大的独立的活动空间；把学生作为与自己平等的人来对待，尊重他们的意愿和情绪，乐于倾听他们的意见和要求。当然，教师的爱绝不是让学生放任自流，一味迁就，而是爱中有严，严而有度。

严父型也好，慈母型也好，良师也好，益友也好，都必须以爱为前提。教师的爱是一种责任，因为爱，才会有师生情感的共鸣，才会有教和学的同步，才会有师生角色的互换，才会有师生教学的互补。

教师要善于为学生创设一种宽松、安全、愉悦的学习氛围，给学生成功、快乐、友爱的享受。教师要充分发扬教学民主，使学生能自由表达，自由参与，充分意识到自己的存在和价值。人人都有一种参与意识，都希望自己拥有一定的发言权和自主权，如果适时让学生们体会"我长大了"的成人感，重视并满足他们的参与意识，他们就会以积极合作的态度在课堂教学中发挥其主体的作用。可见，教学的民主是建立和谐的师生关系的活力所在。

一名成功的教师总是带着欣赏的眼光和积极的心态投身于教学活动。教师真诚的期待不仅能诱发学生积极向上的激情，而且深刻地影响着学生智力和个性的发展。如果师生关系中没有真诚的欣赏，任何学生都可能失去自信心，所以，适度的表扬和鼓励，能让学生品尝到成功的喜悦，在被欣赏的愉悦体验中奋发、崛起。不容置疑，每一个学生都有闪光的东西可以挖掘，关键是怎样挖掘，何时挖掘。对学生而言，被人欣赏特别是被教师欣赏无疑是一种幸福，是一种被点燃的信任。而教师欣赏学生也是一种境界和美德，是一种沙里淘金、发现绿洲的快乐。

思考题

1. 影响青少年学校生活的因素有哪些？分别是怎样影响的？
2. 个体差异如何影响青少年的学习？
3. 青少年在学校的学业问题有哪些？应对方式是什么？
4. 学校文化、教育教学方式、教育态度、师生关系对青少年发展有什么影响？
5. 学校教育与家庭教育如何协调一致地为青少年成长创造更好的条件？

第十章　互联网与青少年发展

本章要点

- 网络偏差行为与网络亲社会行为
- 三种网络活动：学习、交往与游戏
- 网络成瘾的表现、危害、成因及干预方法
- 对青少年问题行为的网络干预研究

第一节　青少年的网络心理与行为

一、网络偏差行为和网络亲社会行为

（一）网络偏差行为

互联网的使用给青少年的生活与学习带来了很多便利与益处，同时也潜藏着一些危险。如互联网使用过程中出现了“网上过激行为”“欺骗”“浏览色情信息”“沉迷网络游戏”“传播不良信息”“黑客行为”“非法下载”“刷屏或恶意灌水”等一系列网上的偏差行为，这些以青少年尤其是在校学生为主体的网络“新新人类”在网上的偏差行为已越来越引起人们的重视。

1. 网络偏差行为的界定

偏差行为又称越轨行为或偏离行为。虽然国内外学者对偏差行为的看法不完全一致，但总体而言，偏差行为可界定为违背或偏离社会道德规范和法律的行为。网络偏差行为只是现实偏差行为的拓展，是偏差行为新的表现形式（雷雳，2010 年）。根据偏差行为的定义，可以将网络偏差行为界定为：在互联网中表现出来的偏离社会道德规范和法律的行为。

2. 网络偏差行为的类型

雷雳考察了国内外的研究，认为网络偏差行为主要包括六种类型，分别是网上过激行为、网上欺骗行为、网上色情行为、网络侵犯行为、网络盗窃行为和视觉冒犯行为。

(1) 网上过激行为。网上过激行为是指互联网上的消极或反社会行为。网上过激行为的范围比较广泛。Alonzo 和 Aiken(2004 年)认为，网上过激行为是指由抑制引起的、敌意的，并使用亵渎、淫秽或侮辱性词语伤害某人或某个团体的行为。除此之外，网上骚扰、网络暴力和网络欺负行为也被认为是与网络过激行为接近的概念。网上骚扰主要是指网上故意的、明显的骚扰行为，例如，对他人的恶意评价，发送令人讨厌的信息，在网上使人尴

尬等。网络暴力是指个体实施的对他人或者社会团体有害的暴力网络活动。

(2) 网上欺骗行为。欺骗是网络和现实生活中都存在的一种活动,简单地说就是指"骗人的行为",它也包括蓄意改变身份、有意制造假象等。欺骗是网络偏差行为的一种重要表现形式,欺骗不仅体现在网恋中,或者个人对个人的网上接触中,网上欺骗也发生在论坛、聊天室中。目前,网上欺骗行为已经对人们的日常生活造成了很大的影响,在电视和各种媒体中经常可以见到因为网上欺骗行为而蒙受巨大损失的案例。

(3) 网上色情行为。网上色情行为是指通过互联网接触色情信息和从事色情活动。互联网上有很多色情内容,包括色情文本、色情图片、色情视频短片、色情电影等。很多色情内容在网上都是免费的,而且互联网具有极大的隐匿性,这使得通过网络接触色情内容非常容易。另外,也有部分性工作者通过网络这一媒介提供性服务。

(4) 网络侵犯行为。网络侵犯行为特指黑客通过网络技术侵犯其他互联网用户的私人空间,如破解他人博客、个人空间和相册密码等。黑客主要实施以下网络侵犯行为:传播病毒,操纵数据,从事间谍活动和恐怖主义活动。网络侵犯行为在很大程度上影响人们的网络安全感,从而影响个体的网络使用行为。

(5) 网络盗窃行为。网络盗窃主要有两种形式:一是指复制和下载未经授权的文本、音乐和视频作品,这种情况在国内相当普遍,但还未引起足够的重视;二是指通过网络技术盗取他人或团体的虚拟账号或虚拟财富,如盗取他人网络游戏和即时通信的账号与财富。

(6) 视觉冒犯行为。灌水和刷屏是常见的网络视觉冒犯行为。灌水是指发布无内容、无意义的信息,如发"顶""好""强"等。有些论坛为了防止灌水行为,设置了回复信息的字数限制,低于一定字数的回复将不能通过验证。刷屏是指同一内容反复复制,不停地滚动在论坛或聊天室窗口。

除上述主要的网络偏差行为以外,发送垃圾邮件和促进不正当话题等也属于网络偏差行为。

3. 中国青少年的网络偏差行为

除了对网络偏差行为的类型进行梳理外,雷雳(2010 年)还通过实证研究了中国青少年网络偏差行为的概况。通过研究,他发现中国青少年最突出的网络偏差行为是网上过激行为;其次是网上色情行为和网上欺骗行为;窃取他人身份;发送垃圾邮件;刷屏和灌水等网络偏差行为较少。他还发现,青少年网络偏差行为与年龄和性别有关。总体而言,青少年的网络偏差行为随着年龄上升呈下降趋势,高中阶段明显少于初中阶段,此外,男生的网络偏差行为多于女生。

雷雳(2010 年)认为,是多方面的因素促使青少年网络偏差行为的产生。首先,互联网的环境因素,网络的隐匿性和网络管理制度的不完善为那些不敢在现实生活中实施偏差行为的青少年提供了机会;其次,青少年阶段的年龄特征与网络偏差行为联系紧密,很多青少年往往出于好玩、好奇和寻找刺激的动机去实施网络偏差行为;最后,青少年的个体因素和环境因素,如心理健康、自我控制、人际关系等也会影响其网络偏差行为。

4. 网络偏差行为的干预

面对中学生网络偏差行为现象,社会学家、教育家及心理学家都从各自领域和角度提出了相应的对策建议和干预措施，尽管角度不同，但大都认为必须坚持以预防为主、防治结合的原则，采取法律规范、教育引导、心理辅导相结合的措施，发挥家庭、学校、社会、政府各个方面的作用，多方帮助青少年正确认识网络，树立正确的认识，培养良好的网络行为。

具体来看，网络偏差行为的干预主要包括如下几个方面。首先，加强对青少年个人主体因素的干预。强化教育和引导，提高中学生的自律能力和对不良影响的免疫力，使处在黄金年龄段的青少年主动提高自身的修养，实现理性自觉。其次，要对家庭学校及社会等环境因素进行干预。教育应回归对人性的关怀，构建互动式教育模式；转变父母观念，建立开放式家庭，让青少年有一个良好的成长环境。最后，还要加强对互联网的网络环境的干预。建立、健全网络制度体系，改进网络技术，规范青少年的网络行为。

（二）网络亲社会行为

和现实社会一样，网络社会中虽存在着攻击、欺骗等不道德甚至是犯罪行为，但也存在着各式各样的助人和利他行为。小到主动调和网上论坛的气氛及提供助人信息，大到打击网络犯罪及拯救他人生命等，这类行为不仅强化了广大网民对网络的信任度和依赖度，也影响到网民自身亲社会行为的发展和网络道德环境的改善。但是，在网络道德建设的理论和实践中，人们往往重视对网络非道德行为特别是犯罪行为的研究，而忽略网络亲社会行为的存在。网络亲社会行为不仅有助于形成和维护网络中人与人之间的良好关系，还能减少和抨击网络中侵犯、欺诈等反社会行为。

1. 网络亲社会行为的界定

根据研究的思路不同，亲社会行为有助人行为、利他行为和亲社会行为等名称，也有学者认为亲社会行为是广义的利他行为。亲社会行为的研究，最早开始于 20 世纪二三十年代，而真正关注并深入研究亲社会行为却是在 20 世纪六七十年代。亲社会行为是指人们在社会交往中所表现出的谦让、帮助、合作、分享甚至为了他人利益而做出自我牺牲的一切有助于社会和谐的行为。亲社会行为是个体社会化过程中的重要行为，对个体的健康发展以及社会适应具有重要作用。

网络亲社会行为的实质仍然是亲社会行为，只是行为发生的环境与以往不同。正是与现实社会不同的环境决定了网络亲社会行为的特点。根据亲社会行为的定义，我们将网络亲社会行为界定为：“在互联网中表现出的谦让、帮助、合作、分享，甚至为了他人利益而做出自我牺牲的一切有助于社会和谐的行为。”

2. 网络亲社会行为的类型

由于需要借助网络情景，所以网络亲社会行为和现实亲社会行为还是存在一定的区别。网络环境中的亲社会行为主要有以下几种类型（雷雳，2010 年）。

(1) 免费的资源共享。具体是指通过互联网分享一些影视、娱乐、游戏、学习、计算机网络技术等资源。这种无偿上传资源并提供资源共享的网络亲社会行为在青少年中普遍存在。这种形式的网络亲社会行为是一种与日常生活中的亲社会行为完全不同的、独特的亲社会行为形式，也是典型的网络亲社会行为的表现形式。

(2) 无偿提供信息咨询。这类网络亲社会行为主要是指无偿提供生活、学习、工作、交通等方面的相关信息，以便可以帮助在这些方面有疑问或者需要支持的他人。这种网络亲社会行为更多地存在于论坛中，因为论坛是一种虚拟社区，类似于日常生活中的各种社区群体，在这里经常会发生各种互助的交往行为，因此，是一个非常好的提供有用信息的场所。

(3) 网络社会支持。这种类型的网络亲社会行为主要是指精神支持，具体包括学习支持、心理支持和情感支持等。这也是大学生网络亲社会行为的一种重要的表现形式。网络社会支持这种网络亲社会行为对大学生的精神支持起到了很好的作用，具有重要意义。其中，互联网匿名性的特点为网络社会支持这种网络亲社会行为奠定了基础，可能会增加这种亲社会行为发生的频率。

(4) 提供网络管理和义务服务。网络社会也与现实社会一样，良好的运行是需要管理和维护的。但是，由于网络的维护经费等条件的限制，网络的管理和维护往往是靠志愿者来完成的。在论坛中，版主等网络管理者通常要花费大量时间和精力进行义务的宣传与管理工作。

(5) 宣传和发动社会救助。这类行为包括：疾病救助，报道求助者的病情，发动募捐血、器官以挽救生命；学业资助，报道家境困难的学生情况，号召社会资助。这种形式从某种意义上说是现实生活中亲社会行为在网络环境下的一种延伸，其性质类似于现实环境条件下发生的一种亲社会行为。在汶川大地震期间，通过网络宣传和发动社会救助对于灾区的救灾、恢复和重建工作产生过重大的积极影响。

3. 中国青少年的网络亲社会行为

雷雳(2010 年)还通过实证研究了中国青少年网络亲社会行为的概况。通过调查，研究者发现了六种网络亲社会行为，分别是公开型、匿名型、利他型、依从型、情绪型和紧急型。

通过对 992 名中学生的问卷调查，雷雳(2010 年)发现中国青少年在网络情景中实施亲社会行为的频率是较高的。中国青少年的网络亲社会行为得分由高到低依次为紧急型、利他型、情绪型、匿名性、依从型和公开型。中国青少年的网络亲社会行为也表现出明显的年龄和性别差异。总体而言，网络亲社会行为随着年龄的增长而减少，女生在利他型网络亲社会行为的得分上显著高于男生。

4. 网络亲社会行为的心理学解释

在研究亲社会行为的动机理论中，很多心理学家认为移情是亲社会行为产生的重要动机源，而移情的程度依赖于环境给予移情者的自我概念的延伸程度、移情对象情感上的共鸣性和积极评价程度。网络环境从某种程度上更容易满足以上条件，所以在网络环境下，有时人们会比在现实情形下更多地表现出亲社会行为。

(1) 网络环境的虚拟性使自我暴露程度更高，利于自我概念的扩展。在以计算机为媒介的网络交往中，人们进行的不是面对面的直接交流，更多的是纯文本式的间接交往，人们可以不给对方展示自己真实的外貌、表情、性别、语言等，而是让对方通过识别特定符号来认识自己，因此，在网络环境中，交往双方很容易掩饰自己的真实身份。有时为了交往的方便，也会故意隐藏真实的身份。这种交流形式与普通的人际交流相比，更有利于人们以一种比面对面接触更加亲密的方式交谈。人们更关心的是自己的感觉、情绪、思想、愿望和理想，或者称为“私下的自我意识”，而对于自己的社会角色是谁，在别人心目中是何种形象，别人评价如何等，则很少关心。所以，人们易于呈现较高的自我表露水平。网络自我的暴露一方面使人们更易于在网上做出主动求助的行为；另一方面使助人者更易观察到被助者的困难状况、情绪状况，产生与之相同的情绪体验，或者说实现自我界限的延伸，找到自己的帮助对象。所以，在网上相同境遇者（如相同种族、文化、态度、年龄和其他特点的人）、边缘群体的人更容易获得同情和帮助。

（2）网络环境的虚拟性更有利于美化帮助对象，形成对帮助对象的积极评价。研究证明，在网上，人们比实际生活中更乐于帮助陌生人。因为网络交往中不是面对面地直接交往，网络助人是不见面的间接助人，一方面人们难以了解对方的真实情况，另一方面人们更愿意将自己的帮助对象美好化，所以对帮助对象的负面评价很难形成，人们在网络上的助人行为也就显得格外大方。

（3）网络环境的超时空性一方面使助人者有更多的机会来行使他的善举，同时也获得更多肯定，强化其助人行为；另一方面使助人者从众心理减弱，能更主动地承担助人责任。网络信息传递的非同步性，可以使助人者更自由地选择和安排自己的时间，实施助人行为。在网络中，助人大多是一对多的情景，在现实环境中人们的助人行为会受到从众心理、责任分担等社会心理效应的影响。人是高度社会化的，在场的旁观者对事件的判断是相互影响的，人们是否伸出援助之手，不仅取决于自己的态度，还取决于身边其他人的态度，同时在场的人数越多，每个人提供帮助的责任感就越少。而在网络环境中则有所不同，首先网上人数很难判断；其次，由于见不到在场的其他人，不能知道他们的所思所想，所以在判断上受其他人的影响也较小。当求助行为发生时，人们在现实中表现出来的左顾右盼、袖手旁观的情形也就较少发生了。

在网络世界，移情体验同样可以作为一种社会性动机来激发个体做出有利于特定情景中移情对象的行为，而且网络环境的特点和人人平等的人文气氛更有利于人们体验到互联网的友好，并通过互联网进行不断的道德实践，促进亲社会行为的发展。

二、网络学习

随着科学技术的发展，人类社会已全面进入网络时代。传统的学习与教育领域也发生了巨大的变化，网络学习已成为传统学习方式的有效补充。但在不同的国家推行网络学习有着不同的目的，如提供平等的受教育机会、追求网络教育的优势（Kim，2011 年）。在中国，由于地域经济发展不平衡，网络学习为处于乡村和不发达地区的学生提供了有力的支撑，缩小了农村和城市的教育差距（Keris，2005 年）。在新的学习环境中，网络学习被赋予了丰富的内涵，并在人们的学习生活中所占比例日益增长。

（一）网络学习的界定

Phipps 通过文献查阅发现，与网络学习相近的概念有数字化学习、远程学习等，大多数研究者在使用过程中并没有严格区分这些术语。研究者通过文献分析对比了三种学习环境的不同，区分了三种术语（Moore，2011 年），并指出研究者们对远程学习的定义的共同点是在不同的时间、地点以及使用不同的材料在师生之间进行的学习活动；数字化学习是指通过程序、物体以及网站为学习者提供学习机会。而（Benson，2002 年）认为网络学习是远程教育的升级版，是以网络作为学习的媒介的学习形式。

Moller 等指出网络远程教育有巨大的增长空间，这一增长空间则归功于经济成本低以及较少的学生地域限制。网络学习是指学习者通过网络进行的自主学习，这一概念表明，网络学习的主要学习方式为自主学习。网络自主学习是指学习者自行利用网络媒体主动地运用和调控自己的元认知、动机和行为进行网络课程的学习。

王松涛倾向于认为网络学习作为一种学习的观念而存在，主要包括以下四个方面：①网络学习是通过网络进行学习的过程。在这一过程中，网络作为知识与信息的载体而存在，可视之为书籍、视听媒介等学习媒体的自然延伸。②网络学习也是学习网络本身的过程。由于网络本身涉及诸多的技术，所以要通过网络进行学习，前提是必须能够驾驭和使用网络本身。③网络学习是开发和利用网络知识与信息资源的过程。④网络学习还意味着把网络作为一种环境，可以将网络看作超越了时空界限的教室。总之，可从以下四个方面来理解网络学习的内涵：网络作为学习的工具，网络作为学习的对象，网络作为学习的资源，网络作为学习的环境。

（二）网络学习的特征

陆海云在综合学者们研究的基础上，把网络学习的特征归纳为以下五点。

（1）开放性。网络学习的跨时空特性，使得网络学习在整体上呈现开放性。网络学习的异步性，可使学习者在不同的时间、地点学习相同的东西。

（2）平等性。网络环境提倡平等的价值观念，淡化学习者的身份意识，每个人的主体性都会得到尊重，可自由享用各种资源和信息。

（3）虚拟性。网络空间相对于现实生活而言是一个虚拟的空间，网络学习也因此带有一定的虚拟性。在网络学习中可以实现虚拟教室、虚拟实验室、虚拟讨论组等多种学习情景。

（4）交互性。网络学习情景中有高度的交互性，每个人不仅是信息的接收者，也是信息的提供者。学习者通过网络实现各种互动，从而产生交互效应。

（5）自主性。学习者可以根据自己的实际水平或兴趣需要来选择适当的学习内容与形式。自己决定学习的步骤与进度，实现完全的个性化学习。有研究表明，学习者自主行为的增强可以提高学生的学业成绩。

（三）网络学习的影响因素

影响网络学习的因素有很多，我国研究者（张家华等，2009 年）在结合国内外研究的基础上提出了 LICE 模型，该模型将影响网络学习的因素分为学习者（learner）、教学者（instructor）、网络课程（curriculum）和学习环境（environment）四个方面。在该模型中，“学习者因素”是核心，是网络学习的内部影响因素；“教学者因素”是关键，“网络课程因素”是基础，“学习环境因素”是保障，这三者共同构成了网络学习的外部影响因素。

传统的学习理论与实践表明，学习的成败在很大程度上取决于学习者自身的行为。而在网络学习中，以学习者为中心的特点更加明显，学习者的主动建构尤为重要。因此，以下讨论主要针对学习者自身的因素进行分析。

1. **学习策略**

（1）元认知能力。网络元认知是学习者以自己的网络认知活动为对象的认知，是对自己的网络认知活动的自我意识、自我体验。网络元认知在学习中发挥了三方面的作用：学习活动之前，激活情意系统、思维系统；学习过程中，进一步维持情意系统，使思维系统处于最佳的运行状态；学习活动结束之后，对整个学习过程加以评价，并为后续的学习提供有效的反馈信息。

（2）空间定位感。空间定位感是指学习者对他在网络学习中的系统位置、心理位置的理解及对获得所需信息必要的策略和活动的理解。研究表明，空间定位感与网络学习的效率关系密切。导致学习者网络定位感低下的原因主要有：网上信息资源的丰富性与再生性；网上信息交流的自由性和平等性；网络学习系统中大量地使用超文本、超媒体技术。

（3）信息素养。信息素养主要包括学习者已有的学科知识以及网络学习系统知识。它们可以使具有丰富的先行主题知识的学习者在网络学习中更具优势，可以有效地帮助学习者选择更有效的关键词和专题进行检索，帮助学习者整合新旧知识。网络系统知识能够帮助学习者在网络学习过程中与网络系统进行得心应手的交互，便捷地获取所需的信息。

2. **学习动力**

（1）自我效能感。网络学习自我效能感是指个体对自己能在网络学习活动中取得成功的信念，是个体对自己使用计算机、网络信息资源或网络通信工具等完成学习任务的能力的一种主观判断（周志毅，2005年）。它是计算机自我效能和网络自我效能在学习情景中的运用，是二者的延伸，网络学习自我效能感具有以下特点：凸显学习性，突出指定域。自我效能感也会影响个体学习的兴趣、动机及其对学习成败的归因。

（2）学习态度和动机。学习者必须具有较高的内在动机，对网络课程本身充满好奇心，愿意主动从事探究活动。网络学习者还需具备较高的学业动机，尽心尽力、付出更多的心理能量和时间完成学习任务。

（3）情绪和意志力。学习焦虑和不确定性忍耐力在一定程度上会影响网络学习的效果。学习者对网络学习的焦虑涉及对网络环境的焦虑和对学习内容的焦虑。对不确定性的忍耐程度是意志力的一种表现，不确定性忍耐力是指个体对不确定情景或观念的适应能力。不确定情景包括新异的情景（无熟悉线索）、复杂的情景（有许多线索需要考虑）、矛盾的情景（不同的元素或线索具有不同的结构）以及非结构化的情景（包含不能被解释的线索）。学习者对不确定性的忍耐力与网络学习效果之间存在相关性。

3. **学习风格**

学习风格是指在学习情景中个体表现出的比较稳定的处理方式和倾向，包括感觉通道偏好、认知风格、社会性环境偏好等。其中，认知风格涉及学习者所偏向和习惯的处理信息的方式，与网上学习关系密切。场独立型的学习者对于解决难度较高的、发散性的和需要灵活思维的问题会表现出较大的优势。场依存型的学习者能够自如地解决熟悉的问题，但在新异的环境中用原有的知识结构去解决新的问题，他们就会表现出一定的困难。

（四）青少年网络学习

（1）青少年网络学习的动机。研究者还考察了青少年网络学习的动机（姚巧红、王健、李玉斌、李雁云，2010年）。网络学习动机包括内源学习动机和外源学习动机。内源学习动机包括学习课外技能充实自己，弄懂课堂上教师讲授的愿望，满足学习兴趣或课前主动预习；而外源动机包括考试压力、同伴进步压力、就业压力、父母亲朋的期待等。姚巧红等发现完成教师布置的作业、通过考试和满足兴趣等是学生利用网络进行学习的三项主要动机。

（2）青少年网络学习的方式。互联网不仅为学习提供丰富的内容，而且为学习提供了不同的形式。青少年可以通过多样的网络行为进行网络学习。首先，青少年经常通过搜索引擎来学习。当青少年在学习的过程中遇到问题时，经常会使用百度和谷歌等搜索引擎获取答案。但是使用搜索引擎进行网络学习也存在一定的问题，如不能快速有效地搜索到自己所需要的内容，搜索引擎所提供知识的权威性也不能得到保证。即时通信工具的使用很广泛，大学生也积极利用它进行网络学习。杨强研究发现，95.3%的大学生会选择利用即时通信工具与教师、同学在线交流学习。大学生还会利用精品课程进行网络学习，杨强还发现，49.2%的大学生会访问精品课程网站。

三、网络交往

对于青少年群体而言，网络的一个极为重要的功能是提供社会交往的平台，而青少年群体的网络交往行为也因为青少年群体自身的特殊性而受到非常多的关注。对于政府、学校、家庭、社会以及青少年自身，充分了解青少年的网络交往行为是十分必要的。

（一）网络交往的界定

国外学者对“网络交往”已有数年的研究，一般来说，多用“网络使用”“计算机媒介沟通”“互联网交流”“在线交流”“计算机媒介互动”“网上关系”“网络社会交互”来界定“网络交往”。

我国学者对“网络交往”的概念界定关注很少，内涵极不统一。有人从广义上使用网络交往的概念，认为网络交往就是互联网使用行为；也有人从狭义上使用网络交往的概念，即认为网络交往是网络人际交往。本书将“网络交往”定义为以计算机和互联网为基础，利用文本、语音和视频进行的人际交往。

（二）网络交往的特征

1. 间接性

网络交往的间接性是指网络交往虽然是人与人之间的直接对话，但它却是以计算机和网络为媒介间接进行的。与网络交往相对的是“面对面沟通”，即人与人在现实环境中进行的沟通交流，这种沟通方式不依托任何中介媒介。网络交往的间接性可以使人们以任何一种虚构的身份参与网络交往活动，尤其是在与陌生人聊天时。这一特性也为许多在现实交往中感到困难的个体提供了一个很好的平台。例如，有研究者就发现，害羞的个体会更喜欢通过网络交流的方式与人交往（Ebeling-Witte、Frank、Lester，2007年）。

2. 匿名性

网络是一个虚拟的空间，每个参与网络交往的人都会为自己在这一虚拟空间中设定某种角色，不论是真实的身份还是虚假的身份。而几乎所有的人均会以一个非真名的称呼来标记自己在网络中的身份角色，即使用所谓的“网名”，因而，网名便具有了随意性、隐蔽性、内容的恣意性、形式的多样性等特点（陈俊、张积家、王嘉英，2006年）。

3. 去抑制性

网络是一个比现实更为开放自由的环境，一些网络使用者在网络环境下会做出不同于现实情景下的行为。Joinson便提出用“去抑制”这一概念来解释这种现象。Suler进一步将“去抑制”的概念用于解释网络行为，并提出了“网络去抑制效应”，即人在网络环境中会获得不同于现实交往时的体验，并表现出不同于面对面交流时的行为，例如，感觉更为放松，体验到更少的约束感，进行更开放的自我表露。

4. 弱连接性

通过网络交往建立的人际关系其实是一种非常脆弱的关系。它不像在现实环境中建立的人际关系可以维持一段较长的时间。一般来讲，现实中的交往对象更多的是已经认识的人，当需要与陌生人建立关系时，也将是建立在了解对方基本信息的基础上，因此，现实人际关系可以维系相对较长的时间。而网络环境下的交往则不同，网络环境下的交往对象分为两类：一类是现实中认识的人，另一类是网络上的陌生人。我们可以将与现实中认识的人进行网络交往看作现实交往的延伸，与网络上的陌生人之间的交往则属于全新的交往形式。网络独有的特性（如匿名性、超时空性）使个体可以与世界上任何一个地方的人进行交流，但这种交流往往是互不了解的、盲目的。个体在网络中可以随意地选择和更替自己的网络交往对象。网络在扩大个体的交往范围的同时，也导致个体很难在网络上与陌生人建立比较持久的关系。

（三）青少年网络交往动机

国内外许多研究者在较早时期已经开展了有关网络交往动机的相关研究。国内有研究者认为，网络交往的动机主要包括寻求安全感、体验归属感、肯定自我价值感、解除压抑感和满足权力欲。而励华将网络交往的动机分为寻求自我认同，表达与宣泄情感，寻求高峰体验和满足猎奇心理四个方面。

国外研究者对网络交往动机的专门研究则更早一些，提出的动机类型包括提高自尊水平，降低不确定感，追求权力，提高自我效能感，提升自我认识，基本的归属需要。Weiser则提出了一个更为概括性的网络交往动机分类：情感调节动机和物质—信息获取动机。国内一些研究者在这一分类的基础上开展了一系列有关网络交往动机的研究。例如，探究大学生的网络自我效能感与网络交往动机的关系、大学生网络社会支持与网络交往动机的关系。

（四）青少年网络交往的形式

中国互联网络信息中心（CNNIC）将网络使用行为分为四类，分别是信息获取、商务交易、交流沟通和网络娱乐，又将交流沟通进一步细分为即时通信、社交网站、博客和微博这四类。这四类均属于青少年网络交往的类型范畴。而博客作为典型的个人主页式的社交形式，可以被归入社交网站类。

1. 即时通信

即时通信是一种两个人之间或者多个人之间通过网络进行实时信息交换的文本沟通形式。国内有研究调查显示，中国的大学生群体使用即时通信的比例达到了100%。即时通信在青少年群体中的普及程度也比较高，国外的研究也表明即时通信工具已经成为青少年群体与人交往的最重要的工具之一。

2. 社交网站

社交网站是青少年群体进行网络交往并受到心理学家关注最多的领域之一。社交网站有多种形式，包括论坛、聊天室、个人主页（如博客）等。关于青少年使用社交网站的动机和影响因素，以及社交网站的使用对青少年心理健康和人际关系的影响的心理学研究大量存在。

3. 微博

微博是微博客的简称，它具有以下几种显著的特点：操作简单，可以实现信息的即时和广泛传播，可以实现匿名交往，可以在不同通信平台上（如手机、计算机）使用，可以满足内容个性化要求等。它结合了即时通信和传统博客的部分特点，使之受到越来越多用户的青睐。微博已逐渐成为中国的网络用户，包括青少年群体的另一种重要的网络交往工具。

（五）青少年网络交往影响因素

1. 人格因素

人格是影响青少年是否参与网络交往以及网络交往行为的重要因素之一。探究人格与网络交往关系的研究可分为一般性的研究和特定性的研究。一般性的研究是指以五大人格分类为理论基础，通过问卷法等手段，探究不同的人格类型与网络交往行为的关系。例如，Anolli 等探究了青少年的人格与即时聊天使用动机的关系。特定性的研究是指直接研究某一种人格特质与网络交往之间的关系。例如，Emily 等研究了害羞与 Facebook 使用之间的关系。

2. 现实同伴关系

网络交往还受到个体现实同伴关系的影响。大量研究表明，在现实中遭受同伴排斥的青少年会更多地参与网络交往，Bonetti 等发现，由于低质量的现实同伴关系或者其他原因所导致的孤独感和社交焦虑也会促使一部分青少年参与网络交往。网络为这类青少年提供了一个追求归属感和价值感等心理需求的低压力环境。

四、网络游戏

网络游戏是以计算机、手机等为客户端，互联网为数据传输介质，必须通过 TCP/IP 实现多个用户同时参与的游戏产品，用户可以通过对游戏中人物角色或者场景的操作来实现娱乐、交流的目的。

（一）青少年网络游戏动机

显然，娱乐功能应当是吸引青少年普遍参与到网络游戏中来的最重要的原因，但研究发现，有更多的因素促使青少年参与到网络游戏中，如沉醉感、社交与逃避、好奇、角色扮演、团队合作、人格因素等。基于自我决定理论，社会交往的需要是人的基本需要之一，而大型多人在线角色扮演游戏环境中用户间可能产生类似于实际生活中的各种复杂人际关系来满足这种需要。由于青少年的心理发展水平和情感沟通方式尚不够成熟，在情感交流的主要对象由长辈转向同辈群体的过程中，比较容易遇到人际交往上的障碍，而虚拟的网络世界恰恰弥补了这部分心理需求上的缺失，于是网络游戏的匿名性和多种人格的扮演成为发展友谊及获得归属感的重要途径。国内相关调查也发现，网络游戏中青少年的人际交往与团队归属的心理需求强度最大，其次是成就体验和现实情感补偿与发泄。

（二）网络游戏对青少年的影响

研究者和社会公众都非常关注网络游戏对青少年的影响，包括网络游戏对青少年学业成就、社会交往和心理健康等方面的影响。

1. 青少年网络游戏与学业成就

生活中，人们普遍认为网络游戏会对学生的学习造成负面影响，如学习时间减少，学习兴趣降低，注意力不集中，难以完成作业，学习成绩下降等。但相关研究只显示过度使用网络（超过4小时/日）和过度参与网络游戏与学业成绩呈显著负相关。另一项针对网络游戏与初中生学习态度的调查研究亦显示：初中生是否参与网络游戏与其学习态度无显著相关，但初中生每周玩网络游戏的时间和频次直接影响其学习态度。此外，学生在网络游戏中宣泄负面情绪有助于其形成良好的学习态度。

适当参与网络游戏会对学业产生一些积极的促进作用。在一项调查中，约38%的学生认为玩网络游戏有助于端正学习态度，包括提高注意力、增强兴趣、促进同伴交流等。约23%的学生认为玩网络游戏有助于知识积累，如促进信息技术、英语（单词、听力等）、语文、历史、地理等科目的学习。他们认为网游中的故事情节、历史背景有助于激发他们的好奇心，促使他们去了解更多的历史信息、地理知识；聊天系统的使用和游戏的语言文字交流能提高他们的会话技能水平；游戏的操作则提高了他们的计算机理论水平和信息技术的操作水平。约20%的学生认为网络游戏能帮助其提高学习能力，包括思维能力、记忆力、分析能力等，许多游戏需要玩家制订一定的方案才能获得胜利，有助于提高玩家的思维能力和分析处理问题的能力等，而掌握大量的信息则可以提高玩家的记忆能力。约16%的学生认为有利于提高学习动机。其余3%的学生认为网游带来的经验有：合理安排时间，提高对信息的分辨能力，做人做事的道理等。学业与网络游戏的关系绝不是简单的，其相互间的影响也绝不是单向的，如学业倦怠、同伴交往问题和厌学等情绪会促进学生参与网络游戏，进而可能引起网络游戏成瘾。

2. 青少年网络游戏与社会交往

（1）网络游戏的社交特性。网络游戏的发展，与它的社会交互功能息息相关。首先，网络游戏提供了一个社会交互的场所。通过网络游戏，玩家们在线上认识了兴趣类似的新朋友，同时，可以让原来的朋友一起参与游戏，与原来的同伴发展出新的共同兴趣与话题。反过来说，社会交互的功能也引发了网络游戏的不断发展，从最初的以游戏竞技为主的网游，发展到今天越来越多不含游戏竞技而纯粹以社交为主的网游。例如，前两年在我国极为流行的开心网，其中的游戏几乎全部属于社交类游戏。多人在线游戏已成为当今最复杂和智能化的社交场所。计算机游戏玩家所消耗的大部分游戏时间，都是与朋友或家人共同进行的。大部分青少年表示，他们更愿意与朋友一起玩计算机游戏。

社会交往是网络游戏的重要组成部分，玩家可以通过论坛、文本或语音聊天等多种方式与其他人进行互动。由于网络游戏的社交环境具有开放性与隐匿性共存，包容性与平等性并立，拟真性和娱乐性强，沉浸性高的特点，这使网络游戏中的社会交往与一般的网络交往有所区别。

其主要互动内容涵盖以下几个方面：①分享游戏经验：比较常见的是分享游戏经验、技巧、有趣地方的探险等。②分享现实生活事件：聊天还能让玩家与网上的朋友彼此分享游戏时或生活中的事件与想法。③社会交换的行为：玩家在游戏中进行如同现实社会中的买卖交易行为。④情感沟通：游戏过程中产生的类似真实生活中体验的真情互动，如助人、给予、友情、爱情、关怀、包容、宽恕等。

其交往特点包括：①交往环境的拟现实性。网络游戏通过精美的画面、音效的营造、3D 技术的应用为玩家营造了一个高度逼真的虚拟现实空间。在网络游戏中有美轮美奂的宫殿楼阁，有风光旖旎的自然景观，有栩栩如生的角色形象，这些都使网络游戏环境具有很强的虚拟现实性，而这恰恰是普遍的网络交往渠道所不具备的。②交往风格的游戏化。由于网络游戏中的人际交往大都是在游戏过程中进行的，是围绕着游戏展开的，因此，它的交往风格不可避免地受到游戏的影响。由于用户参加游戏而聚集在一个平台，通过游戏的过程娱乐并展开人际交往，因此网络游戏中的人际交往更像是一个大范围的共同参与的分享共同娱乐体验和以游戏目标为主的交往活动。③交往主体的沉浸性。网络游戏的沉浸性本身使玩家在游戏过程中全身心地投入，而网络游戏环境的虚拟现实性又往往使玩家拥有高度逼真的感官体验。玩家全身心地沉浸在游戏互动当中，很容易与其他合作或竞争的玩家产生异常深刻的情感体验。④交往手段的融合性。在网络游戏中，玩家以文字沟通作为主要交流手段，这与一般的网络交往是相似的。但在网络游戏中，玩家亦可以通过角色一定的肢体动作与行为传达相关的交往信息。这使网络游戏中的交往兼具了一般网络交往的特点，符合现实生活中人际交往的肢体语言与表情语言的部分特征，呈现出多种交往手段的融合。

（2）网络游戏对于社会交往的促进。多人在线游戏中，通过交流与合作等，可以促进玩家社会技能的发展。玩家之间在游戏中通过文字、语音交流，在线下还可以通过论坛或其他方式进行交流，这样，可以使一些在现实生活中不爱交流的人慢慢开始交流，进一步促进其社会技能的发展。

多人在线游戏能够促进社会交互，相应地，在游戏的过程中，也促进了玩家之间的合作以及团队精神。很多网络游戏都提供团队行动的功能，如《魔兽世界》《反恐精英》等，在这类游戏中，几个玩家组成团队，完成共同目标，整个过程中需要设计策略、合作与分工、共同决策等，玩家们需要进行不断的交流以使合作更为默契。基于此类游戏对团队精神和凝聚力的促进，很多培训机构将《反恐精英》改编成真人 CS（真人户外竞技活动），成为企业、单位等最受欢迎的团体拓展项目之一。

对青少年而言，网络游戏含有同伴群体中对游戏的讨论、协作和反思过程，青少年在与他人协作中学会如何玩游戏以及如何达成目标。网络游戏提供了一个交换信息、合作和取得进步或达成目标的实时平台。合作也常常促进玩家的游戏动机，在游戏中常表现为共同猎杀某个目标，在这个过程中，玩家获得了一种社会经历，他们感受到要通过团队力量及共同合作才能达到目标。

网络游戏除了发展青少年的社会技能及培养合作与团队精神外，还为师生互动和亲子互动提供了新的空间。大型多人在线角色扮演游戏为家长提供了一个在现实生活中不可获得的机会——在社会互动中观察自己的孩子。对于那些与孩子一起玩网络游戏的家长，网游环境成为一个探视孩子的窗口，帮助他们了解孩子身上过去不被了解的一面，这种游戏环境允许他们超越传统的亲子关系而形成更有益的亲子互动。有教育研究者提出教师与学生共同参加网络游戏以改善教学关系提高教学质量。教师同样也可以作为玩家与学生共同参与到游戏中，这样做有利于消除师生之间以及学生之间的界限，建立起一种友好平等的关系，学生的高级认知能力得以发展，使学生在合作意识、团队精神等方面的素质得到有效提高。

第二节　青少年网络成瘾

一、网络成瘾的界定

网络成瘾也称“网络成瘾综合征”，简称 IAD。“网络成瘾”“网络成瘾症”或“病态网络使用”指在无成瘾物质作用下的上网行为冲动失控，表现为由于过度使用互联网而导致个体明显的社会、心理功能损害。

Griffiths 认为网络成瘾是一种“科技成瘾”，即一种包含人机互动（human-machine interaction），而不牵涉物质摄取的行为性成瘾。其他学者也认为网络成瘾是一种“行为性成瘾”，而非“物质性成瘾”。

二、网络成瘾的分类

根据使用网络的主要目的和内容，网络成瘾可以分为以下五类。

（1）网络游戏成瘾。指沉溺于不同的网络游戏，体验刺激、惊险的过程，获取成就感及自我价值感。

（2）网络色情成瘾。指沉迷于成人话题的聊天室和色情网站，或沉迷于网上虚拟性爱活动。网络的易介入性和直观性使得网上色情信息随处可见。从青少年的年龄特征来看，这个时期他们对性及色情信息比其他年龄段的网络使用者更好奇，也更容易被网络色情内容诱惑而导致网络色情成瘾。

（3）网络关系成瘾。指通过网络聊天来结识朋友，进行社会交往实验，表现为上网者每天花大量时间，利用各种聊天软件及网站聊天室进行人际交流，过分迷恋以此建立的友谊或爱情，并用这些关系取代现实生活中真实的人际关系。网络的隐匿性、不受时空限制等特点满足了青少年爱与归属感的需要。

（4）网络信息成瘾。指强迫性地浏览网页以查找和收集对自身学习、生活并无实际意义的各类信息，并实施强迫、偏执性的阅读。青少年由于搜索策略不当或受到其他信息的干扰，注意力分散，很容易迷失在信息的海洋里。信息超载还影响青少年的身体健康，导致视力下降、大脑过度疲劳，从而降低对信息的分析综合能力，严重时还会引起头晕、烦躁、易怒、厌食等症状。

（5）网络交易成瘾。指一种难以抵抗的上网冲动，着迷于在线赌博、网上交易或者拍卖、购物、参与网上讨论而不能自拔。部分青少年习惯网上购物，甚至随便将家里的存折账号告诉别人，这表明他们对网上的人际关系更加信任和依赖。

在这五种网络成瘾中，以网络游戏成瘾在青少年学生中最为常见，参与人数最多。

三、网络成瘾的原因

互联网的出现与发展，将人类带入了数字化时代，拓展了人类的第二生存空间——网络社会。在这里，强调以“自我”为中心，张扬个性，平等交流，避免了直面交流的摩擦与伤害，满足了人们追求便捷与舒适的享受。这些特质对青少年的吸引力显然高于其他社会群体。青少年网络成瘾作为一个严重的社会问题已引起了社会各界的广泛关注。导致青少年网络成瘾的因素主要包括以下几个方面。

（1）网络本身的特点就对青少年产生了强大的吸引力。①网络的丰富性。在网上几乎可以找到任何想要的信息，丰富的信息量极大地满足了青少年的各种求知欲望。②网络的广泛性。网络使人们可以在成千上万的人当中随意地选择交往对象，并允许同时与多人交往。③网络的间接性。在网络上，人们的交往不是直接的，而是间接的，这大大激发了人们彼此间的神秘感，随之而来的是美好的想象和热情的交往。人们有充分的思考时间和空间，更容易保持双方的良好关系，带给人们人际沟通的愉悦。即使不想继续，也只需轻松一击，即可离开，没有任何负担。④网络的平等性。在网络上，真实身份不被公开，不必担心自己地位低下，能力不济，或相貌丑陋带来的负面影响。大家平起平坐，完全平等，更加顺畅的沟通成为可能。网络的这些特点是现实社会所没有的，而这些又正是青少年所需要的，因而，网络对青少年的吸引力自然不容小觑。

（2）来自环境的压力。青少年期是人生的一个重要转折期。在这个阶段，青少年会产生学习、工作和家庭等各方面的压力。他们的负担十分沉重，于是会寻求解脱的方式，从而逃避现实的压力。网络的特点完全能满足青少年的这一需求，导致青少年最终选择了它。

（3）人格因素。相较于不使用、很少使用和适度使用网络的人，频繁过度的使用者更可能具有特殊的人格类型。国外的研究发现，成瘾者表现出高独立性、敏感性、反应性、支配性、怀疑性和低自我揭露；国内研究发现，网络成瘾组在精神质和神经质上的得分显著高于正常组，这说明网络成瘾青少年情绪不稳，更容易焦虑、紧张、易怒和抑郁，同时又表现出冷漠、缺乏同情心、好进攻等特点；另外，一些与抑郁相关的人格特征，如低自尊、孤独、社交焦虑、缺乏成就动机、害怕被拒绝等，都可能是促成病态使用互联网的原因。

（4）家庭因素。青少年的成长与家庭环境密不可分，从早期依恋情感的产生开始，家庭因素不可避免地影响青少年的发展。一些家长过于溺爱孩子，处于叛逆期的青少年没有一点自己的空间，这就刺激他们通过网络摆脱心理束缚；另一些家长很少与孩子沟通，因此孩子便转向通过网络寻求安慰最终沉迷其中。

(5) 学校因素。与现代学校教育捆绑在一起的残酷的高考竞争、繁重的学习压力、枯燥的学习生活让青少年承受着巨大的压力，他们通过上网释放内心的焦虑，缓解压力，逐渐造成了他们对网络的依赖。

四、青少年网络成瘾的主要表现及危害

(一) 表现

网络成瘾的主要表现为：随着上网乐趣的不断增强，在网上持续操作的时间失控，并不惜增加大量网上操作时间，直至后来欲罢不能，难以自控，并且常因此而说谎。有的青少年早晨起床后就有一种上网的需求，有关网络上的情况反复出现在梦中或想象中。患者多沉溺于网上自由说谈或网上互动游戏，并由此而忽视了现实生活的存在，或对现实生活不满。他们开始是精神上的依赖，渴望上网“遨游”，之后可发展为躯体依赖。

(二) 危害

网络成瘾可能引发青少年一系列的心理行为问题，主要表现在以下五个方面。

(1) 心理和躯体疾病。网络成瘾开始时会出现精神上的依赖现象，如发怒、精神不振、做事无兴趣等；后来可能发展为躯体上的依赖，出现一系列的躯体症状，如情绪低落、头昏眼花、双手颤抖、疲乏无力、食欲不振、抑郁、产生敌意等。

(2) 学习成绩下降、旷课、逃学。

(3) 影响现实人际交往。青少年的性格尚未定型，长期迷恋网上交友，会在一定程度上弱化他们与真实世界的交往能力。

(4) 影响思想道德观念。网络信息大多是没有经过加工筛选的原始信息，这类信息势必会对青少年的思想道德观念产生潜移默化的影响，使他们逐渐认同西方民主和西方文化，并对自己民族的自尊心、自豪感产生动摇，进而动摇传统的道德规范和行为准则。

(5) 引发社会难题。青少年长期玩飞车、砍杀、爆破、枪战等游戏，会使他们模糊道德认知，淡化游戏虚拟与现实生活的差异，误认为这种通过伤害他人而达到目的的方式是合理的。

五、网络成瘾的干预方法

控制和干预网络成瘾可以从以下六个方面入手。

(1) 自我调节和自控法。Young 认为，对网络成瘾的治疗主要包括自身调节和控制使用两方面，并提出相关的治疗措施，如改变平时的上网时间、采用外部提醒设备等。

(2) 系统补偿综合心理治疗。该方法从个体、家庭、团体治疗等多方面综合治疗网络成瘾，适合不同类型的网络问题。

(3) 行为疗法。行为疗法包括强化干预和厌恶疗法。强化干预是对网络成瘾者减少网络使用的现象给予肯定性评价，反之则给予处罚。厌恶疗法常用橡皮圈拉弹法、社会不

赞成法等来达到治疗效果。

(4) 药物治疗。越来越多的研究发现,药物治疗是一种较为有效的治疗手段。研究表明,通过使用抗焦虑类、抗抑郁类精神药物可以缓解网络成瘾者的不良情绪,为心理治疗创造有利条件。目前,药物干预配合心理疏导已作为一种综合治疗手段在临床中得到广泛应用。

(5) 家庭治疗。向整个家庭传授帮助成瘾者的方法是至关重要的,这些方法包括为家庭成员传授有关网络成瘾的知识,如何管理愤怒情绪,如何处理家庭成员对成瘾者的不信任感,理解网络成瘾康复的过程,复发的关键因素和家庭成员之间保持适度边界的重要性等。

(6) 现实疗法。这是在选择理论和控制论的基础上建立起来的。现实治疗理论认为,人可以为他们的生活、所做的事情、感受和思维负责。例如,人不会变得悲伤,而是选择了悲伤。同理,如果一个人对网络成瘾,那是他选择了对网络活动成瘾而不是变得成瘾。不论人们的感受如何,他们的所想、所为都可以发生改变,因此,改变行为的关键在于改变想法和行动。

第三节　青少年问题行为的网络干预

青少年阶段不仅是个体身体发育的高峰期及性成熟时期,也是其个性与社会性逐渐向成人水平过渡的重要时期。生理和自我意识的迅速发展所产生的期望,常与其现实水平的有限性相矛盾,从而导致青少年容易面临种种心理危机,并出现一些心理与行为问题。

一、青少年问题行为

问题行为又称不良行为、违反规范行为或偏差行为,也常用危险行为这一术语。自1928年威克曼开展研究以来,由于研究者的目的、对象、内容和方法各不相同,对问题行为概念的界定尚未形成统一的认识。在内容上,青少年问题行为指的是吸烟、酗酒、吸毒、抑郁、退缩、不安全的性行为、危险驾驶、违法犯罪活动等对个体健康和社会规范造成直接或间接危害的行为。

通常将青少年问题行为区分为内化问题和外化问题两类。一方面,内化问题是指影响人们内心世界的各类问题,主要包括抑郁症、焦虑与饮食紊乱等。存在内化问题的青少年被视为控制过度。来自父母的严格的心理控制,易形成过度压抑与自卑的性格,其中女性更易出现内化问题。另一方面,外化问题是指青少年在外在世界中引发的各种困难,包括危险驾驶、物质滥用、没有保护措施的性行为、违法犯罪活动等。存在外化问题的青少年有时被视为控制缺失,他们通常来自缺少父母监督和管制的家庭。

在青少年问题行为的研究中,Jessor 提出的问题行为理论影响力最大。该理论对解释和预测青少年的问题提供了一个综合的、心理社会的发展框架。这一框架包括对问题行为产生影响的人格、知觉到的环境以及行为三个系统。每个系统各自包括许多不同的社会心理变量,如人格系统包括价值观、信念、内外控制点以及成就动机等变量。知觉到的环境有父母的支持与控制、朋友的支持与控制、父母与朋友的交互影响。行为系统包括物质滥用、不安全的性行为及其他违法犯罪行为。问题行为理论将这三个系统与人口统计学变量相结合，通过前因变量、背景变量以及社会心理变量对青少年问题倾向性进行预测。

Jessor研究发现，青少年各种问题行为相互关联，并将其称为问题行为综合征，即如果青少年存在某一种问题行为，则发生其他问题行为的可能性更高，如实施无保护措施的性行为的青少年更易发生物质滥用。青少年期的问题行为将会影响成人期的行为表现，青少年期的问题行为与成人期的不同问题常是相互关联的。同时，问题行为理论能够解释为什么有些青少年更易于产生问题行为。

我国拥有世界上最为庞大的青少年人口群体。国内自20世纪80年代开始研究中小学生问题行为以来，所调查的问题行为发生率总体呈上升趋势。尤其是近年来，青少年吸烟、饮酒、网络成瘾、吸毒等问题行为频繁出现。相应地，作为这些问题行为引发的不良后果，调查显示，近年来，青少年犯罪占到了社会刑事犯罪的70%～80%。目前，我国青少年的问题行为已成为社会各界关注的焦点。

二、网络干预

在人们的日常生活中，网络更多地扮演了庞大的信息提供体这一角色；而在网络的干预作用中，网络作为一种新型工具，提供对青少年问题行为干预的新的方法。目前，我国对网络干预作用的研究较少，干预作用的实际应用更是鲜有；相对而言，国外对网络干预作用的研究起步早，干预种类多，方法上也更为成熟。因此，下面主要介绍国外的网络干预情况。

网络干预对公共健康信息有强大的潜在影响力，这一有效性在过去的10～15年已经确立。网络的出现使人们获取公共健康信息多了一种新的选择方式。调查显示，很多人都倾向于在网络上寻找与自身相关的健康信息，或进行在线咨询。显然，网络干预作用已逐渐走入人们的生活。

将网络作为一种干预方式进行研究，起源于20世纪90年代，大量的研究集中在2001—2011年，其中，干预的内容主要有物质滥用（烟、酒、毒品）、减肥、身体形象管理、创伤后压力与情绪干预、体力活动、小儿排便等。

青少年问题行为网络干预的方法大致可分为两部分：以学校为主要场所的实证研究，以及以网络实际应用为主的在线干预。由于青少年问题行为的种类较多，而干预的方法原理大致相同，故下文将以对青少年吸烟行为的网络干预为例进行介绍。在实证研究中，相对成人以戒烟为目的的干预，青少年吸烟行为的干预不仅在于对香烟的戒除，更在于预防，使得无吸烟体验者拒绝香烟的诱惑。实验者们在校采用不相等组的实验设计，对比传统干预方式，了解网络干预的有效性。通常，不相等实验组和控制组前后测实验设计将被测试者随机化地分为以下四组。

(1) 传统干预组。这主要为在校的一节或多节课的主题性课堂干预，类似于我国的公共健康教育课程，但在内容上以戒烟为主题。通过课堂讨论、作业、集体活动的方式，传授吸烟的发展阶段与历程转变的知识，介绍吸烟后身体与社会形象上的转变，以及他人递烟时的拒绝技巧，讨论吸烟利弊、压力缓解的方法以及决策平衡等。

(2) 网络干预组。以不同形式提供给吸烟者计算机生成的个性化干预材料。从提前测试、收集并量化被测试者的吸烟状况和认知情况，然后根据其个人信念、人格特质、抽烟动机、发展阶段等信息生成针对性纸质材料或邮件。另外，网络干预能有效地针对青少年的心理，通过卡通图案、提供故事性或童话形式的干预支持以及回答问题获得优惠券或偶像CD等形式，增加青少年的主动性和参与感，从而展示出其他媒介难有的优势。随着计算机技术的跟进与发展，网络干预方式已从最初的生成个性化纸质材料用信封寄送回家，稍后的以邮件形式给予延迟反馈，发展到目前可用相关程序进行实时的互动反馈。

(3) 同时干预组。让该组青少年在校接受传统教育的同时，通过网络进行干预，检验是否存在综合效应。

(4) 控制组。吸烟行为基于网络干预的综合研究显示，网络对吸烟及与烟草有关行动均有有效的影响。而由于各研究在方法学、具体干预方式、被测试者特质、测量方法与标准上侧重不同，研究结果也各异。

另外，以网页为主的在线干预已被广泛地应用于实际之中。大量的文献研究显示，以在线网络为基础，对吸烟行为的干预大部分都是有效的。

在线干预充分利用了网络的特性。用户通过注册并登录干预网页，将个人的基本信息与个性化资料输入程序。干预网页可对个体戒烟动机进行分析，将吸烟成瘾程度进行量化，提供戒烟方式的介绍与建议，设置戒烟者们交流的区域，提供情感支持，甚至设有计算器用于计算戒烟成功省下的金钱以增强戒烟动机等。其中，个性化反馈主要通过在线付费或免费的即时通信、网络教程、专家指导等方式依据个人习惯设置实现。此后，将根据设置定时或即时地给用户提供根据模型生成的邮件提醒、专家有针对性地设计的个性化戒烟计划甚至人工在线指导。

研究认为，网络在干预过程中主要提供四种不同交流方式：万维网、电子邮件、在线聊天、多用户局域交流。对于青少年而言，网络多媒体特性提供了视听的刺激与吸引力；定时反馈有利于督促和提醒青少年戒烟计划的落实；在线交流能使青少年在戒烟过程中获得归属感和情感支持。另外，通过用户自行注册的干预方式，相对于学校被动接受干预的方式而言，主动性和戒烟意愿更强，成功率也更高。这一结果在研究中已获得验证：通常以有戒烟意向者为被测试者的干预成功率高于以普通吸烟人群为被测试者的研究。

目前，网络干预正从青少年的问题行为管理扩展到青少年生活中的各个方面。相关研究最早和最多的是青少年群体中的物质滥用问题。物质滥用主要包括吸烟、问题性饮酒以及各种毒品(如大麻、摇头丸和可卡因)的使用。研究表明，存在酒精消费倾向的个体在互联网的干预下能有效地减少饮酒，网络干预将使存在暴力和嗑药问题的青少年做出更为积极的改变。问题行为的内化问题中，网络对饮食紊乱干预作用研究较多。身体满意度和减肥是饮食紊乱的重要风险因素，易造成神经性厌食症与贪食症等不良后果。有研究显示，与对照组相比，接受网络干预的年轻女性对自身身体形象的认知获得显著改善，对体形和体重的关注显著减少。同时，网络干预有利于促进青少年参加体育运动。以网络为媒介对个体的运动情况进行干预，由于个性化、针对性的干预策略使得效果优于传统干预组。

综上所述，网络作为一种新型工具对青少年问题行为进行干预，前景广阔。首先，网络干预是由网络技术与传统理论结合产生的新方法，是互联网时代提供的一种特有的低成本的干预工具，具有现实应用的时代意义和应用价值；其次，网络干预的过程能够根据个体特点，提供个性化和针对性的措施，提高个体参与感，是一种更为主动的人机互动模式；最后，针对青少年用户，网络干预过程中呈现的视听资源、动画、互动应答等，相对于其他干预方式更符合青少年期个体的心理特质，从而赋予了网络崭新的、积极的角色。

思考题

1. 简述网络偏差行为的类型以及对网络偏差行为的干预。
2. 简述网络学习和网络交往的界定以及特征。
3. 网络成瘾的表现和危害分别是什么？
4. 青少年游戏成瘾应从哪些方面进行干预？

第十一章　青少年心理社会问题与教育

本章要点

- 青少年社会问题的内涵及性质
- 青少年的吸烟、喝酒、药物滥用问题
- 青少年反社会行为及其预防和治疗
- 青少年的抑郁、自杀行为及其预防和治疗

第一节　青少年心理社会问题概述

一、青少年心理社会问题的内涵

青少年心理社会问题(psychosocial problems in adolescence)是指青少年在发展过程中表现出来的不符合或违反社会准则与行为规范，或者不能良好地适应社会生活，从而给社会、他人或自身造成不良影响甚至危害的问题。

由于影响青少年心理社会问题的因素复杂多样，因此，对青少年心理社会问题的划分也呈现出多样化的特点。随着近年来研究的深入，研究者倾向于将青少年心理社会问题主要划分为服用药物、内部失调和外部失调三个方面。

二、青少年心理社会问题的性质及其相互联系

心理学家发现，心理社会问题具有聚类丛生性和蔓延性的特点，即一种类型问题行为的出现会增加另一种类型问题行为出现的可能性，这种现象被称为“问题行为综合征”。

研究者们对青春期心理社会问题的聚类丛生现象进行了大量研究，并且提出了许多有关“问题行为综合征”起源的理论，下面将分别加以介绍。

（一）外部问题综合征

1. 杰瑟的问题行为理论

问题行为理论由美国社会心理学家杰瑟及其助手提出。他们认为，青春期外部问题出现有其潜在的原因，主要表现为青少年在个性以及社会环境方面的非惯例性、不寻常性。不依照惯例的个体总能容忍不合常规的行为，社会观点和态度比较松散、自由，但不能良好地适应周围环境。不依照惯例的环境往往是由许多持有上述观点的个体组成。不依照惯例的个体更喜欢做出各种冒险行为，包括尝试违法药物，不采取避孕措施就发生性关系，进行违法活动以及危险驾车等。如此多的行为问题共同蔓延的一个原因是：不依照惯例的

个体在不合常规的环境中更易于进行各种各样的冒险活动。

虽然杰瑟的理论并没有明确提出关于非惯例的起源假说，但是提出了许多有关的可能性解释。其中，第一种观点强调生物基础对冒险行为或非惯例行为的作用，认为个体做出不正常行为的倾向是由遗传决定的；第二种观点强调以生物为基础（既包括遗传也包括习得经验）的唤醒与感觉追寻方面的个体差异；第三种观点强调早期的家庭生活环境对青少年的不良行为倾向的影响，认为问题行为的出现是个体对所生活的敌对环境的一种适应性反应。

2. 丹尼斯·坎德尔的理论观点

社会学家丹尼斯·坎德尔提出了与杰瑟不同的观点，认为问题行为具有一种潜在的根本特征，不同类型的非正常行为都有明显不同的起因，但是一种问题行为的出现可能会增加另一种问题行为产生的可能性。例如，使用除大麻以外的违法药物（可卡因、海洛因等），可能会增加青少年未婚先孕或自杀的可能性。因此，问题行为的聚类丛生性并不是因为个体具有不依照惯例等潜在特征，而是因为一些活动本身（特别是药物滥用行为）更易使个体卷入另外的问题行为。

3. 社会控制理论

社会控制理论认为，如果不能良好地适应家庭、学校和工作场所等社会机构，个体更易于在各方面背离常规，做出不依照惯例的行为。这种观点认为，各种问题行为的聚类丛生性并不是源于个体自身的问题（如天生的不依照惯例或对危险行为的生物学倾向），而是源于一些年轻人接触社会时存在的“潜在弱点”。这种“潜在弱点”导致了不依照惯例态度的发展，并与不依照惯例的群体建立同伴关系，或是卷入一种或几种致使一系列危险活动产生的问题行为中。

（二）内部问题综合征

与外部问题相比，对内部问题综合征的研究相对缺乏，但这并不意味着在青少年中不存在内部问题。研究发现，抑郁的青少年更可能经历焦虑、恐慌、强迫症、自杀的念头以及各种由心理压力造成的骚动与不安。

如前面所述，不同的外部问题会反映出潜在的反社会综合征，各种内部问题的出现也是由共同的潜在因素所造成的。这种潜在因素通常被称为“消极侵扰”。通常，“消极侵扰”越多的个体越容易产生抑郁及焦虑失调等一系列内部问题。

（三）杰瑟关于青少年问题行为的模型

1977年，美国社会心理学家杰瑟提出了有关青少年问题行为的模型，对影响青少年心理社会行为的因素做出了解释。该模型认为，影响青少年心理社会行为的因素主要包括：“前史变量”，如家庭地位和结构、社会化的影响等，它们形成了青少年的发展环境；“社会心理变量”，包括人格、个体对社会环境的感知等；青少年拥有的一系列行为选择权，其中有的得到成人权威的认可（如学习活动），而有一些却得不到认可（如吸烟）。

模型中使用双向箭头表示作者赞同交互作用的观点，其中行为、人格以及对环境的感知两两之间就具有交互作用的含义。

杰瑟强调“过度倾向”的重要性，即青少年违反与其年龄相关的行为规范或规则的倾向，他认为个体的过度倾向越大，从事过度行为的可能性就会越大。

（四）研究青少年心理社会问题的一般原则

为了防止过分夸大青春期青少年的心理行为特点，在具体分析青少年期出现的特定的心理社会问题之前，有必要阐述一下有关的一般原则。

(1) 应该区分偶尔发生的尝试性行为与带有危险或麻烦的持久性行为。研究表明，偶尔出现的、通常无危害性的尝试性行为的发生率要远远超过持久性行为。例如，尽管绝大多数青少年在青少年期都做过违反规则的事情，但只有极少数的青年人会走上犯罪道路。

(2) 需要明确的是，有些心理社会问题虽产生和开始于青春期，但其根源或症结却存在于发展的早期阶段。如一些青少年在青春期出现了犯罪和过失行为，在分析其产生的原因时却发现，大多数青少年重复发生的违法行为在其早期的学校和家庭生活中就已萌芽，甚至有些问题在学前期就明显出现。

(3) 许多青少年经历的心理社会问题在本质上具有相对短暂性，进入成人期后会自动消失，并且极少反弹。如青少年期酗酒、吸毒和犯罪的发生率都高于成年期，但大多数有过酗酒、吸毒和犯罪行为的青少年长大后会改过自新，成为遵纪守法的公民。

(4) 青春期的问题行为并不是个体青春期经历的正常身心变化所导致的直接结果。研究表明，青春期荷尔蒙分泌引起的变化只对青春期的行为产生中等程度的影响，青春期的反抗不是典型的，且不是常态的。

第二节　青少年的药物使用和滥用

一、青少年的吸烟行为

（一）青少年吸烟行为的现状

青少年已成为当今社会中迅速增长的香烟消费者群体。研究发现，初高中男生吸烟的比率分别达到 34%和 45%；在我国 3.5 亿吸烟者中，青少年吸烟者有 500 多万。地方取样的研究发现，中小学生吸烟的比率在 20%～30%，并且近年来这一比率有逐渐增长的趋势，并且男生增长的速度要快于女生。

青少年的吸烟行为还表现出明显的年龄或年级发展趋势。研究发现，从小学六年级、初一、初二到高一年级，吸烟率依次增长。其中，经常吸烟者比率增长更为明显，从六年级的 4%增加到高一年级的 32%。

（二）影响青少年吸烟行为的因素

影响青少年吸烟行为的因素非常复杂，国外研究者用图表示出与吸烟行为有关的各种变量之间的关系，如图 11-1 所示。

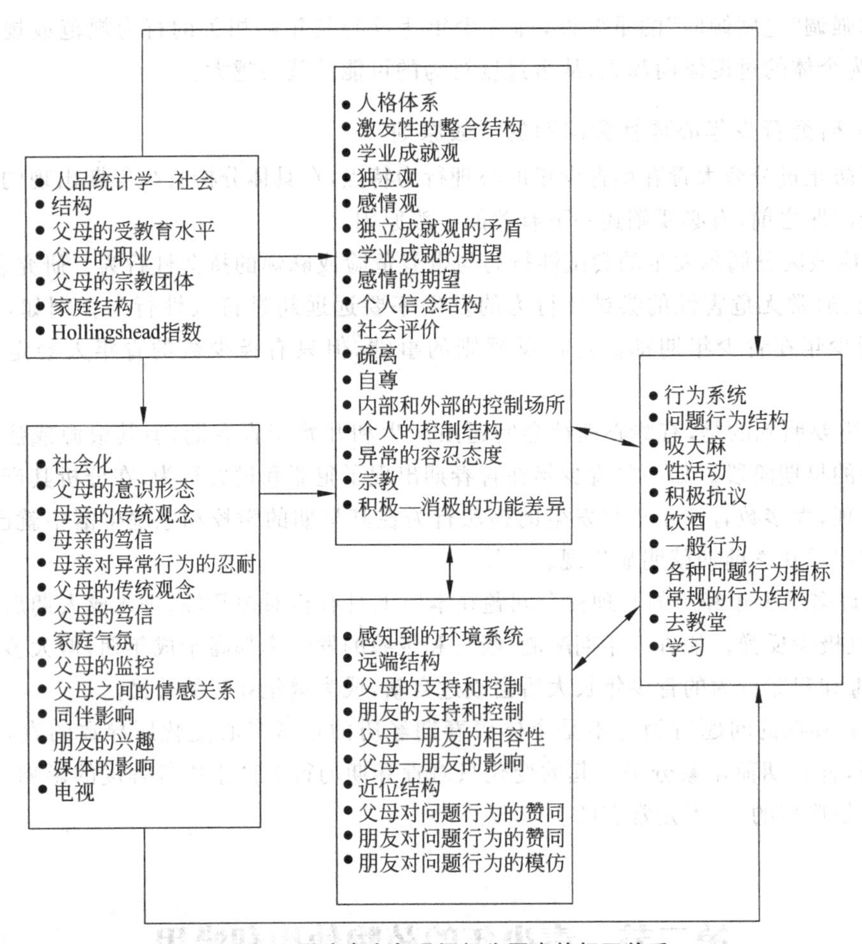

图 11-1　影响青少年吸烟行为因素的相互关系

1. 青少年吸烟行为与家庭背景

首先，父母和同胞的吸烟行为和态度影响着青少年的吸烟行为。父母的吸烟行为和态度对青少年的吸烟行为产生很大的影响，许多儿童是从父母那里开始吸第一支烟的。父母对吸烟持赞成态度的青少年吸烟的可能性远远超过父母对吸烟持反对态度的青少年。

其次，家庭环境也影响着青少年的吸烟行为，父母监控和亲子关系是其中最重要的两个因素。已有研究表明，母亲的情感温暖、家庭凝聚力、家庭沟通以及父母的监控与青少年的吸烟行为有明显的负相关，而父亲的严厉惩罚、拒绝否认、过分干涉均与青少年的吸烟行为存在显著的正相关。

最后，家庭的社会生活背景也与青少年的吸烟行为有密切的关系，这方面的研究主要是针对父母的职业、受教育水平、经济收入等因素展开的。有关研究发现，来自社会经济地位较低家庭中的孩子吸烟的可能性更大。另外，父母的文化水平与初中生吸烟行为的关系具有一定趋势上的变化，即随着父母受教育水平的提高，孩子吸烟率有逐渐下降的趋势。

2. 青少年吸烟行为与同伴因素

现有的研究普遍表明，同伴也是影响青少年吸烟行为的主要因素之一，吸烟青少年的同伴也往往吸烟。另外，吸烟青少年有时会将他们的一些习惯归因于同伴的期望以及他们感知到的拒绝同伴香烟所造成的自我效能感的缺乏。

同伴至少通过四种方式对青少年的吸烟行为产生影响。

(1) 做出一些成人化的事情被看作是青少年走向成熟的标志，这可能在一定程度上能够表明青少年在同伴群体中地位的重要性。许多青少年认为，吸烟在很大程度上是与同伴进行交往的中介工具，结果造成同伴递来香烟→打开火机→点燃香烟这一系列动作往往被看作是非常自然的同伴交往关系的开始。

(2) 同伴吸烟的态度和行为直接影响着青少年的吸烟行为，易使同伴群体的社会态度趋于一致。来自同伴的直接压力与青少年的吸烟行为呈显著的正相关，而常规压力与青少年吸烟行为呈显著的负相关。研究发现，同伴不吸烟与同伴吸烟的青少年吸烟率分别为4%和 38%；同伴赞同吸烟的青少年比同伴不赞同吸烟的青少年更可能吸烟。

(3) 同伴团体的性质也影响青少年的吸烟行为。易产生问题的团体吸烟率最高，而讨人喜欢的团体吸烟率最低。这表明，吸烟的青少年选择了一个与自己吸烟行为一致的团体。

(4) 同伴有助于青少年形成有关吸烟习惯的自我归因以及期望的认知基础。研究者认为，由其他吸烟者所提供的信息可能影响吸烟者对自己吸烟行为的归因。青少年认为，吸烟可以消除疲劳，缓解精神紧张，有利于人际沟通，显示成熟和潇洒。这些信息由吸烟者传递给青少年，为他们提供了有关吸烟的认知基础，使更多青少年开始吸烟。

3. 青少年吸烟行为与自身因素

青少年自身对吸烟的态度、认识、观念以及青少年的人格和心理特征也可能影响青少年的吸烟行为。研究证实，青少年对吸烟危害的认识与其吸烟行为呈反比。同时，研究也发现，男青少年对吸烟危害的认识与其吸烟行为的相关程度高于女青年。

青少年的心理和人格特征也与青少年的吸烟行为密切相关。吸烟青少年更具反抗性和攻击性，自尊较低，倾向于寻求刺激和冒险，有较强烈的遵从同伴的倾向，焦虑、抑郁、无助感较强，缺乏移情能力。然而，他们的领导能力却强于不吸烟的青少年。

二、青少年的饮酒行为

(一) 青少年饮酒行为的现状

酒精是现代社会中最危险也是最普遍被接受的药物之一。来自美国的数据表明，有90%的青少年喝过酒，60%的青少年经常饮酒。在大多数国家，饮酒是受法律限制的——通常是 18 岁，法律约束使青少年认为饮酒是一种成人行为，因此，他们倾向于认为开始饮酒是加速成人化进程的一种方式。

由于认为饮酒有助于竞争，青少年往往不愿学习其他的竞争技能；并且有相当比例的青少年认为，饮酒的目的是为了喝醉，并将其作为一个正当的行为目标。

青少年饮酒开始出现低龄化趋势。新近研究显示，接近 10%的六年级学生在调查前两周至少5次或5次以上喝过酒。

青少年的饮酒行为因性别而存在差异。男青少年饮酒的人数明显超过女青少年，而且男青少年比女青少年面临更多的来自饮酒的危害。这是因为人们受性别角色观念的影响，普遍对女性饮酒持一种否定的态度，把饮酒的女孩与不良的社会形象联系起来，周围环境也会对女孩施加更多压力。

（二）影响青少年饮酒行为的因素

1. 青少年饮酒行为与家庭因素

父母对饮酒的态度和饮酒行为影响青少年的饮酒行为。如果父母对青少年饮酒采取忽视和容忍的态度，会进一步增强青少年将酒精作为支持源或以此来缓解压力的动机。严重酗酒的父母对青少年的饮酒行为往往采取默许的态度，并认为这是青少年向成人过渡过程中非常普遍的一种现象。

父母对处于青春期青少年的支持程度也是非常重要的一个方面。低水平的家庭支持和不良的家庭功能都与青少年的饮酒具有密切关系。饮酒的青少年家庭关系相对冷漠、敌对、冲突不断。感受到较少家庭支持和温暖的青少年，更可能利用酒精作为其缓解压力的手段。

有的研究者认为，饮酒具有代代相传性，这可以从生物—生理理论去解释，因为酒精影响了新陈代谢的进程以及中枢神经系统，遗传或天生的因素使得酒精上瘾的易受性增加。研究表明，父母饮酒的儿童即使由没有血缘关系的人抚养长大，他们出现饮酒问题的可能性也要高于父母不饮酒的领养儿童。

2. 青少年饮酒行为与同伴因素

同伴关系在青少年发展中具有成人无可替代的作用。为了获得同伴群体的认可，青少年不断地调整自己的言行，遵从同伴文化。在饮酒方面也是如此，青少年许多饮酒的信息都是从同伴群体中获得，这些信息不断建构着青少年对饮酒的认知结构；或者迫于同伴的压力开始尝试饮酒。

3. 青少年饮酒行为与自身因素

青少年的主观因素，包括个性特征以及对饮酒行为的态度等，都可能影响青少年的饮酒行为。研究发现，低挫折忍耐力、愤怒、抑郁、学业困难以及冲动性人格特征都容易引发青少年饮酒问题。

三、青少年药物滥用的预防与诊治

个体对药物的使用存在两个易受期：一个易受期是对化学药物的依赖期，一般开始于12～21岁，18～25岁达到高峰期。因此，要对初中和高中的学生进行干预，使其远离化学药物特别是酒精和香烟的诱惑。对于大学生，更要与他们的饮酒、吸烟行为做直接的斗争，因为研究表明，这些化学药物成为导致大学生丧命的主要原因。另一个易受期是中年晚期，在这个时期，人们更愿意把饮酒作为面对生活压力、身体不适和社会支持不良的一种应对策略。

对青少年药物使用的预防和干预主要针对三个要素：药物的提供、青少年可能接触到的药物环境、药物使用者潜在的特征。尽管政府和媒体都投入了大量精力和财力针对第一个因素进行了工作,即企图控制或限制对青少年药物的提供,但专家认为更现实的方法应是改变青少年使用药物的动机以及其生活环境,因为大量证据表明,将药物完全从社会中清除几乎是不可能的。相反,提高香烟和酒的价格反而能够减少青少年的使用。

针对另外两种因素,人们直接或间接的对青少年药物的使用进行了干预。间接的干预主要是指通过提高青少年心理发展水平或帮助其发展替代性的活动以及兴趣,从而减少青少年对药物的依赖和使用。针对药物进行的直接干预主要包括以信息为基础的努力(对青少年进行有关药物危害性的教育)、社会技能训练(教给青少年如何拒绝药物)以及将信息和一般心理干预相结合的方法(对青少年进行有关药物危害性的教育,并同时对其进行提高自尊的训练)。

到目前为止,最成功的干预是将青少年社会技能的训练与针对相关成员的广泛干预相结合,干预的目标不只是青少年,还包括他们的同伴、父母和教师等。这种模式在减少青少年饮酒、吸烟和其他药物滥用等方面都非常有效,特别当这种干预开始于前青春期,一直持续到中学时,效果会更明显。

第三节 青少年反社会行为的成因、预防和干预

一、青春期反社会行为的成因

(一)家庭因素

英国剑桥大学的约翰逊教授为解释青少年犯罪行为的心路历程建构了理论模型,用以说明青少年犯罪的影响因素。由图 11-2 可以看出,个体的发展,始于幼儿期与父母的亲密关系,而后经由家庭到学校的变化,再由学校到社会的转换。其间心理发展历程是否导向正常,起始点就是亲子关系。

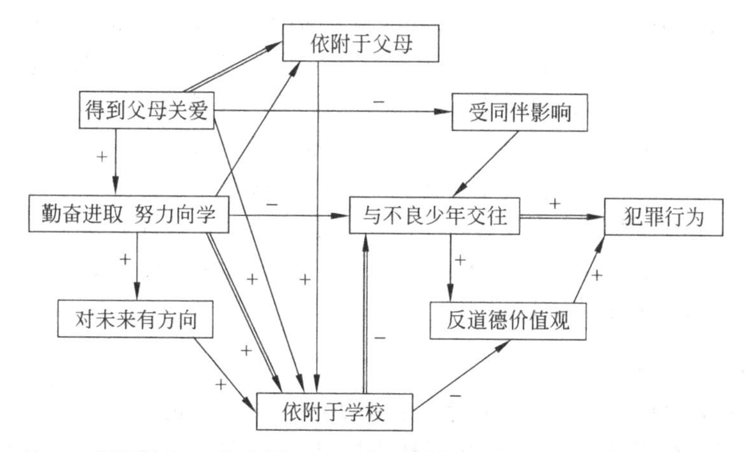

图 11-2 从教育环境看青少年犯罪的心路历程

研究结果证明，青少年犯罪的家庭更可能使用体罚式的管教方式。青少年犯罪的父母经常使用嘲笑和体罚等方式，而守法青少年的父母则更多地使用归纳和“爱的取消”等方式。其他研究发现，年幼时有品行障碍的青少年的母亲在子女发生越轨行为之后，更可能使用命令和批评方式。

大多数的青少年犯罪者都是男孩，而且相当一部分是父母离异或来自贫困家庭。他们的父母多采用敌对或忽视的态度，表现出不适当的行为，不能潜移默化地向孩子灌输正确的行为标准。而青少年犯罪者也认为，其家庭缺乏凝聚力，缺乏感情表达，亲子冲突严重，对父母的信任也低。

青春期以前的青少年犯罪趋向于在家庭内部蔓延，许多早年产生违法行为的青少年的同胞兄妹往往也有同样的行为问题。特别是当家庭规模比较大（有 4 个或更多子女的家庭）时，儿童有更多的机会把他们的同胞兄弟姐妹作为社会学习的榜样和来源。

（二）同伴因素

青少年时期父母的影响逐渐让位于同伴的影响，同伴的支持成为青少年犯罪的重要决定因素。研究表明，许多青少年犯罪行为是在群体情景下产生的，青少年受到同伴的压力而做出趋同于群体的行为。

亚文化理论认为，青少年犯罪同伴群体直接引起青少年犯罪。青少年犯罪交往的形成，被看成是接触周围存在的青少年犯罪亚文化群的结果，这种亚文化群对青少年的交往具有重大影响。

社会学习理论并不承认青少年犯罪的亚文化群，该理论指出，同伴群体通过同伴赞许的塑造、强化机制促进青少年犯罪行为的获得及维持。因此，青少年犯罪的结果在一定程度上依赖于越轨同伴对强化源的控制。

（三）个性特征

除了家庭和同伴等外在影响因素外，一些潜在的、特有的个性特征也决定了青少年问题行为的产生。

首先，大部分青少年在 8 岁左右就会发生暴力和攻击行为。儿童早期出现的特定反社会人格特征可以预测青少年及其以后的犯罪行为。其次，研究表明，犯罪的青少年更容易冲动，比同伴更易产生多动症，或者是官方认为的注意力不集中、多动失调（ADHD）。其中，ADHD 表现为冲动、注意力不集中、松懈和过量的活动等特点，尤其表现在学习情景中。再次，有关研究发现，犯罪青少年与正常青少年在认知和道德发展方面存在差异。犯罪青少年在标准化的智力测验中较其同伴得分要低，有人指出犯罪青少年在某些时候智商要比其同伴平均低 8 分。另外，青少年犯罪者往往在学校的表现也很差，道德水平不高。最后，攻击性青少年大都有先前同伴关系不良的经历。

（四）社会经济地位

青少年的暴力和攻击行为与贫穷存在着密切的相关。首先，在贫民区生活的家庭中，父母较少对孩子进行有效的、积极的抚养和监控，这些缺失导致了青少年暴力和攻击的增长。其次，这种相对集中的贫穷阻碍了社会机能的发挥，使得社会机构很难提供青少年需要的指导和监督。再次，与中产阶级的社团不同，失业者团体中的青少年不能通过事业的成功显示其存在与力量。相反,他们利用攻击来显示其存在与力量。最后,无论是在家里还是邻居间,这种暴力的揭露本身又会促成暴力的发生。

二、青少年反社会行为的预防与治疗

许多早期有反社会行为的青少年成年后,还是被诊断为反社会性人格失调或持续着青春期的犯罪行为,这种反社会行为被称为"持续一生的反社会行为"。

有些反社会行为始于青春期,程度并不严重,并且可能在个体成年以后自动消失,这种反社会行为被称为"限定于青春期的反社会行为"。这两种反社会行为的起因是不同的,因此对它们的干预也应该存在差异。

为了降低"持续一生的反社会行为"的发生率,首先应该预防早期来自家庭方面的干扰。家庭是青少年犯罪行为的发端,通过家庭的支持和学前期的干预可阻止早期学业问题的产生。研究发现,以家庭为基础的干预(如父母的训练或家庭治疗)比针对个体青少年的干预更可能成功,但是这种方法比较费力、费时。然而,几乎所有的干预都面临一个问题,即危险性很大的青少年在一起时会无意识地增加一些违法行为,干预本身会在违法同伴中形成友谊。

"限定于青春期的反社会行为"的治疗相对容易。首先,可以在个体水平上帮助青少年,教会他们如何抵制同伴的压力,不利用攻击去解决冲突,并让父母对孩子进行监控,减少青少年卷入不良同伴群体的机会。其次,通过对课堂、学校和邻居的干预,营造可以降低反社会行为和鼓励亲社会行为的大环境。最后,当违法行为出现时,要严肃对待,并确信青少年已明确不良行为的严重后果,防止再犯同样的错误。

第四节　青春期的抑郁、自杀和其他内部问题

一、青少年抑郁

抑郁常用来描述一种普遍的悲伤、隐晦、痛苦或者失望的情绪状态。大部分人都会在生命中的不同时期经历过短暂的抑郁,而这是青春期最普遍的心理困扰。

(一)青少年抑郁的普遍性

临床抑郁症是一种常见的心理障碍。研究发现,人一生中至少一次患抑郁症的比例约为10%。青春期由于压力增大,抑郁情绪、抑郁症状和抑郁性失调在青少年中普遍增多。根据一项大规模的研究表明,1/2以上的青少年感到悲伤和绝望,1/3以上的青少年"对于未来感到没有任何希望",约1/4的青少年经常感到抑郁。

(二)青少年抑郁的原因

抑郁的"素质—压力模型"认为,当面临一贯易产生抑郁反应的压力源时,具有易产生内部问题素质的个体可能会产生抑郁情绪。相反,不具有"先天素质"的个体,即对抑郁没有先天倾向性的个体,能够承受大量的压力,反而不会导致心理问题。然而对抑郁有强烈的先天倾向性的个体,在面临大多我们都认为非常正常的"压力情景"时,可能会产生抑郁。

归因方式、人格、自我、应对方式等心理或认知方面的素质与抑郁的产生有关。在归因方面，对消极事件进行内部、稳定和整体的归因与抑郁有关。在人格方面，情感依附型抑郁和摄取型抑郁是两种分别以依赖型和自我评价型人格为基础的抑郁，社会奖赏型人格和自主型人格也与抑郁相关。在自我方面，自我评价低、自我意识水平高、低自尊等特征的个体极易产生抑郁。在认知风格方面，具有失望、悲观和自我谴责倾向的个体更可能出现抑郁情绪。

另外，一些生物因素也是抑郁产生的原因。研究表明，青少年抑郁的产生可能与青春期荷尔蒙的分泌有关。抑郁症还表现出家庭倾向性，遗传在抑郁症中起着重要作用，双极抑郁症比单极抑郁症更易受遗传影响，但这并不意味着抑郁症可以遗传给家庭的所有成员。

研究者认为，与青少年抑郁有关的压力成分和环境条件主要表现在以下三个方面。①如果家庭中的矛盾和冲突多，青少年不断地目击攻击行为或成为父母相互攻击的受害者，遭受拒绝或惩罚时，青少年更易产生抑郁，并且离异家庭中的青少年抑郁的发生率更高。②不受同伴欢迎或同伴关系不良的青少年更易产生抑郁。③抑郁的青少年比不抑郁的青少年报告更多一贯和强烈的压力。转学、与异性约会或应对家庭关系的转换等都会导致压力的增加，而且这些社会心理因素可能会促进和加剧个体消极认知风格的发展。

（三）青少年抑郁及内部问题的预防与治疗

对青少年抑郁的诊断和研究必须非常谨慎，在矫正和治疗之前必须注意以下几点：①青春期的抑郁通常伴随着其他心理或行为上的问题，包括焦虑、恐惧症、犯罪行为和药物滥用等。②许多专业工作者几乎将青春期可观察到的问题均归因于个体内在的抑郁，认为在青少年中出现的学校恐惧症、逃学、神经性的食欲减退等行为背后隐蔽着真正的问题——抑郁。然而，并不是所有具有行为问题的青少年都必然抑郁，抑郁和其他问题通常是由同一病症引起的。因此，应该仔细地诊断青春期出现的各种心理社会问题背后是否隐藏着抑郁，并不是所有的抑郁和行为问题总是相伴出现的。③由于普遍认为青春期是麻烦重重的时期，这种刻板印象导致许多父母和教师认为各种问题都是由于青春期正常的生理和心理变化所引起的，而没有辨认出真正的心理问题。

当抑郁的症状真正出现在青少年中时，要借助专业手段对其进行治疗。对青春期“抑郁”的治疗与其他方面症状的诊治非常相似。临床医生认为，比较有效的治疗方法包括生物治疗、认知疗法和家庭治疗。

二、青少年自杀行为的成因与影响因素

（一）家庭因素

(1) 研究发现，自杀的青少年面临更多的家庭经济压力，其父母的失业率是非自杀的青少年的两倍。由于父母过度地关注经济问题，不能给青少年提供及时的帮助，从而导致了青少年的自杀行为。

(2) 家庭的不稳定性和家庭压力以及不良的家庭气氛都与自杀有关。自杀的青少年往往在童年早期经历过创伤，父母往往以吸烟和滥用药物来缓解压力，为青少年提供了不

良的榜样模型。家庭关系密切融洽时，青少年自杀的发生率相对较少。

(3) 亲子关系的颠倒容易导致青少年自杀。亲子关系的颠倒是指父母与青少年之间传统角色行为的转换，即在亲子互动过程中，青少年做出一些传统上属于父母的行为(如照料、支持、看护、劝告)，而父母则更愿意表现出本应青少年做出的行为(如寻求支持、无助行为、无力竞争)。角色颠倒容易使青少年产生焦虑、痛苦、挫折和敌对情绪。青少年可能试图去改变家庭环境，逃避这种环境，或在压力下彻底崩溃。他们将自杀作为摆脱双重身份的唯一途径。

(二) 个性特征

(1) 过度敏感。在一定的情景中，几乎所有的青少年都会偶尔表现出过度敏感的特点，但是高敏感的青少年会在中度干扰的情景中表现出极端态度。因此，大多数青少年自杀的心理过程具有强烈的突发性和模糊性，多属一时在激情状态下心理失控而形成的冲动性自杀。

(2) 受暗示性。研究发现，企图自杀的青少年多认为父母希望他们死。父母的这种希望可能是有意识或无意识的，说出来或没有说出来的，真实的或不真实的，但是对于易受暗示性的青少年来说，他们可能更易遵从这种感知到的希望。在易受暗示性企图自杀的青少年中，父母的作用是非常明显的。

(3) 抑郁。严重的抑郁往往伴随着自杀的企图，但通常很难识别出来，因为青少年很少泄露出他们的抑郁情绪。统计表明，有 80%的自杀未遂者起初都患有抑郁症，抑郁与自杀行为存在高度相关。这表明抑郁在自杀行为的产生中占有非常重要的地位。

(4) 观念与信仰。许多青少年对死亡概念的理解不够成熟，将自杀看作转换世界和解决问题的手段，或是以此方式与自己喜欢但早已死去的人会面。这种不合理的想法通常会在媒体的影响下得到强化和美化。

(三) 环境特点

在多数情况下，青少年环境中的特定问题对他们的不成熟提出了挑战，并导致了情感的波动。大多数压力来自家庭，研究者发现，几乎 1/3 的自杀者都承受着来自家庭的压力。

另一个主要的压力源来自学校适应方面。相当一部分企图自杀的青少年在学校里称得上是优秀的学生，当学业失败引发自杀时，真正的原因并不是学业失败本身，而是由于自我评价(自尊)的丧失，认为没能达到父母的期望而产生压力，表现为学习兴趣的减退以及抑郁和退缩。另外，企图自杀的青少年大多在学校里不能建立一种亲密的同伴关系，容易遭受同伴拒斥和忽视，这种人际关系的破裂容易导致青少年自杀。

三、青少年自杀行为的干预策略

(一) 容易导致自杀的因素

研究一致表明，自杀率在青少年中呈上升趋势，这也说明自杀在每一个人身上都可能发生。有关专家研究发现，以下情景容易导致青少年自杀，包括无序的家庭生活，父母婚姻的不美满，父母或亲密朋友死亡，最近行为方面的明显变化(特别表现为退缩)，先前自杀未遂或有过企图自杀的想法，抑郁、妄想或强迫行为，学业失败或学业成绩下降，谈论或奉送自己珍爱的东西，出现心不在焉、冲动等情绪变化、发生意外事故的倾向，以及睡眠状况出现紊乱(失眠或嗜睡)。

（二）自杀的干预方法

①要对任何可能的线索都保持高度敏感，尤其要注意言语和行为线索；②亲人以及朋友等个体生活中的重要人物也必须进行干预。选择何种策略主要依赖于家庭和个体在问题解决过程中的能力表现，这些策略包括帮助青少年应对目前的状况，理解特定的变化，摆脱苦闷，消除想自杀的不合理观念。③以对父母进行有关教养方式和策略方面的指导为主要内容的家庭疗法，对青少年自杀行为的干预产生了很好的效果。向父母传授辨别抑郁或自杀迹象的方法，留心青少年放学后的活动，了解各种药物的作用和易接近性等都是重要的内容。父母的关爱与支持能够帮助和促进青少年社会认知以及智力能力的发展，融洽的亲子关系能够增强家庭的凝聚力及和谐性，缓解青少年面临的成长压力，减少自毁性行为的发生。

四、青春期的压力及其应对

目前，接近1/2的青少年报告在家里或学校应对压力时感到困难。压力源包括重大的生活变动(如父母离婚、转学、不断的家庭冲突)以及日复一日的激烈竞争等(如学校考试、被同学取笑、与同胞和父母争辩)。

这些压力源可能导致内部失调(如焦虑、抑郁、头痛、自杀等)和外部失调(如出现问题行为)，而一些青少年可能通过滥用酒精和药物来缓解这种压力。对来自不同种族和家庭环境的青少年面对相对良性(如与伴侣分手)或相对严重的压力源(如面对战争的损伤)的研究中，人们也证明了压力和青少年心理社会问题之间的联系。

然而，对一些青少年而言，相同的压力源和压力强度对他们的身心造成的影响却很小。因此，尽管研究者认为压力对安宁的生活具有消极影响，但是压力和功能紊乱的关系并不十分明确。那么，是什么使一些青少年更易于受到压力而非其他因素的影响呢?

(1) 两种或多种压力源相伴出现时，它所产生的影响会剧增。研究表明，压力趋于产生多种影响，同时面临两种或多种压力源的青少年(如父母离异和转学)所产生的心理问题明显多于只经历其中一种压力源的青少年。

(2) 拥有一些保护性因素或资源的青少年(如高自尊，同一性发展健康，具有社会支持等)与同伴相比，他们遭受压力消极影响的可能性要小。相较于缺少好朋友或人际交往淡漠的青少年，有亲密朋友和良好社交技能的青少年能较好地处理诸如父母离异或升学所产生的压力。另外，家庭关系融洽、亲子关系和谐的青少年与没有这种家庭支持的青少年相比，在经受压力时出现心理社会问题的可能性小。

(3) 一些青少年在处理压力时更多地使用有效的应对策略。例如，如果非常担心即将到来的期末考试，有的青少年可能为了复习，会与其他学生组成学习小组，而有的青少年可能为了分散关于考试的注意力而出去看电影或参加聚会。前一种青少年所采取的策略是积极、主动地处理、解除压力，而后一种青少年所采取的策略是消极、被动地回避或分散压力。

思 考 题

1. 简述青少年心理社会问题及其研究原则。
2. 简述“外部问题综合征”理论。
3. 如何对青少年的吸烟、喝酒问题进行干预？
4. 如何预防青少年反社会行为的发生？
5. 如果青少年青春期压力过大，可能会导致哪些心理问题？如何预防？怎么治疗？

参考文献

[1] Ainissyifa Hilda, Fauzi Ridwan Fauzi. Student's Social Moral in Adolescent Psychological Development [J]. International Journal of Engineering & Technology, 2018(7).

[2] Kabiru Caroline W, Blum Robert Wm. Strengthening the Measurement of Adolescents' Mental Health at the Population Level[J]. The Journal of adolescent health: official publication of the Society for Adolescent Medicine, 2022(72).

[3] Langberg Joshua M. Editorial: Advancing Research on Child and Adolescent Psychopathology: Introducing a New Editorial Team and Initiatives: Rutgers University[J]. Research on child and adolescent psychopathology, 2022(51).

[4] Rohanachandra Yasodha Maheshi, etc. Treatment adherence in a child and adolescent mental health service(CAMHS), Sri Lanka[J]. Asian Journal of Psychiatry, 2021(66).

[5] Olga A.Karabanova, Sergey V.Molchanov. Risks of negative impact of information products on mental development and behavior of children and adolescents[J]. Nacional'nyj Psihologičeskij Žurnal, 2018(3).

[6] 崔晓杰.青少年心理健康教育亟待加强[J].民主,2022(12):57.

[7] 常永山.适时运动助力青少年心理健康[J].幸福家庭,2020(19):104-105.

[8] 邓艳.论个体心理发展的社会化心理机制及对青少年思想教育的方法论要求[J].青少年学刊,2019(2):28-32.

[9] 何先友.青少年发展与教育心理学[M].2版.北京:高等教育出版社,2016.

[10] 周晓旋.影响当代青少年心理发展的因素及其教育的启示[J].读写算,2019(25):43.

[11] 刘一工.当代青少年心理发展的影响因素与教育对策[J].知识文库,2017(21):235.

[12] 刘志芳.青少年心理发展的家—校整合教育[J].内蒙古电大学刊,2015(1):92-94.

[13] 卿素兰.新时代青少年心理健康状况审视与生态促进[J].人民教育,2020(20):38-41.

[14] 伍晓艳,陶芳标.数字媒体使用对儿童青少年心理健康影响的双刃剑效应[J].中国学校卫生,2020(11):1601-1605.

[15] 王文科.大学生生命与心理健康教育[M].北京:北京理工大学出版社,2020.

[16] 王玉录.农村中学青少年心理健康教育现状分析[J].新课程教学(电子版),2021(24):170-171.

[17] 袁玉萍.家校协同下的青少年心理健康问题探讨[J].天津教育,2022(35):4-6.

[18] 俞国良.心理健康教育理论政策研究[M].北京:北京师范大学出版社,2020.

[19] 杨馨怡.教育期望、代际教育期望差异对青少年社会心理发展的影响[D].南京:南京大学,2021.

[20] 张大均.青少年心理发展与教育[M].北京:人民教育出版社,2021.

[21] 张清,刘蕾.青少年发展与教育心理学[M].北京:北京大学出版社,2017.

[22] 周德书,王明波,雷婷.青少年心理健康教育探讨[J].体育师友,2021(6):55-64.